우크라이나
키예프에서 출발한

슬라브
역사 문화 기행

동유럽, 발칸유럽 역사도시
트립 어드바이저

정연호 지음

신아사

이 저서는 2016년 정부(교육부)의 재원으로 한국연구재단의 지원을 받아 수행된 연구임(NRF-2016S1A6A4A01017539)

슬라브 역사 문화 탐방을 시작하며...

본 교양서의 제목을 "우크라이나 키예프에서 출발한…"으로 시작한 것은 본 저자가 한국연구재단의 국제교류학술지원을 받아 1년간(2013.06 ~ 2014.07) 키예프 국립대학교 아시아학부에 객원교수로 재직하면서, 키예프를 중심으로 동유럽 및 발칸유럽의 22개국 40여개의 도시들을 직접 탐방한 경험이 있기 때문이다.

책 제목에 '우크라이나'라는 말이 처음 나올 때, 일반 대중들에게 있어서 러시아는 좀 들어보아서 알아도 우크라이나는 잘 모르며 심지어 우크라이나와 우즈벡키스탄을 혼동하기도 하는 것이 현실이다. 같은 '우'자로 시작하니깐 혼동할 수 있다 치더라도, 아직 소련과 러시아를

<발칸 및 동유럽 탐방 루트>

혼동하며 소련이 망했으니 러시아도 망했거나 망해가는 정도로 생각하는 무관심과 무지에는 아연실색할 따름이다. 러시아의 뿌리가 우크라이나의 키예프이며 키예프를 중심으로 한 '키예프-루시'라는 공국에서 러시아가 시작되었다고 하면, 더욱 더 의아해하고 생소하게 받아들일 것이다.

당시 아내와 함께 자유여행을 하면서 가끔 한국 단체 관광객 및 대학생 배낭 여행객을 만나게 되었는데, 특히 특정 지역 '크로아티아'에 많은 한국 관광객들이 몰리는 것을 의아하게 생각했으며, 그 이유가 당시 한국에서 인기리에 방영된 여행 프로그램, <꽃보다 누나> 때문이라는 것을 알게 되었다. 여행과 관련하여 "아는 만큼 보인다"라는 말이 있듯이, 한국의 많은 관광객들이 그동안 비교적 알려지지 않았던 동유럽 및 발칸유럽으로 여행의 눈길을 다양화하는 것은 바람직한 현상으로 볼 수 있겠지만, 크로아티아인들의 뿌리 역시 우크라이나, 러시아인의 조상과 같은 슬라브족이라는 역사적 사실 조차 모르고 크로아티아를 여행하는 것은 수박 겉핥기 식의 여행 밖에 될 수 없을 것이다. 이처럼 발칸유럽, 동유럽, 우크라이나, 러시아 등지에 퍼져있는 '슬라브족'에 대하여, 우리나라 일반 대중들은 우선 단어부터 생소할 뿐만 아니라, 더구나 슬라브족의 역사에 대해서는 전혀 알지 못하는 경우가 대부분이다. 크로아티아가 속해 있던 예전의 '유고슬라비아'라는 나라 이름에서 '유고'는 러시아어로 '남쪽'을 의미하고, 따라서 '유고슬라비아'는 '남슬라브족'의 국가를 의미한다는 사실을 알았다면, 크로아티아의 두브로브니크 성벽에 남아있는 총탄 자국 옆에서 무심코 기념사진만 찍을 게 아니라, 왜 이 곳에 같은 남슬라브족 국가인 세르비아가 총탄세례를 퍼부었는지 한 번 쯤은 의문해 볼 수 있을 것이다. 또한 제1차 세계대전이 보스니아 사라예보에 있는 라틴 다리 위에서 울린 한 발의 총성으로부터 시작되었다는 사실을 관광 가이드를 통해서 듣고 다리를 배경으로 열심히 기념사진은 찍을 수 있겠지만, 보다 근본적인 전쟁 발발 원인으로서의 오스만 터키와 오스트리아 제국의 대립, 기독교와 이슬람의 대립, 그리고 가톨릭과 그리스 정교의 대립 등에 대하여 조금 안다면, **라틴 다리** 주변에 위치한 이슬람 사원, 가톨릭 교회, 정교회 성당, 유대교 시나고그 등에 대하여 보다 의미있게 생각해 볼 수 있을 것이다. 여행을 하며 본 이러한 이유들이 본 '교양서'를 집필하게 된 동기 중의 하나이다.

그러므로 본 교양서 "우크라이나 키예프에서 출발한 **슬라브 역사 문화 기행**"에서는 일반 대중의 인문-사회과학적 소양 함양을 위해, **슬라브족의 대이동**에서부터 시작하여 오늘날의 서슬라브족인 폴란드, 체코, 슬로바키아, 그리고 남슬라브족의 유고슬라비아 연방 구성 6개국(세르비아, 크로아티아, 보스니아, 슬로베니아, 몬테네그로, 마케도니아) 및 불가리아, 그리고 루마니아 등지에 이르기까지의 **슬라브 역사**를 각 나라별 **역사도시** 중심으로 탐방하며 알기 쉽게 소개하였다. 일반적인 여행 안내서나 가이드 북 등에서 소개하는 유적지, 건물 등에 대한 단순한 수치 혹은 년도 제시라든지, 각 나라의 정치, 경제, 사회 등에 대한 복잡한 학술적, 피상적 답사에서 과감히 탈피하여, **슬라브족의 대이동**에서부터 시작된 서슬라브족, 남슬라브족, 동슬라브족의 과거와 현재에 이르기까지의 과정을 **역사지도**와 **사진자료**, 그리고 **실제 탐방기록** 등과 함께 제시함으로써, 발칸 및 동유럽 지역에 대한 일반 교양지식을 넓히고, 아울러 발칸 및 동유럽 관광의 품위와 효율을 높이며, 실제 여행에 있어서도 실효적인 바로미터(트립-어드바이저)가 될 수 있도록 노력하였다.

아무쪼록, 본 교양도서 <우크라이나 키예프에서 출발한 슬라브 역

사 문화 기행>이 일반 대중들의 인문-사회과학적 소양 함양에 기여할 수 있게 되기를 바라고, 발칸 및 동유럽 여행을 계획하고 있는 학생들에게는 실질적인 '트립 어드바이저'의 역할을 할 수 있게 되기를 바라며, 끝으로 대학의 일반 교양강좌에서도 본 도서가 유용한 교재 및 참고서적으로 활용될 수 있게 되기를 간절히 바란다.

끝으로, 본 도서 <우크라이나 키예프에서 출발한 슬라브 역사 문화 기행>이 나오기까지 여러 가지 수고를 아끼지 않으신 도서출판 신아사에 진심으로 감사드린다.

2018. 4월

와촌정에서...

차례

슬라브

역사 문화 기행

1장
러시아의 뿌리 키예프-루시

키예프(Kiev, Киев)는 우크라이나(Ukraine, Украина)의 중심이며 수도이다. '우크라이나'라는 말에서 '크라이'(Край)는 '변방, 지방'이라는 뜻이다. 그럼, 우크라이나-키예프는 중심인가? 변방인가? 이 문제의 답을 구하기 위하여 슬라브족의 뿌리를 찾아 다음과 같은 일정의 슬라브 역사-문화 테마여행을 떠난다.

키예프 → 오데사 → 크림반도 (얄타, 세바스토폴)
키예프 → 리비우 → 폴란드: 크라쿠프 → 프라하

(1) 키예프–루시의 건국

유럽의 지도를 놓고 보면 키예프는 대륙의 한복판에 위치해 있다. 키예프는 현재 우크라이나의 수도이다. 아름다운 드녜프르 강이 도시 한 가운데를 동과 서로 가르며 유유히 흐르는 키예프에는 약 9세기경 '키예프-루시'라는 이름의 고대 국가가 건설되었다. 왜 '루시'라는 이름이 붙었을까? 당시에 키예프 쪽으로 이동해 온 슬라브족을 가리켜 '루시(Rus)'라 불렀기 때문이다. 훗날 이 '루시'라는 이름에서 오늘날의 '러시아(Russia)'가 탄생된다. 원래 슬라브족은 3-4세기까지 지금의 루마니아에서 체코, 슬로바키아에 걸쳐있는 카르파티아 산맥 부근에 살았던 것으로 전해진다. 그런데 그 후 슬라브족은 더 추운 북쪽 만을 제외하고 서쪽, 동쪽, 남쪽으로 서서히 이동하게 되는데, 이름하여 역사적으로 5-6세기에서 9세기에 걸쳐 이루어진 '슬라브족의 대이동'이 시작된 것이다. 이 때 카르파티아 산맥에서 동쪽으로 이동하여 키예프 부근에 정착하기 시작한 슬라브족을 '동슬라브족'이라 부르는데, 이들을 가리켜 '루시'라고 불렀으며, 882년 이들이 주체가 되어 건설한 동슬라브족 최초의 국가가 바로 '키예프-루시'인 것이다.

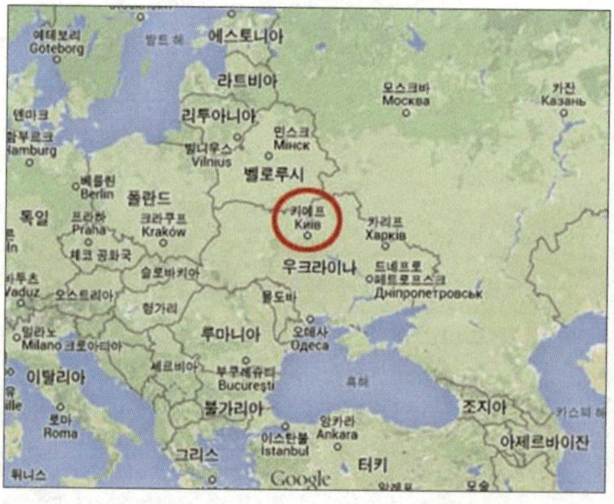

그리고 서쪽으로 이동한 슬라브족을 우리는 '서슬라브족'이라 부르는데, 이들이 현재의 폴란드, 체코, 슬로바키아인의 조상이 되며, 남쪽으로 이동한 '남슬라브족'은 현재 발칸반도의 여러 곳에 흩어져 살고 있는 불가리아, 세르비아, 보스니아, 크로아티아, 슬로베니아, 마케도니아, 몬테니그로인의 조상이 된다.

슬라브족	서슬라브족	폴란드인, 체코인, 슬로바키아인
	남슬라브족	불가리아인, 세르비아인, 보스니아인, 크로아티아인, 슬로베니아인, 마케도니아인. 몬테니그로인.
	동슬라브족	러시아인, 우크라이나인, 백러시아인.

키예프-루시는 초대 올레그 공후로부터 시작하여 야로슬라블리 대공에 이르러 최고의 전성기를 이루었으며, 988년 블라지미르 대공은 당시 동로마 비잔틴 제국으로부터 그리스도교를 받아들여 키예프-루시의 국교로 공인함으로써, 이후 '루시'의 나라들이 기독교 국가가 되는 발판을 쌓았다. 지금도 키예프를 비롯한 키예프-루시의 옛 지역에는 당시 9-10세기에 세워진 수많은 교회, 사원, 신전들이 즐비해 있음을 발견할 수 있다. 그리고 수세기가 지난 오늘날까지 루시의 후예들인 러시아, 우크라이나, 백러시아인들은 자신의 조상들이 9-10세기에 행하였던 방법 그대로 정교회 예식에 맞춰 미사를 드린다.

키예프-루시는 1240년에 몽고-타타르 족에 의해 결국 멸망한다. 몽고는 이 지역에 킵차크한국을 두어 루시의 공국들을 다스렸으며, 루시의 공후들은 킵차크의 칸에게 막대한 뇌물을 받쳐야 했다. 그 후 변방의 조그만 모스크바 요새를 중심으로 대몽항쟁이 일어나기 시작하였으며, 특히 당시 블라지미르-수즈달리 공후의 아들인 알렉산드르-네프스키 장군은 몽고-타타르와의 수많은 전투를 승리로 이끌어 나아갔다. 마침내, 1480년 루시인들은 몽고-타타르의 지배에서 완전히 벗어날 수 있었으며, 대몽항쟁의 중심에 섰던 모스크바 요새(크레믈리)는 차츰 차츰 세력을 확대해 나아가 모스크바 공국으로 발전해 나아간다.

(2) 어머니의 도시 키예프

카르파티아 산맥에서 동쪽으로 이동해 온 동슬라브족의 루시인들이 처음 세웠던 키예프-루시의 중심지 키예프에는 아직도 예전 영화의 흔적들이 도시 곳곳에 남아있다. 예전의 왕궁은 몽고-타타르의 침입으로 모두 불타 폐허가 되었으나 불타지 않고 남아있던 석조 돌기둥 위에 다시 복원된 '황금의 문'은 여전히 예전의 위용을 드러내 놓고 있다

황금의 문

동유럽에서 가장 오래된 도시인 키예프는 아름다운 드녜프르 강 유역에 건설되었다. 드녜프르 강이 도시 한 가운데를 동과 서로 갈라 놓는다. 강 왼편의 서쪽에는 우크라이나계가 많이 살고, 강 오른편의 동쪽에는 러시아계가 많은 편이다. 도시에서 가장 높은 블라지미르 언덕 위에 올라 내려다 보면, 저-멀리 아름다운 드녜프르 강이 유유히 흐르고 오른 손에 십자가를 움켜쥐고 서 있는 블라지미르 대제의 동상 옆

으로, 커다란 무지개 모양의 대형 아치 조형물이 눈에 뜨인다. 이른바, 우크라이나와 러시아가 형제동맹을 맺은 것을 상징하는 '인민 우정의 아치'이다. 이 형제동맹의 역사와 우크라이나, 러시아 사이의 관계를 설명하자면 다시 키예프-루시 시대로 거슬러 올라갈 수 밖에 없다. 키예프-루시가 번성하던 당시 동북방면을 지키던 조그만 요새에 불과하였던 모스크바가 대몽투쟁의 선봉에 서면서 전(全)루시인들의 구심점이 되었다. 그 후 모스크바 공국은 모스크바 대공국으로 발전하였고 뒤이어 로마노프 왕조의 제정러시아 시대가 그 뒤를 잇는다. 이제 러시아의 중심(모스크바)에서 보면 키예프가 변방이 된 것이다. 즉, 키예프-루시 시대의 중심이였던 키예프가 세월이 흘러 러시아의 변방이 된 것이다. 원래 '우크라이나'의 '크라이'는 러시아어로 '변방'이라는 뜻이다. 즉, 러시아의 변방을 가리키는 말이 '우크라이나'인 것이다. 당시 제정러시아 시대에는 '농노제'라는 것이 있었는데, 수많은 농노들이 지주-귀족의 횡포를 견디다 못해 우크라이나 변방으로 도망쳤다. 이들은 변방 우크라이나의 드넓은 스텝 지역에서 자유롭게 농사를 지으며 집단을 이루어 살았으며, 외적이 쳐들어오면 제일 먼저 앞장서 나아가 용감히 싸웠다. 이들을 가리켜 러시아어로 '까자크'(Казак)라 불렀으며 영어로는 '코삭'(Cossack)이라 한다. 본래 '까자크'라는 말은 몽고-타타르어에서 유래되었다. 킵차크 한국의 해체 시기에 타타르의 조직에서 이탈하여 스텝에서 자유롭게 사는 용감한 무사들을 가리켜 '까자크'라 불렀던 것이다. 그런데 이 용감한 무사들의 무리에 도망친 러시아 농노들이 하나 둘씩 가세하기 시작하더니, 급기야 까자크의 주체 세력이 되어 갔다. 즉, 지주-귀족의 횡포에 못이겨 모스크바에서 도망친 농노들이 어느덧 까자크 집단의 주체가 되어 버린 것이다. 변방 우크라이나로 도망온 이들 까자크들은 주로 키예프 드녜프르 강 유역을 중심

인민 우정의 아치

으로 집단을 이루어 자유롭게 살아갔으며, 외적이 쳐들어오면 자신들의 땅 스텝을 지키기 위하여 용감히 맞서 싸웠다. 그러므로 이들 까자크의 가장 큰 모토는 '자유'와 '용감'이였다. 그런데 역사상 이 우크라이나 까자크들의 광활하고 비옥한 스텝 평야지대를 노리는 외적들이 수없이 많았으며, 따라서 러시아의 변방 우크라이나는 항상 외침에 시달려야 했다. 남쪽에서는 투르계가 끊임없이 쳐올라 왔으며, 서쪽에서는 폴란드 지주 귀족들이 호시탐탐 우크라이나를 넘봤다. 특히, 우크라이나 카자크의 수령 보그단 흐멜리츠키(1595-1657)는 우크라이나 농민운동을 주도하여 폴란드 군과 맞서 싸웠으며, 1654년 러시아 황제의 지원을 받아 폴란드 세력을 완전히 격퇴시킨 후, 러시아-우크라이나의 '형제동맹'을 체결하였다.

'인민 우정의 아치'는 왼편 서쪽의 우크라이나와 오른편 동쪽의 러시아를 가리키듯이, 러시아와 우크라이나가 같은 슬라브계 민족(동슬라브족)이며 같은 종교(러시아정교)를 믿는 형제의 나라임을 상징한다. 이처럼 우크라이나는 이름에서 가리키듯이 항상 러시아의 '지방(크라이)'이였으며 러시아의 그늘 아래 있었다. 실제로 우크라이나가 독립한 것은 소연방이 해체되고난 후(後)인 1991년 이였으며, 그 이전까지는 제정러시아와 소련(소비에트 연방)의 일원이였다. 하지만, 키예프의 우크라이나계가 볼 때, 러시아-모스크바 이전에 키예프-루시의 키예프가 있었으며, 키예프가 바로 전(全)루시인들, 즉 러시아인들의 뿌리이며 고향임을 강조한다. 그러므로 키예프는 영원한 '어머니의 도시'인 것이다. 이들 우크라이나인들은 자신들의 조상 까자크들이 용감히 싸워 외적을 물리침으로써 조국 러시아를 지킬 수 있었다고 자부한다.

러시아인들의 영원한 고향이며 어머니와 같은 도시 키예프의 관광은 대부분 '독립광장'에서부터 시작한다. '독립광장'은 지하철 1호선과 2호선이 교차하는 시내 중앙의 '독립광장역'에 위치해 있다.

* 독립광장 → 보그단 → 성 소피아 성당 → 황금의 문 → 성 블라지미르 교회 → 키예프 국립대학 → 쉐브첸코 공원.

* 독립광장 → 성 미카엘 대성당 → 성 안드레이 교회 →불가코프 박물관.

* 독립광장 → 마린스키 궁전 → 페체르스카야 동굴 수도원.

독립광장은 이름 그대로 우크라이나의 독립을 상징하는 광장이며 항상 중요한 대규모 집회가 열리는 곳이다. 2004년 오렌지 혁명의 도화선이 된 대규모 집회가 열린 곳도 바로 이 곳이며, 2014년 100여명의 사상자를 낸 '우크라이나 사태'가 발발한 곳도 바로 이 곳 독립광장이다.

독립광장과 대규모 시위

독립광장을 사람들은 '마이단'이라 부른다. '광장'을 일컫는 러시아어 '쁠로샤지(Площадь)'를 사용하지 않고 우크라이나어 '마이단(Майдан)'을 사용하는 것이다. 같은 동슬라브어인 러시아어와 우크라이나어는 대체로 같거나 유사한 말들이 많지만, 이처럼 전혀 다른 단어들도 존재한다. 하지만 우크라이나어를 전혀 모르고 러시아어만 할 줄 아는 필자와 같은 외국인이 알아들을 수 있을 정도의 차이이며, 마치 우리나라 경상도 지방에서 '부추'를 '전구지'라 부르고 '국자'를 '쪽대'라 하는 것과 유사하다. 실제로 키예프 시민들 대부분은 러시아어를 사용하거나 러시아어와 우크라이나어를 혼용하여 사용하는 경우를 많이 볼 수 있다. 이는 '독립광장'을 '마이단'이라 부르고 광장에 모여 러시아로부터의 완전독립과 자주를 외치는 대규모 집회를 생각하면 얼른 이해하기 힘들다. 하지만, 마이단 광장의 집회에 참가한 젊은 대학생의 답변을 듣자면 그리 이해하기 어려운 문제는 아니다. 즉, 자신의 할머니는 우크라이나계이고 할아버지는 러시아계였는데, 할아버지는 일찍 돌아가시고 할머니가 시골에 사실 때 가끔 할머니 댁에 놀러가면 주로 우크라이나어를 사용했었는데, 할머니께서 돌아가시고 나서는 그나마 사용하던 우크라이나어도 사용하지 않는다는 것이다. 또한 키예프에서 상점을 운영하시는 아버지와 어머니는 고객이 주로 러시아계 사람들이어서 자연히 러시아어만을 사용할 수 밖에 없으며, 따라서 자신 또한 주로 러시아어를 사용한다는 것이다.

이처럼 러시아로부터 우크라이나의 완전한 독립을 요구하는 '마이단'을 뒤로 하고 북서쪽 도로를 따라 5-7분 정도 비탈길을 걸어 올라가면, 러시아와 형제동맹을 체결한 까자크의 수령 '보그단 흐멜리츠키'의 동상을 만날 수 있다.

보그단

사실상 우크라이나 까자크 공국을 건설한 보그단 흐멜리츠키는 우크라이나인들이 가장 존경하는 인물 가운데 한명으로서 현재 우크라이나의 지폐에도 등장하고 있으며, 이 기념동상은 키예프-루시 시대 루시인들이 기독교 세례를 받았던 988년으로부터 900주년이 되는 해를 기념하여 1888년에 제막되었다.

보그단 기념상이 위치한 광장 건너편에는 키예프-루시 시대의 황금기에 지워진 '성 소피아 대성당'이 아름다운 자태를 뽐내고 있다. 이 성 소피아 대성당은 지금의 이스탄불에 있는 아이야 소피아 대성당과 어깨를 견주도록 건설되었다. 988년 키예프-루시의 대공 블라지미르는 당시의 콘스탄티노플(지금의 이스탄불)에서 그리스도교를 받아들였고, 그의 아들 야로슬라블리 대공은 당시 콘스탄티노플의 아이야 소피아 대성당(Ayasofya Cathedral)을 모방하여 1017년 키예프에 성 소피아 대성당(Saint Sophia Cathedral)을 건립함으로써 같은 기독교 국가로서의 비잔틴 제국과의 유대를 더욱 공고히 다져 나아갔다.

성 소피아 대성당

성 소피아 대성당의 가장 위풍당당한 자랑거리는 열두 개의 돔에 둘러싸인 중앙 돔으로, 이는 예수와 열두 사도를 상징한다. 내부도 마찬가지로 웅장하여 260㎡ 넓이의 모자이크와 3000㎡ 넓이의 벽화로 장식되어 있다. 이러한 장식에는 '수태 고지', '기도하는 성모 마리아', '사도들의 영성체' 등의 장면이 찬란하게 나타나 있으며, 사냥이나 연회 장면 등 세속적인 장면을 그린 그림도 있다. 성 소피아 대성당은 곧 동방 정교회에서 가장 중요한 건물 중 하나로 부상했으며, 장인들은 성당 장식이 지닌 양식적 특징들을 주변 지역 곳곳에 전파했다. 키예프 도시가 수차례 침입을 받는 동안 성당 외관이 손상을 입어 17세기와 18세기에 복구 작업이 이루어졌지만, 다행히도 내부는 거의 손대지 않은 상태로 남았다. 소비에트 정부는 1920년대에 성당을 몰수하여 허물어 버릴 계획을 세웠으나, 생각을 돌이켜 그 대신 이 성당을 건축학적이고 역사적인 기념물로 변모시키기로 했다. 성당을 러시아 정교회에 돌려주어야 한다는 논란이 있어 왔지만, 성 소피아 대성당은 무엇보다도 예배가 이루어지는 기능적인 장소를 떠나 키예프의 유명한 역사적 기념물로서 1990년에 유네스코 세계문화유산으로 지정되었다.

성 소피아 대성당에서 '황금의 문'이 있는 대로를 따라 10여분 정도 내려가면 국립 오페라 하우스를 지나 '성 블라지미르 교회'가 눈에 들어온다.

성 블라지미르 교회

키예프-루시 시대에 기독교를 공인한 블라지미르 대제의 이름을 딴 '성 블라지미르 교회'이다. 블라지미르 대제가 그리스도교를 받아들인 이후 키예프-루시 전역에는 수많은 교회, 성당, 신전, 수도원들이 세워졌다. 비잔틴 양식으로 지워진 성 블라지미르 교회는 수수해 보이지만 내부는 아르누보 풍의 호화찬란한 프레스코화가 방문객을 압도한다. 지금도 관광객을 비롯하여 수많은 러시아-우크라이나 정교 신자들이 자주 찾는 성 블라지미르 교회 안으로 들어서면, 다소 어두컴컴해 보이는 실내 조명 속에 여기 저기 타고 있는 촛불 앞에서 엄숙히 성호를 긋는 사람들의 진지한 모습에서 경건함이 느껴진다. 로마 가톨릭과 달

성 블라지미르 교회 미사장면

리 정교회 안에는 앉는 의자가 없으며 사람들은 서서 미사를 보거나 묵상을 하며 기도를 드린다. 특히 남자들은 들어갈 때 모자를 벗고 들어가야 한다.

보그단 기마상을 가운데 두고 성 소피아 대성당 맞은편에는 성 미카엘(미하일) 대성당이 위치해 있다. 러시아어로는 '미하일롭스키 대성당'이라 부른다. 미카엘 대천사의 이름을 딴 성당으로 맞은편의 성 소피아 대성당이 세워진 후 70년 뒤인 1108년에 당시 키예프 공국의 왕자(스뱌토폴크 이지야슬라비치)에 의하여 세워졌다. 성 미카엘 대성당은 당시 키예프 공국 내에서는 돔을 황금으로 도금한 최초의 성당으로서 '황금돔'이라는 별칭이 붙여졌으며, 1240년 몽골족의 침략으로 파손되었으나 16세기 들어 수차례 복원과 증축이 이루어졌다. 그 후 수도원 성당으로 변모하였으며 대성당 안에는 성녀 바르바라의 유해를 보관하고 있어 수많은 순례자들이 즐겨 찾는 곳이 되었다. 혁명 후 1930년대에 소비에트 정부는 대성당과 수도원을 모두 파괴하였으나, 1990년대 후반, 발굴을 통하여 11세기 대성당의 일부와 다수의 고대 공예품이 나옴으로써, 18세기 형상대로 복원되어 1999년 5월 30일에 다시 문을 열었다.

성 미카엘 대성당

성 미카엘 대성당에서 오른편 쪽의 '안드레이 비탈길'을 따라 조금 내려가면 '성 안드레이 교회'를 만난다. 12세기에 쓰여진 <원초연대기> (동슬라브인의 기원 및 키예프 루시의 역사를 기술한 책)에 의하면, 예수의 12제자 가운데 한 명인 안드레이 사도는 예루살렘을 떠나 시노프(Sinope, 터키 북부의 흑해 연안 도시), 헤르손네스(Chersonese, 크림반도 세바스토폴 근처의 고대 도시)를 거쳐 드네프르 강 상류로 이동하여 가던 중, 이 곳 '빠돌(Подол)'의 어느 한 사면에서 하룻밤을 보낸다. 다음날 아침 안드레이 사도는 제자들에게 설교를 하면서, "이 언덕 위에 신의 은총이 내릴 것이며, 이곳에 수많은 아름다운 교회를 가진 큰 도시가 건설될 것이다"라고 예언하였다. 그리고 그는 언덕 위로 올라가 그 곳을 축복하고 십자가를 세웠는데, 수 백년이 지난 후 그의 예언대로 그 곳에 키예프가 등장하였고, 988년 키예프-루시의 블라지미르 대공이 비잔틴 정교회를 국교로 받아들이면서 정말로 수많은 교회가 생겨났으며, 안드레이 사도가 십자가를 세웠던 바로 그 자리에는 <성 안드레이 교회>가 우뚝 서게 되었다. 이처럼 11세기 말부터 이 '안드레이 언덕길' 위에는 '성 안드레이 교회'가 있었으며, 그 후 시간의 무게와 외부의 침략 등으로 세워졌다 무너졌다를 여러 차례 반복하다가, 1744년 키예프를 방문 중이던 엘리자베타 여제(표트르 대제의 딸)가 자기 손으로 직접 이 교회의 주춧돌 세 개를 놓았으며, 여제의 명령에 의하여 1747년부터 본격적으로 공사가 다시 시작되어 1767년 마침내 튼튼한 '성 안드레이 교회'가 완공되었다.

우크라이나 바로크 양식의 백미인 <성 안드레이 교회>는 유명한 이탈리아 건축가 라스트렐리(1700-1771)의 작품으로서, 그는 상트 페테르부르그의 겨울궁전, 스트로가노프 궁전, 보론초프 궁전, 스몰느이 수도원, 차르스코예 셀로의 예카테리나 궁전, 키예프의 마린스키 궁전 등 수많은 러시아 유명 건축물들을 건축하였다. 파리에서 태어난 라스트렐리는 다섯살 때 아버지 카를로 라스트렐리를 따라 러시아에 왔으며, 아버지 역시 이탈리아 플로렌스 출신의 조각가로서 상트 페테르부르그의 유명한 표트르 대제 기마상을 제작하였다.

성 안드레이 교회

안드레이 언덕길의 빠돌 시장

성 안드레이 교회가 위치한 안드레이 언덕길(비탈길) 주위를 사람들은 '빠돌(Подол)'이라 부르는데, 러시아어로 '빠돌'은 '산 기슭의 평평한 지역'이라는 뜻이다. 빠돌 지역은 키예프에서 가장 오래된 구시가지로서 곳곳에 오래된 고풍스런 건물들이 눈에 뜨이며, 안드레이 비탈길 양 옆으로는 우리나라 인사동 거리와 같이 여러 가지 기념품, 골동품, 전통의상, 그림, 장신구, 도기, 잡화 등을 파는 길거리 노점상들이 줄지어 있다.

안드레이 언덕길을 따라 비탈을 굽이굽이 내려가다 보면 오른편 가에 유명한 러시아 문학 작가 불가코프의 생가-박물관을 발견할 수 있다. 미하일 아파나시예비치 불가코프 (1891 - 1940)는 1980년대 고르바쵸프의 '페레스트로이카'가 없었다면 아마도 무명작가로서 그대로 묻혀 버릴 수도 있었던 작가였다. 그의 대작으로 불리는 <거장과 마르가리타>는 그가 죽은지 26년 동안이나 서랍 속에 원고 상태로 남겨져 있었으며, 우여곡절 끝에 해외에서 어렵게 원고의 일부가 출판되었었다. 1980년대 개혁, 개방의 물결을 타고 잊혀졌던 그의 작품들이 하나 둘씩 러시아 국내에 알려지기 시작하면서 전 세계적인 유명작가로서 혜성과 같이 나타났다. 대표작 <거장과 마르가리타>를 비롯하여 <백위

군>, <개의 심장>, <조야의 아파트>, <이반 바실리예비치> 등의 수많은 작품들이 있으며, 그의 작품들은 연극으로 각색되어 극장에서 상연되는가 하면 영화로 만들어지거나 TV 드라마로 제작되어 러시아 전역에 방영되고 있다.

불가코프 생가-박물관 및 불가코프 동상

키예프 관광에서 빼놓을 수 없는 유일한 곳으로 '**페체르스크 동굴 대수도원**'을 들을 수 있다. 원래 이름은 '페체르스카야 라브라(Печерская Лавра)'로서 '페체라(Пещера)'는 '동굴'이라는 뜻이고 '라브라(Лавра)'는 '대수도원'이라는 뜻이다. 대수도원의 전체 면적은 약 30만 평방미터로서 내부에 150개의 건축물이 있는데, 그 중 사원과 교회가 23개이며 그 가운데 6개는 동굴로 되어 있다. 수도원은 크게 상부와 하부로 나뉘어져 있고, 상부 수도원에는 1731-1745년에 건립된 높이 96.5 미터의 거대한 종탑이 있으며, 드녜프르 강에 인접한 하부 수도원에는 동굴 사원이 위치해 있다. 키예프-루시 시대의 최전성기에 지워진 고색찬란한 성당들이 드녜프르 강이 내려다 보이는 고지대 위에서 그 아름다운 자태를 뽐내고 있다.

페체르스카야 동굴 수도원

11세기 중엽, 그리스 아토스산(山)에서 수도하고 온 수사 안톤의 지도로 드네프르강 기슭 언덕의 동굴에서 수행을 시작한 수사들이 있었다. 이 동굴 수도원의 창시자는 러시아의 초대 부주교인 이라리온과 아토스산에서 수사 생활을 시작한 수사 안톤이라고 전해진다. 처음 몇 년간 수사들은 급경사를 이루며 오른쪽으로 흐르는 드네프르 강변의 언덕에 동굴을 파고 살았다. 이 동굴이 현재의 동굴 수도원의 출발점이 되었다. 키예프의 동굴 수도원은 급속도로 전국적인 명성을 확보해 나아갔고, 수백 년 동안 옛 러시아의 가장 중요한 문화적, 종교적 구심점 역할을 하였다. 수도원의 수사들은 '눈물과 금식, 늘 깨어 있는 정신, 그리고 기도'라는 매우 금욕적인 규율에 따라 생활하였다. 이 곳은 중세 러시아에서도 손꼽히는 지식의 중심지가 되어, 잇달아 연대기를 세상에 내놓았다. 이라리온 부주교는 설교집 '율법과 은총에 관하여'에서 키예프-루시가 세계적으로 얼마나 우수하고, 정치적으로 중요한가를 설교하였다. 또한 몇 십 년 후에 수사 네스토르가 편찬한 '옛날 이야기'는 중세러시아 역사 서술의 기념비적인 저술이다. 석공, 모자이크공, 화가 등을 양성하던 공방 덕분에 페체르스카야 대수도원의 이름이 키예프 루시 안팎에 널리 알려지게 되었다. 다양한 시대에 씌여진 연대기를 종합해 보면, 17-19세기에 해마다 15만 명의 순례자가 **페체르스카야 대수도원**을 방문한 것으로 추측된다. 동굴 수도원에서 수사들은 전(全)생애를 통틀어 절반 이상을 지하 라브라의 동굴 독방에서 생활하였다. 개중에는 자신의 의지로 동굴 방에서의 면벽 생활을 선택한 사람도 있었다. 동굴의 방에는 구멍 하나가 뚫려 있어 이 곳을 통해 한 줄기 빛이 새어들고 먹을 것이나 물이 공급되었다. 여기 살았던 사람 대부분은 그대로 그 동굴에 안장되었는데, 동굴 내에는 온도가 일정하게 유지되고 습도도 거의 변하지 않기 때문에, 시체는 부패하지 않고 그대로 미라가 되었다. 동굴 안의 숨막힐 정도로 좁은 통로는 희미한 촛불이 비추고 있고, 벽 안에는 죽은 수사들이 미라가 되어 안장되어 있다. 러시아 최초의 화가인 **알람피 수사**와 러시아 최초의 역사가인 **네스토르**도 미라가 되어 있다. 동굴의 작은 방들에서 그 당시 수사들이 숭배하였던 성화나 성상을 볼 수 있다. 몽고-타타르의 공격으로 거의 대부분이 파괴된 페체르스카야 대수도원은 18세기 초, 표트르 대제 때 가까스로 바로크 양식으로 재건되었다.

(3) 러시아인의 고향 크림반도

우크라이나 남쪽에는 흑해로 돌출해 있는 반도가 하나 있다. 러시아어로는 '크림(Крым)'반도라 하며, 영어로는 '크리미아(Crimea)'반도라고 한다. 원래 이 곳에는 BC 5세기 경 그리스인의 도시국가(헤르소네소스)가 건설되었었으며, BC 2세기 후반부터는 로마의 세력이 흑해 연안 지방까지 미쳤었다. 3세기 이후 남(南)러시아 평원에서 유목민들의 패권이 교체됨에 따라 고트족, 하자르족, 폴로베츠족 등을 비롯하여 유대인 등이 이주해옴으로써 인종적으로 아주 복잡해졌다. 키예프-루시가 망한 후, 13~15세기에는 몽고-타타르의 킵차크 한국(汗國)이 크림반도 전체를 지배하였으며, 15세기부터 18세기까지는 킵차크 한국으로부터 독립한 크림 한국이 반도를 지배하면서 반도의 남쪽에는 이탈리아인의 무역도시도 생겨나게 되었다. 하지만, 크림반도는 기후가 온화하고 비옥한 농토를 지녔을 뿐만 아니라, 흑해를 사이에 두고 북쪽 세력(러시아)과 남쪽 세력(오스만 투르크)의 중간에 위치해 있는 관계로 항상 열강의 각축장이 되었다.

15세기 말경 오스만 투르크는 크림반도에 진출하여 이탈리아인들을 쫓아낸 후에 크림한국으로부터 남부 연안의 종주권을 인정받았다. 하지만, 러시아제국의 입장에서는 흑해를 끼고 있는 크림반도의 부동항 확보가 지중해를 통해 대양으로 진출할 수 있는 유일한 교두보이자, 흑해연안을 장악할 수 있는 중요한 군사-전략적 요충지였기 때문에, 여러 차례의 원정 끝에 1783년 예카쩨리나 여제 때 마침내 크림반도를 점령하여 병합한다. 그러나, 러시아 세력의 남하에 대하여 위기의식을 동감한 영국과 프랑스가 오스만-투르크를 지원함으로써 크리미아전쟁(18541856)이 발발하였다.

크림반도의 세바스토폴 항구에서 벌어진 2년여에 걸친 크림전쟁은 참으로 참혹하여, 약 20만명에 달하는 연합군과 약 7만명에 달하는 러시아군이 전사하였다. 결국 러시아는 크림전쟁에서 패함으로써 흑해로 진출하려던 남하정책을 일단 포기해야만 했다. 그러나 그 후 2차 세계대전 말기인 1941-1942년에는 약 250일 동안 당시 소련군과 독일

크리미아 전쟁 — 세바스토폴 방어전

나치군이 크림반도에서 격돌하였다. 이후 1944년 나치로부터 크림반도를 되찾아온 스탈린 소련공산당 서기장은 나치에 협력했다는 이유로 당시 크림에 거주하던 타타르족 약 20만명 모두를 우랄 및 중앙아시아로 강제이주 시킨다. 이 과정에서 이주민 가운데 절반 정도가 굶주림이나 질병 등으로 사망하는 비극이 발생하였다. 스탈인이 사망한 후인 1954년, 당시 소련 공산당 서기장이며 우크라이나 출신인 흐루시쵸프는 **크림반도**를 친선(親善)의 의미로 **러시아** 소비에트 연방 사회주의 공화국에서 **우크라이나** 소비에트 사회주의 공화국으로 이양시킴으로써, 크림반도는 러시아에서 같은 소비에트 연방의 일원이던 우크라이나로 편입된다. 하지만 그 후, 1991년 소비에트연방의 해체로 우크라이나가 독립국가가 되자, 크림반도에서는 우크라이나에 남느냐 아니면 러시아와 합병하느냐를 놓고 논란이 일었으며, 결국 투표를 통해 우크라이나에 속하기로 일단 결정되면서 우크라이나 **크림 자치공화국**이 된다. 그러나, 러시아와 우크라이나의 사이가 그런데로 괜찮았을 때는 별 문제가 없었으나, 2013년 유럽연합의 가입을 앞두고 러시아계와 우크라이나계가 첨예하게 대립하면서 수도 키예프의 대규모 시위 도중에 약 100여명이 사망하는 '유로 마이단' 사태가 발생하게 된다. 이에 크림반도에서는 2014년 3월 러시아와의 합병을 결정하는 주민투표를 실시하여 90%가 넘는 대찬성으로 다시 러시아로의 귀속이 결정되었다.

크림반도의 **러시아 크림 자치공화국**의 수도는 **심페로폴**(Simferopol)이며 최대항구는 러시아 **흑해함대**가 주둔하고 있는 **세바스토폴**(Севастополь)이다. 크림반도의 인구는 약 200만 명으로 민족구성은 러시아계가 약 58%로 절반이 넘고, 우크라이나계가 약 24%, 타타르인이 약 12%, 그밖에 유대인, 독일인, 불가리아인, 헝가리인 등의 소수민족이 있다. 크림반도의 기후는 북부지방의 1월 평균기온이 1℃인데 비해 남부에서는 4℃이하로 내려가지 않는 따뜻한 해양성 기후를 갖고 있어 사계절 휴양지로 각광을 받고 있다. 또한, 주변의 카자흐스탄, 아제르바이잔, 투르크멘 등의 흑해연안국에 산재해 있는 많은 유전과 천연가스전들, 그리고 이들을 실어나르기 위해 거미줄처럼 뻗어있는 여러 송유관들은, 여러 서방 국가들에게 꼭 필요한 자원과 인프라이기 때문에, 흑해 요충지인 크림반도의 중요성은 날로 높아져 가고 있다.

키예프의 중심 '마이단'에서 지하철 1호선을 타고 '바크잘리나야(Вокзальная)'역에 내리면 우크라이나 교통의 중심인 키예프 기차역이 나온다. 원래 '바크잘(Вокзал)'은 러시아어로 '기차역'이라는 뜻이다. 키예프에서 우크라이나 남부의 항구도시 오데사까지는 버스로 약 6시간 정도 걸리지만 야간 기차로는 약 12시간 이상 걸린다. 대부분 구-소련권에 속한 나라들에서의 여행이란 기차여행이 주를 이루며, 거리가 워낙 멀다보니 12시간 정도의 야간열차 이용은 아무 것도 아닌 듯, 사람들은 기차 안에서 2박 3일, 3박 4일 이상씩 먹고자는 장거리 탑승도 대수롭지 않게 받아들인다.

오데사에서 크림반도의 수도 심페로폴까지는 기차로 또한 12시간 정도 걸리며, 심페로폴에서 '얄타 비밀 정상회담'으로 잘 알려진 얄타까지는 버스로 약 2시간 남짓, 그리고 얄타에서 크리미아 전쟁의 격전지 세바스토폴까지 또한 버스로 약 2시간 정도 걸린다. 항구도시 세바스토폴 근처에는 앞서 설명한 바와 같이 BC 5세기 경에 세워진 고대 그리스-도시국가 헤르소네소스(Chersonesos)의 유적지가 있다.

키예프 → 오데사 → 심페로폴 → 얄타 → 세바스토폴 → 헤르소네소스

오데사는 흑해 연안에 위치한 우크라이나 남부 최대의 항구도시이다. 제정 러시아의 여러 황제들 가운데 '대제'의 칭호가 붙는 황제가 딱 2명 있는데, 한 명은 러시아의 영토를 우랄산맥 너머까지 넓히고 서쪽의 부동항 뻬쩨르부르그를 건설함으로써 러시아제국의 기초를 다진 '피터 대제'(뾰트르 대제)이며, 또 한 명은 피터 대제의 며느리로서 영토를 중앙아시아 및 남부 크림반도까지 넓히며 지금의 '에르미타즈'(세계 3대 박물관 중의 하나)를 있게 만든 '예카쩨리나 대제'(예카쩨리나 2세)이다. 예카쩨리나 대제(여제)는 두 차례에 걸친 오스만 터키와의 전쟁에서 승리하여 러시아 영토를 흑해 연안까지 확장하였으며, 마침내 1792년 **오데**

예카쩨리나 여제 동상

사를 러시아 영토에 편입하고 이 곳에 항구를 개설하였다. 그러므로 이 곳 오데사 시내 중심에는 그녀의 동상이 세워져 있다.

한편, 오데사 관광에서 빼놓을 수 없는 곳은 '포템킨 계단'으로 유명한 '오데사 계단'이다. 이 계단은 오데사 항구에서 시내로 들어오는 입구로서 1841년에 만들어졌으며 192개의 계단으로 되어 있다. 계단은 위에서 항구 전체가 내려다 보이는 'View Point'로서 멀리 흑해의 아름다운 파도가 넘실거린다. 이 '포템킨 계단'이 오데사 관광의 1번지로서 유명해 진 것은, 전함 '포템킨 호'의 수병 봉기 사건을 다룬 영화 '전함 포템킨' 때문이다.

포템킨 계단-아래에서

포템킨 계단-위에서

영화 '전함 포템킨'은 실화를 다룬 흑백 다큐 무성영화로서 영화의 내용은 이렇다. 전함 포템킨은 러시아 흑해함대의 주력선이었으며, 때는 '러일전쟁'에서 연패하여 러시아 전체가 위기에 몰린 1905년 6월 경이였다. 아침식사에 쓸 고기에 구더기가 득실거리는 것을 수병들이 발견하고 항의했지만 함장, 부함장, 군의관 모두 이를 무시한다. 이에 수병들은 집단적 거부를 하게 되고, 함장은 이들을 처형하려 한다. 이 때 포병 바클린슈크가 "형제들이여! 누구를 쏘려하는가?"하며 저지를 하고 이를 계기로 병사들이 봉기를 한다. 하지만 봉기에 불씨를 당긴 바클린슈크는 부함장의 총탄에 맞아 죽고 만다. 썩은 고기에 분노하여 저항의 불길을 지피고 희생된 바클린슈크의 유해를 인근 오데사 해안으로 옮겨 천막에 안치를 했고, 오데사 시민들은 그의 추모식에 모여들었다. 이때 갑자기 계단 위에서 총성이 울려퍼지고 짜르(황제) 군대가 무차별적으로 총질을 하여 시민들을 쓸어내렸다. 시민들이 계단 바닥에 풀잎처럼 쓰러지고, 피투성이의 아이를 부여안고 절규하는 어머니의 가슴에도 총탄이 박혔으며, 아기가 태워진 유모차가 끝없이 계단 아래로 굴러 떨어졌다. 백주대낮에 벌어진 참혹한 광경에 오열하던 오데사 시민들은 속속 혁명 대열에 가담하기 시작하였다. 이 시기의 러시아는 그 해 1월에 있었던 '피의 일요일'(1905) 사건으로 황제에 대한 원망과 실망이 컸던 시기였다. 마침내 1917년 제정러시아는 볼셰비키 혁명으로 막을 내리게 된다. 영화는 에이젠 슈테인 감독이 만들어 1925년에 개봉한 흑백영화로서, 몽타주기법을 이용하여 실제보다 더 실감나게 다룸으로써 영화사에 새로운 지평을 열었다는 평가를 받고 있다.

한편 오데사는 러시아의 민족시인이며 '러시아 문학의 아버지'로 불리는 푸쉬킨이 1820년 강제 유배되어 잠시 살았던 곳으로 유명하다. 천재 시인 푸쉬킨(1799-1837)은 모스크바 귀족 가문에서 태어나 당시 수도였던 뻬쩨르부르그에서 왕족이나 귀족의 자제만 다닐 수 있었던 상위 계층의 학교인 왕립기숙학교를 졸업한 후, 외무성에 취직하여 일을 하게 되지만, 일보다는 차츰 진보적인 시를 발표하는 데에 더 몰두하게 된다. 그의 작품들은 당시의 농노제를 타도하는 등 황제의 권위에 대항하는 급진적 성향을 띠게 됨으로써, 결국 황제의 노여움을 사게된 푸쉬킨은 1820년 이 곳 오데사로 강제 유배된다. 당시 러시아 귀족에게 내려진 유배는 수도에서 벗어나게 하는 것이었을 뿐 가혹하

푸쉬킨 동상 — 오데사

지 않았기 때문에, 이 시기에도 푸쉬킨은 작품활동을 계속할 수 있었다. 그러므로 이 곳 오데사에는 러시아의 위대한 민족 시인이 자신들의 도시 오데사의 시민이라는 자긍심 가득찬 동상이 세워져 있으며, 그가 머물렀던 집은 푸쉬킨 박물관으로 꾸며져 보존되고 있다.

오데사는 건설 당시 석재를 지하에서 채굴하다 보니 1000km에 이르는 지하도가 도시 밑에 남게 되었다. 이 지하의 미로(迷路)는 2차 세계대전 당시 나치 독일에 대항하여 싸운 파르티잔의 레지스탕스 근거지로 사용되었으며, 현재는 시내에서 북서쪽으로 13km 지점에 있는 일부 지하시설이 **파르티잔**의 박물관으로 사용되고 있다.

파르티잔 박물관 — 오데사

오데사에서 기차로 12시간정도 가면 크림반도의 수도 심페로폴이 나오며, 그 곳에서 다시 버스를 타고 흑해 연안을 굽이굽이 돌아가면 '얄타'가 나온다. 얄타는 예로부터 기후가 온화하고 흑해 연안의 아름다운 풍광을 지니고 있어 휴양지로 유명하다. 제정러시아 시대에 황제의 별장으로 사용되었던 '마산드라 궁전'과 러시아의 유명한 극작가 안톤 체홉이 결핵으로 말년을 보낸 휴양지를 비롯하여, 유명 작가 및 구-소련의 유명인사들이 살았던 휴양지가 박물관으로 곳곳에 남아 있다. 지금도 구-소련 시절에 집단요양 시설로 사용되었던 '사나토리'들이 곳곳에 산재해 있다. 하지만, 우리에게 있어 '얄타'는 우선 가슴 아픈 역사적 장소로 다가온다. 우리나라를 남북으로 갈라놓은 단초가 되었던 '얄타 비밀 정상회담'이 열렸던 곳이기 때문이다. 당시 스탈린의 별장으로 사용되던 이 곳의 '리바디아' 궁전에서 당시의 2차 세계대전 전승국(戰勝國)인 러시아, 영국, 미국의 대표들이 만나, 한반도를 38도선 이남과 이북으로 나누는 운명적 결정을 한 것이다. 이러한 결정은 우리 한민족의 의사와 아무 상관없이 진행되었고 결정되었으며, 따라서 우리나라 역사 교과서에서는 '얄타 비밀회담'으로 기록되고 있다.

비밀회담이 열렸던 '리바디아 궁전'은 원래 러시아의 마지막 황제 니콜라이 2세의 여름별장이었다. 궁전 1층에는 얄타회담장이 있고 2층에는 니콜라이 2세의 유물이 전시되어 있는 박물관이 있다.

리바디아 궁전

2차 세계대전 말기인 1945년 2월, 당시 연합국의 수뇌들인 미국의 루즈벨트 대통령, 영국의 처칠 수상, 소련의 스탈린 공산당 서기장은 나치 독일의 패전 후의 문제를 논의하기 위해 이 곳 얄타의 리바디아 궁전으로 모여 들었다.

당시 독일의 패전은 시간문제였으며 소련군은 이미 베를린 입성을 앞두고 있었다. 한편, 서부전선의 미·영 연합군은 독일의 아르덴 대반격에 막혀 그동안 지지부진했던 열세를 겨우 만회하는 중이어서 처지가 좀 궁색했다. 하지만, 루즈벨트는 유럽도 유럽이지만 어떻게든 소련을 태평양전쟁으로 끌어들여 일본 본토 점령을 최단기간에 끝내면

얄타 비밀회담 장

3국 정상들

서도 피해를 최소화하기를 바랬다. 결국 이 회담으로 소련은 종전 2-3일을 남겨두고 대일 선전포고를 함으로써, 소련군의 북한 진주를 가능케 만들었다. 역사에서 가정은 없지만 만일 이 얄타회담이 없었더라면, 우리나라가 남-북으로 갈라지는 역사적 운명은 없었을지도 모른다.

비밀회담이 열렸던 리바디아 궁전에서 흑해 연안을 따라 남쪽으로 조금 더 내려가면 깎아지른 절벽 꼭대기에 아슬아슬하게 서 있는 독특한 성(城)을 하나 만난다. 사람들은 이 성을 '**제비둥지성**'(Swallow's Nest Castle)이라 부른다. 원래 이 성의 유래는 16세기 초로 거슬러 올라가며, '사랑의 성'이란 나무별장으로 시작되었다.

제비둥지 성

전설에 의하면, 당시 유명한 러시아 장군이 전쟁에서 잡아온 아름다운 여성 포로와 사랑에 빠져 오직 그녀 만을 위하여 바다가 보이는 곳에 아름다운 별장을 지었는데, 장군이 다시 전쟁터에 출정하였다가 돌아와보니 그녀가 온데간데 없이 사라졌다는 것이다. 당시의 터키 밀수꾼이랑 도망을 갔는지, 아니면 바다에 빠져 죽었는지 확실히 알려지지 않았다.

그 후 1911년 독일의 귀족인 Baron von Steingel이 기름장사로 부를 축척하여 이 목재별장을 구입하고, 일년만에 현재의 제비둥지성을 지었으며, 다시 이탈리아인이 1914년 이 성을 구입하여 레스토랑으로 사용하였다. 1917년 러시아 혁명 후에는 관광명소 전용으로 사용되었으며, 1927년 지진으로 절벽의 일부가 깨져 바다로 떨어지는 심각한 상태에서도 제비둥지성은 살아남아 오늘날에 이르고 있다.

얄타는 공기가 맑고 기후가 온화하여 예로부터 휴양지로 각광을 받아왔다. 특히, 러시아의 유명한 극작가 안톤 체홉(1860-1904)이 폐결핵을 얻은 후, 말년을 이 곳 휴양지에서 요양하며, 당대의 톨스토이, 고리끼, 라흐마니노프 등의 저명 인사들과 친분을 나누며 살았던 곳으로 유명하다. 체홉은 폐결핵으로 고생하던 중 주위의 권유로 1897년에 따뜻한 휴양도시 얄타에 별장을 지었으며, 이 곳에서 5년간 살다가 다시 병이 악화되어 독일의 요양 도시로 치료를 받으러 떠났으나, 회복되지 못하고 1904년에 독일에서 사망하였다. 체홉이 푸쉬킨의 초상화 밑에서 톨스토이, 고리끼 등과 차를 마시고 와인을 마시며 대화를 나누었던 체홉 별장은 오늘날 체홉 박물관으로서 그대로 보존되고 있다.

체홉 박물관 — 얄타

안톤 체홉은 얄타에 사는 동안 그의 유명한 소설 <개를 데리고 다니는 여인>을 썼다. 그러므로 박물관에는 개를 데리고 다니는 여인의 도자기 상(像)을 전시해 놓았다.

한편, 얄타에는 황제의 여름별장으로 사용되었던 마산드라 궁전이 있다. 러시아 황제 알렉산드르 3세가 지었다고 하여 일명 '알렉산더 3세 궁전'으로 불리기도 한다. 특히, 마산드라는 '마산드라'라는 이름의 포도주로 유명하다. 크림지방의 강렬한 햇살을 받고 자란 포도로 만든 것이 마산드라 포도주이며, 1890년대부터 포도주를 생산해 러시아 황실에 공급함으로써 일명 '차르의 포도주'로도 알려져 있다. 지금도 얄타에는 마산드라 포도주 공장이 있다. '마산드라' 포도주는 독특한 맛과 향, 색 뿐만 아니라 저혈압과 위장병 등 각종 질병에 대한 치료 효과가 있는 것으로 유명하다. 볼셰비키 혁명 후 이 공장을 점령한 적

마산드라 궁전

군은 황제의 포도주 공장을 파괴하려다가 그대로 두고 계속 포도주를 생산키로 결정함으로써, 러시아 황실에 공급되던 마산드라 포도주는 공산당 간부 등 소련의 특권층을 위한 포도주가 되었다.

얄타에서 버스로 2시간 남짓 흑해 연안을 따라 내려가면 '크림전쟁'으로 유명한 항구 도시 '세바스토폴'을 만난다. 세바스토폴에서는 러시아의 커다란 전쟁이 2번이나 있었다. 러시아의 입장에서는 예나 지금이나 크림반도의 부동항(얼지 않는 항구) 세바스토폴을 다른 나라에 빼앗길 수는 없는 것이였다. 왜냐하면 이 항구를 통해 흑해를 거쳐 지중해, 대양으로 나갈 수 있는 러시아의 유일한 통로였기 때문이다.

세바스토폴 항구 전경

세바스토폴 관광지도

그러므로 세바스토폴에서 러시아는 터키 연합군과 혹독한 크림전쟁(1854-1856)을 치렀으며, 나치 독일군과는 제2차 세계대전(1941-1943)의 혈투를 벌여야 했다.

세바스토폴 버스터미널과 기차역은 아주 가까운 거리에 있다. 터미널 맞은편 쪽에 보면 커다란 원형돔 모양의 건물이 하나 눈에 뜨인다. 크림전쟁의 생생한 장면을 대형 그림으로 360도 벽면에 돌아가며 그려놓은 '**크림전쟁 파노라마**' 기념관이다.

크림전쟁 파노라마

대형 벽화 앞에는 당시의 상황을 세트해 놓았고, 이어서 그림을 원근법과 색감을 잘 살려 그려놓아 세트와 그림의 경계를 알 수 없는 모습이 마치 전망대에서 크림전쟁의 상황을 조망하는 듯, 생생하게 사실감을 느낄 수 있게 만들어 놓았다. 이 **세바스토폴 원형박물관**(크림전쟁 파노라마관)은 크림전쟁 당시 터키 연합군에게 포위당한 11개월의 전투장면을 묘사한 디오라마(diorama)가 전시된 단일 박물관으로서, 디오라마의 길이는 115m, 높이는 14m에 달하는 대작이다. 크림 전쟁은(1853-1856)은 터키의 오스만투르크 제국이 쇠퇴한 틈을 이용해, 러시아가 터키의 영토를 병합하고 흑해의 제해권을 장악하여 지중해로 나가는 해로를 확보하려 하자, 러시아의 대양진출을 묵과할 수 없는 영국과 프랑스 등이 오스만 투르크와 연합하여 러시아를 공격한 전쟁이다. 바로 이 전쟁에서 **나이팅게일**이 활약하였으며, 러시아의 대문호 **톨스토이** 또한 젊은 시절 이 전쟁에 참전하였었다. 톨스토이는 1854년 세바스토폴 공방전에 참전한 뒤, 불후의 단편 '**세바스토폴 이야기**'를 연작으로 남김으로써 유명해졌다. 원래 크림반도 남단에 위치한 이 곳은 타타르인의 근거지였으나, 18세기 후반 러시아의 예카테리나 2세가 군항을 건설한 뒤 '세바스토폴'이라 부르게 되었다.

세바스토폴에서 서쪽으로 약 4-5km 떨어져 있는 곳에는 그리스 도시국가 **헤르소네소스**의 유적지가 있다.

헤르소네소스

이 곳은 B.C 6세기경 그리스 이오니아인들에 의해 처음 도시가 세워졌으며, B.C 5세기에는 도리아인의 도시가 되었고, 그 후 로마인들이 이곳을 지배하기 시작하여 1-2세기에는 비잔틴 제국의 지배 하에서 계속 번창하였었다. 특히, 키예프-루시의 블라지미르 대제가 당시 비잔틴의 도시 이 곳 헤르소네소스에서 세례를 받음으로써, 루시인(러시아인)들이 기독교 국가가 되는 발판을 마련하였다. 그 후 몽고-타타르의 침입으로 도시는 폐허가 되었지만, 당시 황제가 처음으로 세례를 받은 성당은 황제의 이름을 따서 '성 블라지미르 성당'으로 불리고 있다.

그러므로 크림반도는 러시아 탄생과 성장의 무대라 할 수 있다. 블라디미르 대제가 창시한 슬라브 문명은 키예프공국을 거쳐 러시아로 발전하였기 때문이다. 이것은 크림반도가 '러시아의 고향'이라 불리는 이유이기도 하다.

성 블라지미르 성당

(4) 우크라이나 서쪽의 중심 리비우

우크라이나 키예프의 중앙역에서 기차를 타고 서쪽으로 약 8시간 정도 달려가면 우크라이나와 폴란드의 접경 지역에 우크라이나 서쪽의 중심으로 불리우는 중세도시 '리비우'를 만난다. 본래, '리비우'(Львів)를 가리키는 도시이름은 여러개 있었다. 러시아어로는 '리보프'(Львов)라 하고 폴란드어로는 '르부프'(Lwów)라 하며, 독일어로는 '렘베르크'(Lemberg), 라틴어로는 '레오폴리스'(Leopolis)라 부른다. 이와 같이, 이 중세도시를 가리키는 말이 여러 개 있는 이유는 이 도시의 주인이 여러 번 바뀌었다는 이야기이기도 하다. 지도에서 보듯이 중세도시 '리비우'는 주변 강국의 흥망성쇠에 따라 도시의 주인이 수차례 바뀌었으며, 특히 오랫동안 폴란드의 영토로 남아 있었다.

이처럼 리비우는 폴란드와의 국경으로부터 70km지점에 위치해 있는 우크라이나 서부의 중심도시로서 인구는 약 83만명 정도이지만, 숱한 외침에도 불구하고 큰 손상없이 중세도시의 모습을 그대로 보존하고 있어, 도시의 역사지구는 1998년 유네스코의 세계문화유산으로 등

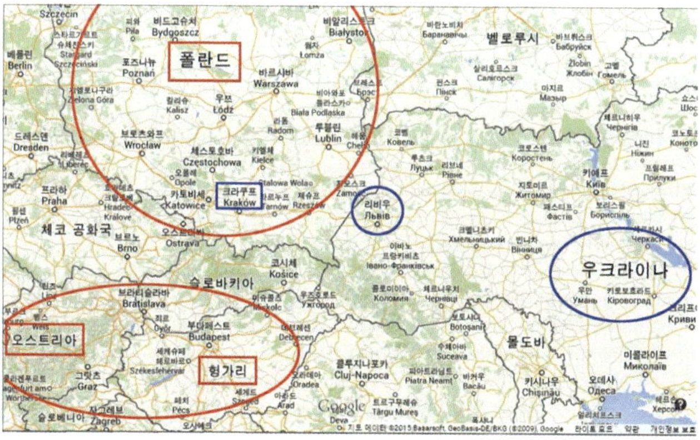

록되었다. 발트 해, 중부 유럽, 지중해, 그리고 아시아를 잇는 중요한 교역로들이 교차하는 지점에 위치한 '리비우'는 13세기에 이르러 점차 발전하여 조직적이며 요새화된 도시로 알려졌다. 그 이전 10세기경에는 키예프-루시 공국의 속국으로서 갈리치아(Galicia), 볼히니아(Volhynia) 지방의 중심도시로 부각되기 시작하였었다. 특히, 키예프-루시 공국이 몽고-타타르에게 망한 후인 13세기에는 갈리치아-볼히니아 공국의 수도로서, 당시의 다닐로 왕은 자신의 아들 '레우'의 이름을 따서 도시의 이름을 라틴어로 '레오폴리스'라 명명하였다. 그 후 '리비우'는 폴란드 왕국에 넘어갔으며, 후에 폴란드-리투아니아 연방의 주요도시로 계속 성장해오다가, 18세기 후반에 폴란드-리투아니아 연방이 분할되어 우크라이나의 중부와 동부는 러시아 제국에 합병되고 서부는 오스트리아-헝가리 제국에 합병될 때, '리비우'는 오스트리아-헝가리 이중제국의 지배하에 들어갔다. 오스트리아-헝가리 이중제국 지배하에서는, 주민의 대다수가 우크라이나인이었던 동부 갈리치아의 중심지였으나, 정작 리비우 시(市)만은 폴란드인과 유대인이 다수였다. 1918년 오스트리아-헝가리 제국이 붕괴된 후에 '리비우'는 폴란드 제2공화국의 영토가 되었으며, 그 후 제2차 세계대전의 결과로 동부 갈리치아 지방이 소련에 넘어감으로써, 리비우는 우크라이나 소비에트 사회주의 공화국의 도시가 되고, 소련이 붕괴된 후에는 우크라이나 서쪽의 중심도시로서 오늘날에 이르고 있다. 즉, 도시 리비우는 오랫동안 폴란드의 도시였으며 러시아, 소련, 우크라이나의 도시가 된 것은 제2차 세계대전 이후로 얼마 안 된 것이다. 그러므로 '리비우'는 러시아 또는 우크라이나의 도시들과 다른 느낌을 받으며, 폴란드의 또 다른 중세도시 '크라쿠프'와 매우 흡사하다는 인상을 지울 수 없다. 이처럼, 중세도시 리비우는 폴란드, 리투아니아, 오스트리아, 다시 폴란드, 소련, 독일,

다시 소련, 그리고 지금의 우크라이나까지 수차례에 걸쳐 주인이 바뀌면서 그 때마다 도시의 이름이 바뀌어 왔다. 특히, 리비우는 소련에서 우크라이나로 분리-독립될 때, 우크라이나 민족주의의 중심지로서 수도 키예프와 함께 우크라이나 독립에 주도적인 역할을 하였다. 우크라이나의 3대 도시를 꼽는다면 수도 **키예프**와 함께 동쪽에는 **카리프**(하리코프), 서쪽에는 당연히 **리비우**를 꼽는다.

이와 같이, 중세 시대 후반에 세워진 도시 **리비우**는 행정·종교·상업의 중심지로서 수 세기 동안 번성하였으며, 당시의 중세 도시 특징인 바로크 양식 및 그 이후 양식의 건축물들을 그대로 보존하고 있다. 특히 도시에 살았던 여러 소수 민족 사회의 증거가 잘 보존되어 있는 것이 특징이다. 2차 대전의 피해도 거의 입지 않아 리비우는 고딕양식부터 현대의 건축까지 그대로 볼 수 있는 살아있는 건축 박물관이라고도 할 수 있다. 사회주의 기간 동안의 기괴함과 좁고 오래된 골목길, 그리고 색채감 넘치는 중요 역사 지역으로 우크라이나에서 가장 가볼만한 곳 중의 한 곳이다.

신시가의 중심가 바로 동쪽이 구시가지로서 중앙에 도시광장과 시장이 위치해 있다. 19세기의 시청과 그 주변은 아름다운 16-18세기 건축물들로 들어차 있으며, 남서 코너의 반대편에 있는 카톨릭 성당은 리비우에서 가장 훌륭한 고딕양식 건물로서 14세기에 지어졌다.

한편, 우크라이나에서 가장 유명한 맥주인 '리비프스카야'가 이 곳에서 만들어지는 것이며, 리비우는 또한 여러 가지 다양한 초콜릿 생산으로도 유명하다.

2장
대평원의 가톨릭 국가 폴란드

폴란드(Poland)를 여행해보면 끊없는 대평원이 이어져 있음을 알 수 있다. 가도가도 끊없는 이 대평원에 예로부터 '폴(Pole)족'이라 불리우는 종족이 살았다. 폴란드어로 'Pole'와 러시아어로 'Поле'는 '평원'을 뜻하는 같은 슬라브계 언어이다. 대평원은 항상 주변 강국들의 외침을 용이하게 만들었다. 수없는 외침에 시달리면서도 폴란드인들은 가톨릭 종교로 하나가 되어 국난을 극복하였다. 단일 민족, 단일 종교의 국가! 끈질긴 저항정신으로 공산주의의 뚝을 최초로 무너뜨린 선구자의 나라! 폴란드의 역사-문화 기행을 떠난다.

리비우 → 크라쿠프 → 아우슈비츠 → 소금광산

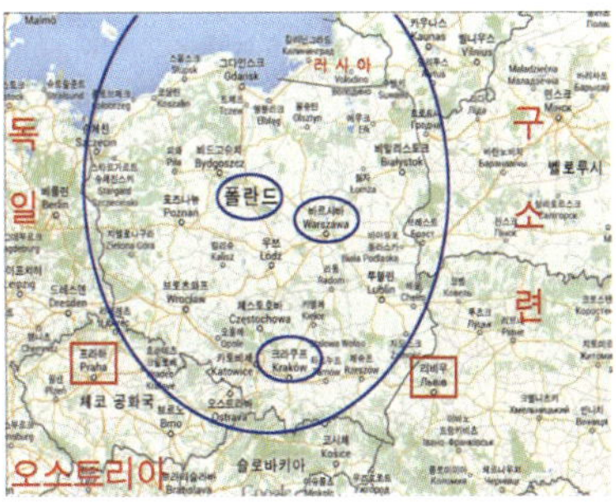

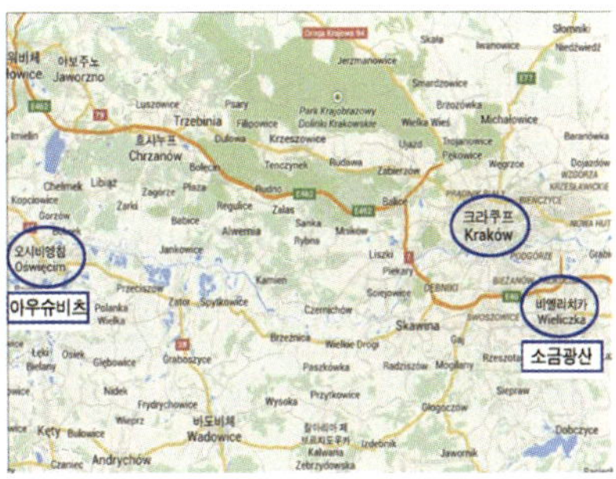

(1) 폴란드 망명정부의 지폐

"낙엽은 폴란드 망명정부의 지폐"라는 싯귀절처럼 폴란드의 역사는 항상 굴곡져 왔다. 독일과 오스트리아 그리고 소련이라는 강대국 사이에 끼인 대평원은 항상 침략당하고, 분할당하고 마침내 나라마저 빼앗기는 비극의 역사를 숙명처럼 반복하였다. 원래 지금의 폴란드 땅에는 게르만 족들이 살고 있었으나, 약 10세기 경 폴라니에 족을 중심으로 나라가 형성되어 민족과 국토의 명칭이 생겨났다. 966년 당시 피아스트 왕조는 독일 영주들의 침략에 대항하기 위하여 교황청에 도움을 청하며 가톨릭을 국교로 받아들이게 되었는데, 이후 폴란드의 가톨릭은 전 국민의 단일종교로서 외적에 맞서 싸우는데 있어 일치단결할 수 있는 큰 구심점의 역할을 하였다. "성모 마리아여, 폴란드를 보호하소서!"를 외치며 침략군에 맞서 싸웠던 것이다. 고려시대 때 불교가 구국종교로서 외침에 맞서 단결과 항전을 일깨운 것과 유사하다고 볼 수 있다.

이처럼 폴란드가 966년 가톨릭을 국교로 받아들인 반면에, 폴란드의 이웃이자 악연(惡緣)인 러시아는 988년 그리스정교를 국교로 받아들였다. 즉, 같은 그리스도교이지만 폴란드는 서쪽의 그리스도교를 받아들인 반면에 러시아는 동쪽의 그리스도교를 받아들인 것이다. 폴란드인들이 볼 때 러시아는 항상 가깝고도 먼 이웃나라로서, 마치 우리나라와 일본의 관계를 보는 듯하다. 일본이 우리나라를 항상 침략하고 못살게 굴었듯이 러시아-소련 또한 폴란드를 항상 침략하고 못살게 굴었다. 하지만, 폴란드인들의 남다른 가톨릭 신앙은 숱한 외침을 물리치며 국난을 극복하는 원동력이 되었으며, 마침내 슬라브계 최초로 교황을 탄생시켰다. 세계 129개국을 순방하며 '행동하는 교황'으로 유명한 요한 바오로 2세는 지금도 폴란드의 정신적 지주로서 영원히 남아있다.

한편, 피아스트 왕조 시대에 그니에즈노와 **크라쿠프**가 정치적 중심지로 발전하였다. 그 후, 200여년의 공국 분할 시대를 거쳐 1385년, 피아스트 왕조에 이어 **폴란드-리투아니아의 연합** 왕조인 **야기에오 왕조**(14~16세기, 수도 크라쿠프)가 탄생하였다. 야기에오 왕조는 1410년 그룬발트 전투에서 독일 기사단을 크게 격파함으로써 발트해로 통하는 길을 열며 중부유럽의 강자로 부상하였다. 16세기 야기에오 왕조는 유럽의 곡창 지대로서 최고의 전성기를 누렸으며, 헝가리, 우크라이나, 벨로루시에 이르는 방대한 영토를 지배함으로써, 지금의 폴란드 땅의 6배에 이르는 광대한 지역을 통치하는 최대의 황금기를 맞이한다. 이때 폴란드에는 그 유명한 **코페르니쿠스**(1473~1543)가 등장해 오랫동안 유럽에 굳어져 있던 천동설을 뒤집고 **지동설**(태양중심설)을 주창함으로써 세상을 놀라게 하였다. 종교적 세계관에 묻혀 있던 중세사회에 도발적인 화두를 던진 코페르니쿠스의 지동설은 인쇄술의 발달과 함께 유럽의 지식인들에게 빠르게 전파되어 훗날 **갈릴레이**(1564~1642)에게도 큰 영향을 미치게 된다.

하지만 1573년 야기에오 왕조가 끝나고, 귀족들이 국왕을 선출하는 일종의 귀족 공화정이 등장하였으며, 1596년에 수도를 **크라쿠프**에서 **바르샤바**로 이전하였다. 그러나 바르샤바 천도 후, 선거왕제(選擧王制)의 채용과 귀족계급의 분열, 그리고 투르크 및 스웨덴과의 잦은 전쟁 등으로 국력이 크게 쇠퇴하였으며 국운이 날로 기울어져 갔다. 마침내 18세기 후반에 **프로이센**, **러시아**, **오스트리아** 3국이 점진적으로 폴란드를 침입하였으며, 1795년 폴란드를 완전히 분할하여 통치함으로써, 폴란드는 제1차 세계 대전 중 윌슨 대통령이 제창한 민족자결주의 원칙에 의하여 1918년 독립할 때까지 무려 123년 동안이나 이 지구상에서 사라진 나라가 되었다. 123년 동안의 3국 분할 통치시대(1795~1918) 가운데는 **프랑스** 나폴레옹의 침입에 의한 바르샤바 공국 시대(1807~1815)도 포함된다. 폴란드인들은 한때 나폴레옹의 침입을 반겼었다. 나폴레옹의 유럽 원정에 적극 참가함으로써 프랑스의 힘에 의하여 3국 분할 통치시대를 종식시키고 독립을 쟁취할 수 있으리라 여겼다. 나폴레옹은 폴란드인들에게 독립의 희망을 주었으며, 폴란드인들은 자발적으로 의용대를 창설하여 나폴레옹 군(軍)을 도왔다. 러시아 원정에 나선 나폴레옹 연합군 68만명 중 10만 명이 폴란드 출신일 정도였다. 하지만 나폴레옹의 러시아 원정은 실패로 끝났으며, 프랑스군의 연이은 패퇴 속에 오히려 러시아군이 폴란드 깊숙이 쳐들어왔고, 1815년 다시 3국 분할로 회귀해 폴란드는 다시 역사의 기록에서 사라지게 된다. 이처럼 폴란드는 독일, 러시아 오스트리아, 프랑스 등에 의하여 항상 침략 당하고 유린되었으며 짓밟혀져 왔다.

1918년 제1차 세계 대전을 기회로 폴란드는 겨우 독립하였으나, 1939년 다시 나치 독일과 소련의 침략을 받고, 서부지역은 독일에 동부지역은 소련에 분할 점령 당하였다. 처음에 폴란드는 소련을 끌어들여 독일을 물리치려 하였었다. 즉, 오랑캐를 이용해 오랑캐를 물리치는 '이이제이(以夷制夷)'를 기대하였다. 그러나 세상은 그렇게 폴란드의 뜻대로 돌아가지 않았다. 히틀러와 스탈린은 비밀리에 **독소불가침조약**을 맺고 폴란드를 동서로 나누어 분할-점령하기로 한 것이다. 1939년 9월 1일, 독일은 150만 명의 대군으로 폴란드를 침공함으로써 제2차 세계대전이 발발하였으며, 기다렸다는 듯이 소련은 폴란드와의 기존 불가침협정을 깨고 동쪽에서 쳐들어와 폴란드의 동부를 점령해 버렸다.

1939년 독일 나치군의 폴란드 침공 이후 폴란드는 망명 정부를 수립하게 된다. **폴란드 망명 정부**는 프랑스가 독일에 함락되기 전에는 프랑스 파리에 본부를 두었으나 파리가 함락되고 나서는 영국 런던으로 본부를 옮겨간다. 폴란드 망명정부는 폴란드 제2공화국을 계승한 정부였으므로, 소련의 위성국가로서의 폴란드 인민 공화국과는 엄연히 다른 정부였다. 그러므로 1990년 폴란드가 민주화 될 때까지 폴란드 망명정부는 계속되었다. 1990년에 소련의 위성국인 폴란드 인민 공화국이 해체되고 폴란드 제3공화국이 세워지자, **폴란드 망명 정부**는 1935년의 폴란드 헌법 전문과 폴란드 제2공화국의 국새, 대통령기, 국장을 전부 **레흐 바웬사**에게 넘겨주고 자진 해산하였다.

1945년 폴란드는 소련군에 의하여 해방되었으나, 1947년 총선 결과 노동자당의 압승으로 공산정부가 수립되었으며, 그 후 냉전시대를 거치며 소련의 강력한 영향력 하에 있어야 했다. 하지만, 소련이 붕괴되고 공산당 정부의 연이은 경제 실정과 지도층의 부정부패로 노동자 파업이 일어났으며, 마침내 1981년 바웬사가 이끄는 자유노조가 전국적으로 확산되어 1990년 바웬사가 첫 민선 대통령에 당선됨으로써, 폴란드는 동유럽 최초로 공산주의의 정권을 무너뜨리고 민주화를 이룩한 선구자의 나라로 우뚝서게 되었다. 폴란드는 1999년에 NATO에 가입하였으며 2004년에는 EU에도 가입하여 오늘날에 이르고 있다.

(2) 야만이 비켜간 중세 낭만 도시 크라쿠프

중부 유럽의 대평원 폴란드는 항상 외침이 잦았으며 주변 강대국에 의하여 이리저리 찢기다가 마침내 123년 동안이나 나라없이 지내야했지만, 그 와중에서도 옛 수도 **크라쿠프**만은 큰 손상없이 예전 중세도시의 모습을 그대로 간직해 오고 있다. 현재의 수도 **바르샤바**가 제2차 세계대전 때, 독일군에 의해 완전히 초토화된 것에 비하면, **크라쿠프**는 야만이 비켜간 '**중세 낭만 도시**'라 아니할 수 없다.

본래 **크라쿠프**는 11세기 이후, 약 600년 동안 폴란드 왕국의 수도(1038년~1596년)로 번성하였다. 17세기 초, 수도는 **바르샤바**로 옮겨졌으나, 그 후에도 역대 국왕의 대관식과 장례식은 크라쿠프의 **바벨 성** 안에 있는 크라쿠프 대성당에서 많이 이루어졌다. 수차례 주인이 바뀌는 질곡의 세월을 겪었지만 폴란드의 수도가 바르샤바로 옮겨지기 전까지 크라쿠프는 그야말로 **폴란드** 정치, 경제, 문화, 예술의 중심지였던 것이다. 그러므로 폴란드인들은 크라쿠프에 대한 특별한 애정을 지니고 있다. 즉, **바르샤바**가 전쟁의 폐허 위에서 다시 세워진 부활의 도시라면, **크라쿠프**는 기적적으로 전쟁의 참화를 피한, 그래서 중세의 유적이 고스란히 보존되어 있는 천년고도(千年古都)라 할 수 있다. 이처럼 **크라쿠프**가 전쟁의 참화를 피할 수 있었던 것은, 2차 세계대전 당시 독일군 사령부가 이 도시에 주둔하고 있었으며, 연합군도 문화적으로 가치가 높은 이곳만큼은 공격을 자제하였던 데에 있다. 하지만, 그 보다 더 중요한 것은, 나치가 떠나가면서 이상하리만치 이 곳의 문화유산만은 하나도 파괴하지 않고 그대로 떠났다는 데에 있다. 이처럼 나치의 야만도 비켜갈 만큼 **크라쿠프**는 폴란드인들이 유럽의 문화와 예술을 선도하며 오랜세월 동안 쌓아온 중세왕국의 매력을 지니고 있다.

크라쿠프에 가는 방법은 기차와 비행기를 이용할 수 있다. 비행기는 크라쿠프에 공항이 없기 때문에 인근 도시 카토비세(Katowice) 공항에서 내려 약 1시간 정도 버스로 이동해야 한다. 하지만 기차는 주변의 바르샤바, 프라하, 비엔나, 부다페스트, 리비우 등지에서 바로 크라쿠프 기차역까지 당도할 수 있다. 필자는 우크라이나의 폴란드적인 도시 리비우에서 밤기차를 이용하여 크라쿠프 기차역에 당도하였다. 러시아 및 슬라브권 여러 나라들을 여행하다보면 '밤기차'의 이용이 여러 면에서 용이함을 발견할 수 있다.

크라쿠프 관광은 도시 중앙에 위치한 도시광장(Main Market Square)에서부터 시작된다. 크라쿠프 기차역에서 메인 마켓 스퀘어까지는 걸어서 약 10여분 정도 걸리는 거리이다. 크라쿠프의 메인 마켓 스퀘어는 유럽에서 가장 큰 광장이라는 수식어와 함께 전세계의 관광객들이 동유럽의 정취를 느끼기 위해 찾는 곳으로 유명하다. 폴란드어로는 'Rynek Główny'(리네크 그워브니)라고 불리우는 이 메인 광장은 도시의 구 시가지 중심에 위치해있다. 이 광장의 역사는 13세기로 거슬러 올라가는데 그때 약 4만 평방미터의 크기로 유럽에서 가장 큰 도시 광장으로 알려졌다. 광장은 오랜 역사의 타운하우스들과 더불어 궁전, 직물회관인 수키엔니체, 성 마리아 성당 등으로 둘러싸여 있다.

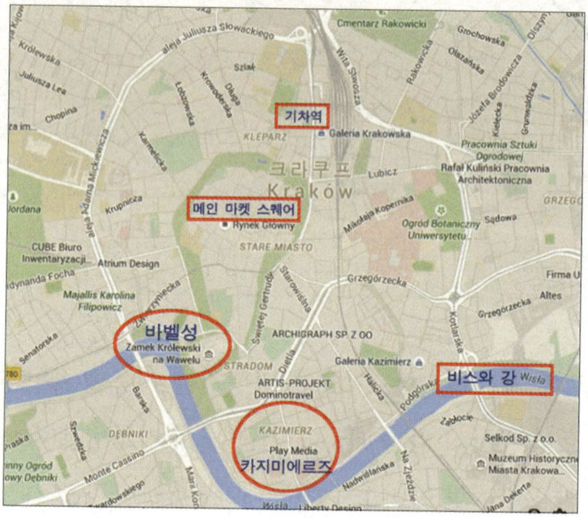

크라쿠프

메인 마켓 스퀘어 중앙에는 '폴란드의 셰익스피어'로 불리는 시인 아담 미츠키에비치의 동상이 서 있다. 아담 미츠키에비치는 폴란드인들의 사랑을 받는 민족시인으로서, 러시아 황제의 학정(虐政)에 대한 애국적 항전을 그린 환상적이고 상징적인 장편시《부조(父祖)의 제사》(1823)를 비롯하여, 나폴레옹 군대의 러시아 침공이라는 역사적 사건과 리투아니아의 아름다운 자연을 배경으로 당시의 폴란드 귀족의 삶을 그린 대표작《판타데우슈》(1834)를 남겼다.《판타데우슈》는 조국 폴란드를 그리워하는 작가의 심정이 반영된 불후의 걸작으로 널리 알려져 있다. 아담 미츠키에비치 동상 뒤편에는 당시 유럽에서 가장 큰 시

직물회관 — 아담 미츠키에비치 동상

장이였으며, 현재 남아있는 시장건물 중에 가장 오래된 건물인 직물회관(수키엔니체)이 위치해 있다.

항상 많은 관광객들과 현지인들로 붐비는 직물회관 1층에는 여러 가지 의류와 직물 및 수공예품 등을 파는 기념품 가게들이 양쪽으로 줄지어 있으며, 2층에는 크라쿠프 역사 박물관이 있다. 직물회관은 건설당시인 14세기부터 천이나 옷을 판매하던 시장이었는데, 수세기가 흐른 지금까지도 의류는 물론이고 목걸이, 반지, 브로치 같은 악세서리, 나무보석함, 민속인형 등 다양한 제품들을 팔고 있는 것이다.

직물회관 내 상점들

직물회관에서 도시광장을 가로질러 맞은편 쪽에는 폴란드 가톨릭의 구심점 역할을 하는 성모 마리아 성당(church of the Assumption of the Virgin Mary)이 위치해 있다. 일명 '성모 승천 교회'라고도 불리우는 이 성모 마리아 성당에는 탑이 2개 있는데 하나는 높고 하나는 낮다. 여기에는 다음과 같은 전설이 전해온다. 두 형제가 탑을 하나씩 맡아 쌓아 올리기 시작하였는데, 막판에 자기보다 더 멋있고 튼튼하게 쌓아 올리고 있는 형을 시기한 동생이 형을 탑에서 밀어 죽이는 바람에, 동생이 쌓은 탑은 높고 먼저 죽은 형의 탑은 낮다는 것이다. 동생의 범죄는 발각되어 나중에 도시광장에서 처형당했다는 믿기 어려운 전설 같은 이야기이지만, 실제로 이 광장에서 수많은 범죄자들의 처형이 이루어진 것은 사실이다.

성모 마리아 성당

도시광장 동편에 위치한 이 성모 마리아 성당의 탑 위에서는 매시간마다 나팔소리가 울려 퍼진다. 1241년 칭기즈칸의 손자 바투가 이끄는 몽고군은 폴란드 남서부의 바르슈타트 평원에서 폴란드군과 독일 기사단 연합군을 격파하고 수도 크라쿠프로 쳐들어오는데, 이 때 성모 마리아 성당의 탑 위에서 몽고군의 습격을 알리는 나팔 소리가 울려 퍼졌으며, 결국 탑 위의 나팔수는 몽고군의 화살을 맞고 쓰러져 죽었다. 이를 기념하여 지금도 성모 마리아 성당의 탑 위에서는 1시간마다 동서남북 4방향을 향하여 나팔을 울리는 것이다. 크라쿠프를 상징하는 이 나팔 소리는 정오에 폴란드 라디오에서도 흘러나온다. 몽고군이 쏜 화살을 맞고 죽은 나팔수를 애도하는 뜻에서 나팔 소리는 반드시 중간에서 끊어진다. 즉, 그 때 나팔수가 화살을 맞기 직전까지의 나팔 소리만을 연주하는 것이다.

성모 마리아 성당 내부

성모 마리아 성당은 파이트 슈토스의 작품으로, 제작 기간만 무려 12년이나 걸렸다. 높이가 3m나 되는 중앙부의 거대한 조각에는 참피나무를 사용했는데, 사도의 품에 쓰러진 성모 마리아와 깊은 슬픔에 잠긴 사도들을 조각한 이 작품은 슈토스의 최고 걸작으로 일컬어진다. 제2차 세계대전 때 독일군이 이 제단을 일단 밖으로 옮겼으나, 1957년 다시 정성껏 복원되어 원래의 제자리에 옮겨 놓았다. 크라쿠프 시민들이 마음으로 의지하는 성모 마리아 성당은 폴란드 가톨릭의 요새로 각인되어 왔다. 특히, 성당은 교황 요한 바오로 2세가 로마 교황청으로 가기 전까지 봉직하였던 곳으로서 성당 입구에는 교황의 부조상이 새겨져 있다.

바벨 성

비스와 강변의 언덕 위에 위치한 바벨 성은 11세기에 지어지기 시작해 16세기에 완성된 왕궁이자 성곽이다. 대성당과 폴란드 최대의 종이 걸려 있는 지그문트 탑 등 부속물들은 500년 역사 속의 다양한 건축양식을 자랑한다. 바벨성은 폴란드 국왕들의 거처로 사용되던 곳이었으며 수도가 17세기 바르샤바로 옮겨진 뒤에도 대관식만은 이곳 대성당에서 거행되었다. 바로크 양식의 대성당과 르네상스 풍의 지그문트 탑은 작고 소박하지만 예술미가 뛰어난 것으로 유명하다. 현재 왕궁의 박물관에는 화려한 융단, 왕실의 보물과 깃발, 고가구 등이 전시되어 있다. 왕궁 안의 바벨 대성당—'성 벤체슬라스 성당'(St Wenceslas)은 수세기 동안 폴란드 왕가의 대관식, 결혼식, 장례식 등 중요한 의식들이 거행되었던 곳으로서 폴란드의 역대 군주들이 묻혀 있다.

바벨 성이 있는 언덕에는 전설에 나오는 슬라브족의 왕자이자 우두머리인 크라크(Krak)의 동굴이 있다. 이 동굴에는 폴란드의 전통 설화에도 등장하는 유명한 '바벨의 용'이 살았다고 전해진다. 아주 오래전 옛날 비스와 강의 동굴에 살던 용이 아름다운 소녀를 모두 잡아 먹는 바람에, 마침내 왕은 용을 물리치는 용감한 자에게 후한 상을 내릴 뿐만 아니라 자신의 딸과 결혼을 시켜 주겠다고 약속하였다. 수많은 무사들이 도전하였으나 모두 실패하였고 마침내 '크락(Krak)'이라는 구두 수선공이 나타나 유황과 타르를 바른 양가죽을 용에게 먹였으며, 용은 목이 타서 비스와 강의 물을 절반 이상 들이 마신 후 배가 터져 죽었다. 그 후 구두 수선공 '크락'의 이름에서 '크라쿠프'의 지명이 유래되었다는 전설이다. 바벨 성의 매표소로 들어가는 문 앞의 갈림길에서 왼쪽으로 이 용의 동굴 입구가 보인다. 동굴은 작지만 동굴로 내려가기 위해선 현기증이 날만큼 가파른 나선형의 계단을 한참동안 내려가야 하며, 동굴을 빠져 나오면 동굴 앞에 불을 내뿜는 무섭다기 보다는 귀여워 보이는 용의 조각이 있다.

한편 크라쿠프를 '학예의 도시'라 일컫는 것은 바벨 언덕의 야기엘로니안(야기에보) 대학이 있기 때문일 것이다. 1364년에 설립된 대학은 동유럽에서는 프라하의 칼 대학에 이어 두 번째로 오래된 대학이며, 일찍이 지동설을 발표한 코페르니쿠스, 20세기 마지막 교황 요한 바오로 2세(Joannes Paulus Ⅱ)등 중요 인물을 키워낸 학문 기관이다.

(3) 아우슈비츠와 소금광산

폴란드 크라쿠프 관광에서 빼놓을 수 없는 2가지를 꼽는다면 단연 아우슈비츠와 소금광산일 것이다. 아우슈비츠는 크라쿠프에서 서쪽으로 약 100km 떨어진 곳에 위치해 있으며 버스로 약 1시간 30분 정도 걸린다. 크라쿠프 중앙 기차역 뒤편(역에서 구시가지 반대 방향)으로 나가면 크라쿠프 버스 터미널이 나오며, 1층 탑승장에서 20분~30분 간격으로 있는 '오슈비엥침'행(行) 버스를 타면 그 악명(惡名) 높은 '아우슈비치 수용소'가 나온다. 여기서 아우슈비츠 제2수용소(비르케나우)까지는 버스로 약 5분 정도 소요되며, 인포메이션 입구 오른편에 위치한 정류장에서 매시간 30분마다 출발하는 무료버스를 이용할 수 있다.

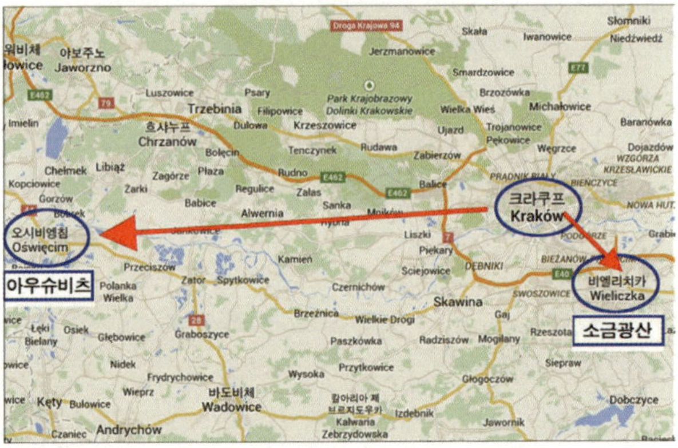

아우슈비츠는 제2차 세계대전 중에 폴란드 남부 오슈비엥침(독일어명은 아우슈비츠)에 있었던 독일의 강제수용소이자 집단학살수용소이다. 독일이 유대인 박멸정책을 펴며 약 600만 명의 목숨을 앗아간 만행의 현장 중 유일하게 원형 그대로 남아 있는 역사적인 곳이다. 나치는 이 곳 아우슈비츠에서만 약 400만 명의 유대인을 학살한 것으로 추정한다. 이곳에서 약 8km 떨어진 비르케나우 수용소에서도 많은 유대인이 희생되었지만 패전에 임박한 독일이 그 흔적을 거의 없애버렸다. 하지만 시간에 쫓겨 아우슈비츠 수용소는 소각하지 못하고 오늘날에 이르고 있다. 1945년 1월, 전쟁 막바지에 이르러 나치는 대량학살의 증거를 없애기 위해 막사를 불태우고 건물을 파괴하였으나, 소련군이 예상보다 빨리 도착하는 바람에 수용소 건물과 막사의 일부가 파괴되지 않고 그대로 남게된 것이다. 나치가 저지른 유대인 학살의 상징으로 알려진 아우슈비츠 수용소에는, 당시 시체를 태웠던 소각로, 유대인들을 실어 나른 철로를 비롯하여 고문실, 가스실, 교수대, 철책 등이 그대로 남아 있다.

아우슈비츠 입구

비르케나우 입구

1940년 봄, 친위대 장관인 하인리히 힘러가 주동이 되어 고압전류가 흐르는 울타리, 기관총이 설치된 감시탑 등을 갖춘 강제수용소를 세웠으며, 당해 6월 최초로 폴란드 정치범들이 수용되었고, 1941년 히틀러의 명령으로 대량살해시설로 확대되면서 1942년부터 대량학살이 시작되었다. 열차로 실려온 사람들 중 쇠약한 사람이나 노인, 어린이들은 곧바로 공동샤워실로 위장한 가스실로 보내져 살해되었으며, 총살, 고문, 질병, 굶주림, 인체실험 등을 당하여 죽은 사람이 400만 명으로, 그 중 3분의 2가 유대인이였다. 희생자의 유품은 재활용품으로 사용되었고, 장신구와 금니 등은 금괴로 만들어졌으며, 희생자의 머리카락은 모아서 카펫을 짜고, 뼈는 갈아서 골분비료로 썼다.

고압선 철조망

수용소 막사

가스실

시체 소각로

제2차 세계대전이 끝난 후, 1947년 폴란드의회에서는 수용소를 보존하기로 결정하였다. 희생자를 위로하는 거대한 국제위령비가 비르케나우에 세워졌으며, 수용소 터에 박물관이 건립되었다. 나치의 잔학행위에 희생된 사람들을 잊지 않기 위해 유네스코는 1979년 아우슈비츠를 세계문화유산으로 지정하였다. 이처럼 세계문화유산으로도 지

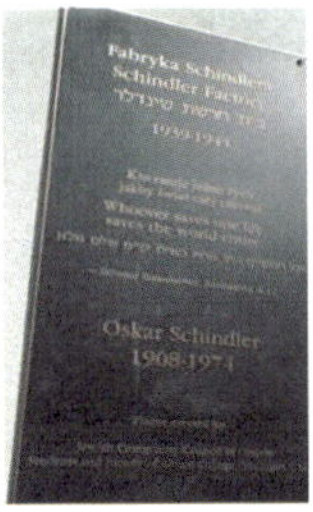

오스카 쉰들러: 1908~1974 --- 쉰들러의 그릇 공장 in Krakow

쉰들러의 공장 안의 '쉰들러 리스트'

정되어 있는 아우슈비츠는 여러 문학작품뿐만 아니라 <쉰들러 리스트>, <인생은 아름다워> 등의 영화의 배경으로도 등장한다. 특히, 영화 <쉰들러 리스트>의 배경으로 등장하는 실제의 그릇 공장('쉰들러의 공장')도 크라쿠프 시내 외곽에 위치해 있다.

영화 <쉰들러 리스트>는 1939년 9월 폴란드가 독일의 침공을 받고 대파당하면서부터 시작된다. 폴란드에 거주하는 유태인들에게는 가족 번호가 부여되면서 매일 만명 이상씩 크라코프(Krakow)에 도착한다. 오스카 쉰들러(Oskar Schin dler)는 유태인이 경영하던 그릇 공장을 인수하러 도착하고, 공장을 운영하기 위해 나치 당원이 된다. 여자, 술, 담배 등을 뇌물로 바치며 온갖 수단을 동원한 쉰들러는 기회주의로 자신의 사업을 펼쳐나아가게 된다. 한편 유대인 회계사 스턴(Stern)과 가까워지게 된 쉰들러는 그를 통해 자신의 이기주의적이고 기회주의적인 모습을 알게 되고, 나치의 살인 행위의 현실을 직시하게 된다. 현실을 직시한 쉰들러는 강제 노동 수용소에서 유대인들을 탈출시키기 위해 장교에게 뇌물을 준다. 영화 <쉰들러 리스트>에는 폴란드로부터 쉰들러가 구해낸 1,100명의 유대인 명단이 있다. 영화 <쉰들러 리스트>의 마지막 장면은 아직도 눈가에 잊혀지지 않는 그림이다. 고마움을 표시하고 싶었던 스턴은 쉰들러에게 탈무드의 글귀가 적혀있는 반지를 선물한다: “하나의 생명을 구하는 자는 세상을 구하는 것이다”

아우슈비츠의 전시관에 걸려있는 큰 지도는 나치가 왜 이 곳에 수용소를 세우기로 결정했는지 그 이유를 짐작케 해준다. 즉, 아우슈비츠는 각국에 흩어져 있는 유대인들을 기차로 실어다가 한곳에 모아놓고 집단으로 학살하기에 딱 알맞은 교통의 요충지에 위치해 있는 것이다.

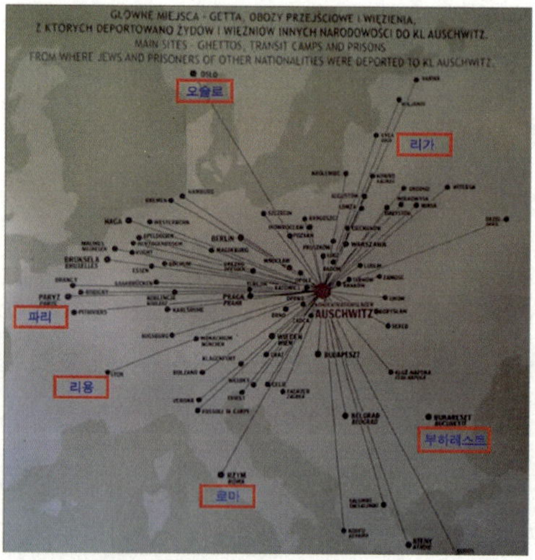

아우슈비츠 수용소의 위치

이처럼 아유슈비츠는 철도교통의 사통팔달 요지인 중부유럽 폴란드의 서쪽에 위치해 있다. 유대인 수용소가 폴란드 땅에 세워진 또 다른 이유는 인근 지역에 유대인이 제일 많이 거주하고 있었기 때문이기도 하다. 나치독일은 유럽 내 흩어져 있는 유대인 분포에 대한 조사를 하였는데, 유대인들은 폴란드(330만 명), 소련(320만 명), 루마니아(85만 명)를 중심으로 거주하고 있었다. 그러므로 소련과 루마니아에 인접한 폴란드 땅이 최적의 장소였던 것이다.

비엘리치카 소금광산 입구

소금광산 지하 갱도

비엘리치카 소금 광산(Wieliczka Salt Mines)은 폴란드 크라쿠프 시에서 약 15km 떨어진 곳에 위치한 암염(巖鹽)광산이다. 13세기부터 개발되어 지금까지 채굴이 이루어지고 있으며 지하 9층 327m 깊이까지 개발되었다. 소금 광산 내부에는 180개 이상의 갱이 있고 2,000여 개의 채굴이 끝난 빈 방들이 있으며, 갱도의 연장길이가 총 300㎞에 이른다. 700년 동안 약 2,600㎥의 암염이 채굴되어 폴란드 왕국의 가장 중요한 수입원 구실을 했다. 17세기부터 소금 채굴량이 줄면서 소금광산으로서 의미는 퇴색했으나, 수백 년 채굴 과정에서 형성된 독특한 광산 내부 자체가 관광자원으로서 연간 80만 명의 관광객을 끌어들이고 있다.

소금광산 내부의 여러 조각상

소금광산이 관광자원이 될 수 있었던 가장 큰 이유는 광산노동자들이 채굴 뒤 남은 공간을 다양한 용도로 활용하면서 다양한 예술작품들을 남겼기 때문이다. 노동자들은 빈 공간을 예배당이나 운동장, 성인이나 유명인의 기념공간으로 활용하면서 내부에 수많은 조각작품을 남겼다. 모두가 소금으로 만들어진 것이고, 광산노동자들이 직접 만든 것이다.

가장 눈길을 끄는 공간은 지하 110m 지점에 있는 '축복받은 킹가 성당'이라는 예배당이다. 헝가리에서 폴란드로 시집오면서 소금광산을 지참금으로 가져왔다 하여 마을의 수호신처럼 숭배되는 킹가 공주를 위한 공간이다.

킹가 성당 앞의 제단

킹가 성당의 내부 모습

킹가 성당은 이 곳 지하 소금광산에서 제일 큰 예배당으로서 길이 55m, 폭 18m, 높이 12m의 공간이며, 여느 지상의 예배당과 다를 것이 없다. 제단과 촛대는 물론, 성서의 중요 장면들을 묘사한 부조와 기독교 성인들의 조각상까지 갖추고 있으며, 이 모든 것들이 순전히 소금으로 만들어졌다. 특히 천정에 매달려 있는 샹들리에까지도 소금으로 만들어진 사실에 놀라움을 금치 못한다.

비엘리치카의 소금 광산은 경영과 기술적인 면에서 잘 조직된 거대한 산업 시설로, 중세부터 지금까지 여러 시대에 걸쳐서 다양한 변화를 겪으며 계속 유지해 왔다. 광산에는 각 시대별 설비들을 갖춘 오래된 회랑이 정리 보존되어 있어, 수세기에 걸친 이곳의 광산 발전 과정 전체를 완벽하게 보여 준다. 광산 안에 전시된 채굴 장비들은 오랜 기간 유럽에서 발달해 온 채굴 기술을 보여 주는 귀중한 증거이다. 특히, 암염의 치유효과가 널리 알려지면서 1964년에는 지하 211m 지점에 호흡기 질환자들을 위한 요양원이 들어섰으며, 130m 깊이에는 광산의 채굴 역사, 기술 발전사, 채굴 도구와 기계, 광산 지도 등을 볼 수 있는 소금박물관도 마련되어 있다.

성 안토니우스 성당

노동자의 수호성인을 기린 **성 안토니우스 성당**은 이곳에서 가장 오래된 예배당으로 꼽힌다. 세월이 오래되었기 때문인지 많이 마모된 성인의 소금상을 볼 수 있다. 이런 예배당들 이외에도 **소금광산** 안에는 여러 가지 이름이 붙은 독특한 방과 조각작품들이 많으며, 특히 이 깊은 지하에 수심 9m의 소금호수가 있다는 사실에 다시 한번 놀라움을 금치 못한다.

소금광산 안의 소금호수

3장
체코와 슬로바키아

체코-슬로바키아가 체코와 슬로바키아로 분리되었다. 원래 한 나라가 둘로 쪼개어질 때는 피비린내나는 전쟁이나 그에 버금가는 유혈사태가 따르기 마련인데, 체코와 슬로바키아의 분리독립은 피 한방울 흘리지 않고 이루어졌다. 그래서 사람들은 체코와 슬로바키아의 분리를 '벨벳이혼'이라 부른다. 부드러운 천 벨벳에 비유한 호칭이지만, 그 이전에 있었던 '벨벳혁명'에서 연유되었다. 역시 부드러운 천인 벨벳처럼 평화적인 시위로 민주화 혁명을 이루었다는 의미에서 '벨벳혁명'이라 부른다. 그럼 이처럼 체코와 슬로바키아는 벨벳처럼 부드럽기만 하였었는가? 그것은 아니였다. 벨벳혁명 이전에는 소련제 탱크 앞에 과감히 몸을 던져 투쟁한 '프라하의 봄'이 있었고, 이 보다 훨씬 이전에는 500년 이상 체코를 지배한 로마 교회 세력-오스트리아 제국에 대항한 민족저항운동으로서 종교개혁 운동이 불꽃처럼 강렬하게 타올랐으며, 마침내 종교개혁은 '종교전쟁'으로 비화되어 유럽의 역사를 뒤바꾸었다. 이처럼 불꽃처럼 강렬하며 벨벳처럼 부드러운 체코와 슬로바키아! 의 역사-문화 기행을 다음과 같이 떠난다.

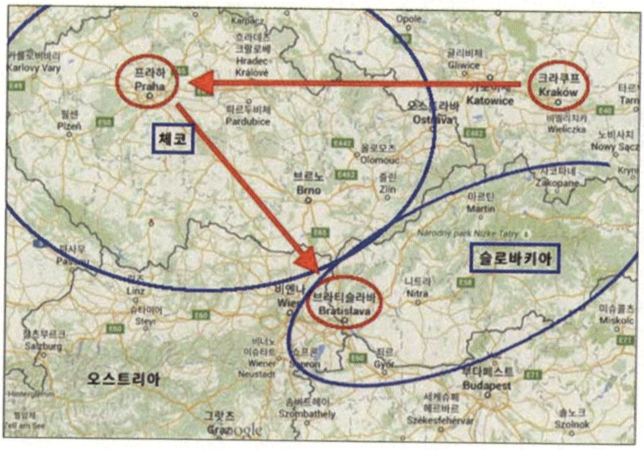

크라쿠프
↓
프라하
↓
체스키-크룸로프
↓
브라티슬라바

(1) 보헤미아와 모라비아

체코-슬로바키아는 원래 2개의 나라였었다. 즉, 프라하를 중심으로 한 체코의 서쪽 지역에는 '보헤미아' 왕국이 있었고, 브르노(Brno)를 중심으로 한 체코의 동부 지역과 슬로바키아 지역에는 '모라비아' 왕국이 있었다.

고대 문헌에 따르면 오늘날의 체코와 슬로바키아 땅에는 게르만 족의 일파라 할 수 있는 켈트족들이 오랫동안 거주해 왔던 것으로 알려진다. 이들 가운데 가장 강력한 종족이 보이(Boii)족 이었으며, 로마인들은 이들이 사는 지역을 가리켜 통상 '보헤미아(Bohemia)'라 불렀다. 그 후 유럽 내 민족 간 대이동과 5-6세기에서 9세기까지 진행된 '슬라브족의 대이동'으로 '서슬라브족'이 체코와 슬로바키아 지역에 대거 유입되기 시작하였다. 슬라브족이 정착하기 시작한 것은 AD 6세기경부터이며, 고대 체코인은 현재의 보헤미아(Bohemia)와 모라비아(Moravia) 지역에, 고대 슬로바키아인은 현재의 슬로바키아에 정착하였다. 9세기 경 모이미르 1세(Mojmir I)는 모라비아(Moravia) 왕국을 건립하였으며, 이 왕국은 계속하여 세력을 확장하여 보헤미아(Bohemia), 슬로바키아, 폴란드 남부, 헝가리 서부까지 통치하였다. 모라비아 왕국의 역사적 의의는 고대 체코인과 고대 슬로바키아인이 하나의 국가로 통일되었다는 데 있다.

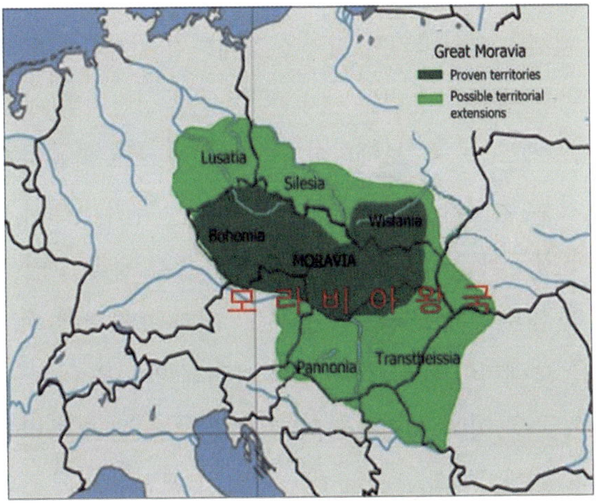

모라비아 왕국의 최고 전성기 지도

대모라비아 왕국은 동로마(비잔틴) 제국과 교류하여 문자(키릴문자)와 종교(콘스탄티노플 교회)를 받아들인다. 즉, 비잔틴 제국의 선교사인 키릴로스(Kyrillos)와 메토디오스(Meth odios)가 863년부터 그리스도교 포교 활동을 전개하기 위하여 최초의 문자인 글라골 문자(Glagolitic alphabet)를 창제하였으며, 글라골 문자는 후에 키릴 문자(Cyrillic alphabet)로 발전하였다. 오늘날에도 러시아인, 불가리아인, 세르비아인들은 키릴 문자를 사용한다. 이때 그리스도교가 게르만 선교사들에 의해 최초로 전파되었다. 이처럼 모라비아 왕국은 대(大)모라비아 왕국(Great Moravia)으로 발전하면서 9세기 중앙유럽에서 약 70년 가까이 지속되며 번성하였고, 스바토플루크(Svato pluk, 재위 870~894) 시기에 들어와 최고의 전성기를 누린다.

하지만, 로마 교회(가톨릭)의 수호 국가임을 자처했던 동프랑크와 헝가리 왕국 등은 비잔틴 제국의 영향력과 콘스탄티노플 교회(정교회)의 세력이 중부 유럽으로까지 확대되는 것을 우려하였으며, 결국 907년 헝가리의 마자르족(Magyars)이 대(大)모라비아 왕국을 침략하여 멸망시키고, 현재의 슬로바키아 지역을 지배하기 시작하였다. 이후 슬로바키아 지역은 체코와 분리된 채 1000년 동안 헝가리의 지배 아래 놓이게 되었고, 체코인들은 보헤미아 지역을 중심으로 활동하게 되었다. 이 사건은 훗날 체코와 슬로바키아가 분리되는 계기가 된다.

모라비아 왕국의 멸망 후 체코 지방엔 또 다른 왕국 수립을 위한 슬라브족의 움직임이 확대되고 있었다. 그 결과 프라하에 수도를 정한 체코인들은 보헤미아 왕국(895~1306) 발전의 기틀을 마련한다. 또한 보헤미아 왕국은 이웃 지역들과의 오랜 분쟁 끝에 모라비아 지역도 합병시킨다. 보헤미아의 프르셰미슬 왕조는 계속하여 부를 축적하고 세를 확장해 나아갔으며, 1085년에는 '보헤미아의 수호신'으로 불리는 바츨라프왕(王)이 나타나 신성 로마 제국으로부터 하나의 독립된 왕국으로 인정받는다. 강력한 통치를 펼쳤던 바츨라프 1세는 그때까지 비(非)크리스트교 국가였던 보헤미아 왕국을 크리스트교 국가로 개종하고자 했다. 하지만 크리스트교화를 반대하던 귀족들에 의해 결국 암살되고 만다. 932년 그의 시신이 성 비트 대성당(St. Vitus's Cathedral)에 모셔진 이후, 성당은 중세 가톨릭 성직자들의 주요 순례지가 되었다. 훗날 체코인들은 보헤미아 왕국의 기초를 다지고 크리스트교화를 위해 순교한 그를 기념하여 바츨라프 동상을 세웠으며, 동상이 자리한 곳을 '바츨라프 광장(Vaclavske namesti)'이라 불렀다. 그 후 이 광장은 1968년 프라하의 봄과 1989년 벨벳혁명이 일어난 체코 민주화의 중요 상징 광장으로서 체코인들의 가슴 속에 영원히 자리하게 된다.

한편, 바츨라프 1세 사망 후 보헤미아의 역대 왕들은 신성로마제국의 일원으로서 이웃 폴란드, 헝가리, 오스트리아 등과 각축을 벌이며 그 세력의 부침을 거듭하였다. 1306년 바츨라프 3세가 죽음으로써 보헤미아의 프르셰미슬 왕조는 막을 내리고 왕가의 왕권은 룩셈부르크가(家)로 넘어갔다.

하지만, 프라하에서 태어난 카를 1세(1316~1378)가 1347년 제2대 왕위에 올랐으며, 그는 보헤미아의 왕 재위(1347~1378)에 끄치지 않고 1355년 신성로마제국의 황제에 등극함으로써 카를 4세(1355~1378)가 된다. 카를 4세는 프라하를 신성로마제국의 행정중심지로 삼음으로써 보헤미아는 황금시대를 맞이한다. 오늘날 세계에서도 손꼽히는 대표적인 관광지이자 유럽 문화유산의 꽃으로서 프라하가 세계인들의 사랑을 받게 된 데는 모두 카를 4세의 공헌이 매우 크다 할 것이다. 사실상 카를 4세의 재위 동안 프라하는 신성로마제국의 수도로서 정치, 경제, 사회, 문화의 중심지 역할을 하였다. 그는 당대 유럽의 최고 대학인

프랑스의 파리 대학, 이탈리아의 볼로냐 대학, 영국의 옥스퍼드 대학에 버금가는 '카를 대학교'를 설립하여 프라하가 유럽 학문과 예술의 중심지로 부상하게 하였으며, 그의 명령에 따라 1357년 재건되기 시작한 '카를교'는 오늘날 프라하의 대표적인 명소로 자리잡고 있다.

카를교와 카를교 입구의 카를 4세 동상

카를 4세는 그 어떤 황제보다도 과학과 예술을 사랑하여 프라하 곳곳에 수많은 예술작품들과 건축물들을 유산으로 남겼다. 9세기 중반에 건축된 프라하 성 또한 카를 4세 시기에 들어와 거대한 왕궁으로서 그 위용을 갖추게 된다. 성 안에 유산들 가운데 대표적인 것으로 카를 4세 시기에 증축이 시작되어 최근에서야 최종적으로 완성을 이룬 '성 비트 대성당'을 들 수 있다. 성당 안에는 카를 4세의 무덤부터 역대 보헤미아 왕조 및 주요 성인들의 무덤들이 자리하고 있다.

카를 4세의 명에 따라 1357년 튼튼한 돌다리로 재건되기 시작한 카를교는 1402년 그의 아들 바츨라프 4세(왕 재위: 1378~1419, 황제 재위: 1378~1400) 때에 비로소 완성된다. 오늘날 프라하의 대표적인 관광 명소가 된 카를교 다리 난간 위에는 33인의 성인 조각상들이 도열해 있다. 그 가운데 바츨라프 4세와 얽힌 성 얀 네포무츠키 기념물과 그 아래 조각 내용이 가장 큰 눈길을 끈다. 전해오는 이야기에 따르면, 바츨라프 4세 당시 대주교였던 성 얀 네포무츠키는 황후의 부도덕한 행위와 관련된 고해성사를 듣게 되는데, 이를 알게 된 바츨라프 4세가 고해성사의 내용에 대해 말해줄 것을 강력히 요구하였지만, 성 얀 네포무츠키는 끝끝내 이를 거절한다. 이에 대한 벌로 성 얀 네포무츠키는 카를교 위에서 혀가 잘린 채 블타바(Vltava) 강 아래로 던져졌다. 이후 그의 시신은 성 비트 대성당 안에 안치되고, 훗날 성인으로 봉축되어 수많은 신도들의 방문과 체코인들의 사랑을 받게 된다. 하지만, 일부 학자들의 주장에 따르면, 당시 로마 교황과의 관계가 좋지 않았던 바츨라프 4세 황제는 종교 개혁을 추진하던 후스파를 은연 중에 지원하였으며, 이에 따라 제국 내 가톨릭 사제들에 대한 통제의 본보기로서 성 얀 네포무츠키를 사형에 처하게 되었다고 주장한다. 그의 죽음 당시 하늘에서 별 다섯 개가 떠올랐다 하여 그의 머리 위에는 다섯 개의 별이 상징적으로 조각되어 있으며, 카를교에 자리한 그의 조각상 아래 왼편에는 황후가 고해성사를 하는 장면이, 그리고 오른편에는 성 얀 네포무츠키가 다리 아래로 떨어트려지는 모습이 조각되어 있다.

성 얀 네포무츠키

바츨라프 4세 재위 시기인 1415년 체코 '종교개혁의 아버지'로 불리는 얀 후스가 독일 남서부의 콘스탄츠(Konstanz)에서 화형에 처해지는 사건이 발생한다. 얀 후스는 가톨릭 사제로서 카를 대학 교수였으며 1409년엔 대학 총장에 오르게 되는데, 그는 신학자로서 라틴어로 된 성경을 체코어로 번역하였으며 체코어로 신학을 강연하고 설교 또한 체코어로 진행하였다. 얀 후스는 가톨릭의 문제점을 공개적으로 비판하면서 성서가 크리스트교 믿음을 위한 유일한 권위라는 복음주의적 종교관을 바탕으로 '성경 지상주의'를 주장하며 성서를 중심으로한 종교개혁 운동의 필요성을 역설하였다. 후스는 한 발 더 나아가 로마교황청의 아킬레스건이라 할 수 있는 면죄부 판매의 문제점을 본격적으로 제기하기 시작하였으며, 이에 로마교황은 그에게 체코 내 모든 교회에서의 설교를 금지시킨다. 하지만, 후스는 이에 굴하지 않고 역이나 광장, 들판 등 장소를 가리지 않고 자신의 주장과 설교를 계속 이어 나아갔다. 이처럼 후스가 주도한 종교개혁운동이 보헤미아 전역을 휩쓸었는데, 그가 체코어를 사용하는 대중에게만 지지를 호소함으로써 독일어를 사용하는 로마 가톨릭교도들과 분리되면서 민족주의적인 색채를 띠게 되었다.

마침내 로마교황청은 후스를 파문하였으며 1415년 독일 남서부의 콘스탄츠에서 열린 공의회에서 보헤미아 전 지역을 이단 지역으로 규정하고 얀 후스를 화형에 처한다. 이에 체코인들은 분노하였으며 얀 후스의 죽음을 계기로 종교개혁의 필요성을 강력히 공감하게 된 후스파들은 1420년 종교개혁 운동을 본격적으로 전개하게 된다. 이에 로마교황청은 십자군 연합군을 만들어 체코로 쳐들어와 후스파 체코인들을 무자비하게 살육하였으며, 이에 맞서 후스파도 교회를 장악해 교황청측 성직자들과 신자들을 추방하고 살해하였다. 오랫동안 전개된 이 종교전쟁으로 체코 전 지역은 황폐해졌고, 14세기 말부터 창궐한 흑사병과 맞물려 체코의 경제와 사회는 극도로 피폐해졌다.

프라하 구시가지 광장의 얀 후스 동상

마침내 전쟁에서 후스파가 승리하자 갈등이 제일 첨예했던 프라하 등 서쪽 보헤미아 지역에서 후스파 개신교는 종교의 자유를 제한적으로나마 보장받게 되었다. 하지만, 보헤미아는 16세기 마르틴 루터가 종교개혁의 기치를 들어올릴 때까지 약 100년 동안 유럽의 모든 가톨릭 국가들에 둘러싸여 외로운 투쟁을 벌여야 했다. 어쨌든 얀 후스는 루터에 앞서 종교개혁의 선봉에 섰던 선구자로서 '종교개혁의 아버지'로 불리며 전(全) 체코인들의 추앙을 받고 있다.

1415년 후스가 화형에 처해진 후 500년이 지난 1915년, 그의 사망 500주년을 맞아 세계 최초의 종교개혁가인 얀 후스를 기리는 동상이 프라하 구시가지 한 복판에 세워졌다. 동상이 세워지고 3년 후인 1918년 체코는 후스의 염원대로 마침내 독립을 이룬다. 얀 후스 동상에는 '진리는 승리한다(Truth Prevails)'라는 문구가 새겨져 있다. 진리의 상징인 후스의 동상은 프라하 사람들의 중요한 만남의 장소가 되었으며, 한때 우리나라 드라마 <프라하의 연인>에서 연인들이 애인을 만나기 위해 쪽지를 붙여놓던 곳이기도 하다.

그 후, 후스파의 승리로 보헤미아 지역에서는 종교의 자유가 허용되었으나, 이것은 개인적으로 주어지는 것이 아니라 지역의 군주가 가톨릭이나 개신교를 선택하면 주민들은 그 결정에 무조건 따르는 것이였다. 그러므로 종교갈등이 끊이지 않고 일어날 수 밖에 없었다. 1619년 보헤미아의 왕 페르디난트 2세는 로마교황의 지원을 받아 신성로마제국의 황제 자리에 오르기 위하여 종교 선택권을 반납하고 신교도들을 억압하기 시작하였으며, 이에 신교도들은 가톨릭 귀족 2명을 프라하 성 밖으로 집어던져 죽이는 '프라하성 창문 투척 사건'을 일으킨다. 이에 로마교황은 로마 교회 연합군을 결성하여 프라하로 진격하였으며, 이어 유럽의 각국은 각자의 이익과 영토확장을 위하여 각각 전쟁에 뛰어듦으로써 30년이나 전쟁이 지속되는 '30년 종교전쟁(1618~1648년)이 발생한다. 프라하에서 시발된 30년 종교전쟁은 유럽의 역사를 바꾸는 계기가 되었으며, 개신교의 자유가 인정되었고 개신교 편에서 싸웠던 스위스, 네덜란드 등이 독립해 근현대 유럽의 기본골격이 성립되었다. 그러나 정작 종교전쟁의 중심에 있었던 체코와 슬로바키아는 워낙 강했던 오스트리아의 세력에서 벗어나지 못하고 제1차 세계대전이 끝난 1918년까지 계속 지배를 받게 된다. 30년 종교전쟁에서 보헤미아인들은 패배하여 가혹한 보복조치를 당하게 되며, 합스부르크가로부터 더욱 더 엄중하고 노골적인 통치를 받게 된 것이다. 1867년에는 오스트리아와 헝가리의 이중제국이 성립됨으로써, 보헤미아는 이제 오스트리아의 한 주로 편입되고 만다.

즉, 카를 4세 이후 체코는 항상 외세의 침략과 지배에 큰 고통을 받았는데, 그 가운데 오스트리아의 지배가 가장 컸다. 처음에는 오스트리아, 독일, 스페인 등의 기독교 연합군과 힘을 합쳐 오스만 제국의 이슬람군을 물리쳤지만, 이후 오스트리아 합스부르크 왕가는 1918년까지 약 500년 동안이나 보헤미아의 체코인들을 지배하였던 것이다. 종합해 보면, 서쪽으로 이동해 간 슬라브족(서슬라브족)이였던 보헤미아의 체코인들은 모라비아 왕국(9세기), 보헤미아 왕국(10~16세기), 합스부르크가, 오스트리아-헝가리 제국(1867~1918)의 통치를 받다가 마침내 1918년이 돼서야 겨우 체코-슬로바키아 공화국으로 독립하게 된 것이다.

그러나 1918년의 체코-슬로바키아 독립은 체코인들의 뜻에 상관없이 이루어진 독립이였다. 즉, 제1차 세계대전으로 합스부르크 왕조가 붕괴되고 베르사이유 조약으로 많은 국가들이 민족자결주의 원칙에 따라 독립하여 민족국가를 형성하였으나, 체코는 승전 강대국들의 편의에 따라 체코와 슬로바키아를 한데 묶어 독립시켜 버림으로써, 1918년 11월 '체코슬로바키아 공화국'이 탄생하게 되었다. 이는 훗날 체코와 슬로바키아가 분리되는 '벨벳이혼'의 빌미가 된다.

여하튼, 1918년 체코와 슬로바키아는 그토록 기다리던 독립을 쟁취하였지만, 이것도 잠깐 1938년 독일은 뮌헨조약을 체결하여 각 민족들이 거주하던 체코슬로바키아 지역을 강제로 빼앗아버렸으며, 곧이어 히틀러가 집권한 나치 독일은 체코슬로바키아를 완전 점령해 버린다. 1945년 제2차 세계대전에서 독일이 패하자 체코슬로바키아는 다시 독립을 이루게 된다. 하지만, 이번에는 소련이 체코슬로바키아를 위성국가로 만들어 버림으로써 '체코슬로바키아 사회주의 인민공화국'이 탄생하게 된다. 이후 사회주의 체코슬로바키아에서는 소련의 비호 아래 권력의 중앙집권화와 자산의 국유화, 집단화가 진행되었으며, 약 14만 명에 가까운 반체제 인사들이 처형되거나 투옥되었다. 1953년 스탈린이 사망하고 소련의 일방적이고 강압적인 압력이 가져온 일련의 문제점들에 대하여 문제를 제기하는 비판적 민주세력이 싹트기 시작하였으며, 마침내 1967년 10월 프라하 대학 학생 기숙사의 열악한 거주 조건에 항의하는 학생 운동이 점차 반(反)정권 운동으로 확대되어 나아갔다. 학생 운동에 대한 경찰의 과잉 진압에 대하여 여론과 개혁론자들의 비판이 계속되자 당시 공산당 서기장이 물러나고, 1968년 1월 슬로바키아 출신의 온건한 개혁 성향의 두프체크가 당 제1서기에 올랐다. 그는 각료들을 개혁 성향의 인사들로 교체하였으며, 일부 지식인들과 당 개혁 관료들을 중심으로 시작된 개혁운동은 점차 대중운동으로 크게 확대되어 나아갔다. 두브체크는 소련의 영향권에서 벗어나 서방 자본주의 국가들과의 관계를 개선함으로써 독자적인 경제발전을 기획하였으며, 개혁파와 함께 시민권을 대폭 보장한 '인간의 얼굴을 가진 사회주의'를 표방하였다. 이로 인해 언론, 표현, 이동의 자유가 주어졌으며, 검열제는 폐지되고 정당이 부활하였다. 체코슬로바키아 국민은 이러한 자유화 정책을 '프라하의 봄'이라 칭하며 열렬히 환호하였다. 소련의 굴레에서 벗어난 시민들은 신시가지 바츨라프 광장에 모여 집회를 열며 새로운 시대를 꿈꿨으며, 광장은 곧 민주화와 자유화의 상징이 되었다.

그러나, 프라하의 봄날은 오래가지 못했다. 이러한 반(反)사회주의 열기가 다른 동유럽 국가들로 퍼질 징후를 보이자, 소련은 1968년 8월 20일, 20만 명에 달하는 바르샤바 조약군을 이끌고 갑자기 프라하로 진격해 들어왔다. 동독 부대는 30년전 히틀러의 나치군이 침략했던 바로 그 길을 따라 서쪽에서 진격해 왔으며, 동쪽에서는 폴란드군이, 남쪽에서는 불가리아 군대가 진격해 국토는 점령되고 프라하는 완전 포위되었다. 하지만, 민중은 끝까지 저항하였고 굉음을 내며 광장으로 돌진해오는 소련제 탱크에 맨몸으로 맞섰다. 두 명의 대학생(얀 팔라흐와 얀 자이츠)이 소련군 진입에 항거하다가 분신자살 하였으며 100여 명의 희생자가 발생하였다.

프라하의 봄

이에 두프체크는 시민들을 향하여 소련군에 저항하지 말 것을 눈물로 호소하였다. 소련은 두프체크를 포함한 개혁 성향의 당 관료 전원을 체포해 소련으로 압송하였으며, 그의 해임을 전후로 개혁파들의 대규모 숙청과 과거 사회주의 체제로의 회귀가 뒤따랐다. 두프체크는 해임되어 20년 넘게 산림노동자로 전전하였으며, 그를 지지하였던 50여만 명의 당원도 쫓겨남으로써, 프라하의 봄은 끝나고 만다.

원래 '프라하의 봄'은 체코 필하모닉 오케스트라가 결성된 지 50주년을 기념해 1946년부터 열리기 시작한 음악제의 이름이었다. 체코 민족음악가 스메타나가 숨진 5월 12일, 그의 작품 <나의 조국>을 시작으로 프라하의 봄 음악축제는 전야제를 시작하며, 3주간 진행된 후 베토벤의 <교향곡 9번>으로 끝난다. '프라하의 봄'이 민주화 시위의 상징으로 쓰인 것은 1968년 소련군 점령 사태 당시 한 외신기자가 "프라하의 봄은 언제 올 것인가"라는 문구를 타전한 후 시작되었다. 해마다 바츨라프 광장에서 열리는 '프라하의 봄' 음악축제에 수많은 군중들이 모여들었으며, 1989년 11월 24일, 독일 베를린 장벽의 붕괴를 지켜보던 프라하 시민들은 민주화 구호를 외치며 삽시간에 바츨라프 광장에 모여들었다.

바츨라프 광장 -- '벨벳혁명'

이 때, 한 노신사가 연단 위에 올랐다. 바로 20년전 '프라하의 봄'의 주역이였던 두프체크였다. 조국의 민주화를 위해 험난한 정치역정을 걸어온 노(老)정치인은 감격에 겨워 눈시울을 붉혔고, 민주화를 열망하던 시민들도 함께 울었다. 그리고 이로부터 한 달 후 이들의 '벨벳혁명'은 성공하였으며 마침내 공산당 정권은 무너지고 만다. 1968년 '프라하의 봄' 시위 때 맨몸으로 소련제 탱크를 막아내며 죽음을 두려워하지 않았던 시민정신은 그로부터 20년이 지난 1989년 '벨벳혁명'으로 승화되어 나타났다.

벨벳처럼 부드럽고 평화롭게 민주화를 쟁취한 체코슬로바키아는 역시 부드럽고 평화롭게 1993년 '벨벳이혼'을 결정한다. 이로써 1918년 강대국의 편의대로 한데 묶였던 체코슬로바키아는 74년 만에 역사의 뒤안길로 사라지고 만다. 원래 체코와 슬로바키아는 같은 '서슬라브족'이였지만, 체코인과 슬로바키아인으로 민족구성이 달랐으며, 사용하는 언어 또한 체코어와 슬로바키아어로 달랐었다. 하지만, 서로 상이한 민족과 언어의 문제 보다도 경제적인 이유가 더 컸다. 즉, 체코 지역은 중세 보헤미안 왕국 시절부터 다져온 공업기반 위에 민주화 이후 경제가 급성장한 반면, 군수공업 외에 이렇다 할 제조업이 없는 농업 지대인 슬로바키아 지역은 옛 공산권에 대한 무기수출이 격감하자 심각한 경제난을 겪는다. 민주화 이후 연방정부의 보조금이 대폭 삭감되고 서방자본의 투자도 체코 지역에 집중되자, 1993년 국민투표에서 슬로바키아 주민들은 분리독립을 주장하는 정당에 몰표를 던짐으로써 '벨벳이혼'을 택하였다.

(2) 중세도시 프라하

프라하는 1000년 이상을 체코 보헤미아인들의 중심지 역할을 하였으며, 한 때는 신성로마제국의 수도로서 중부유럽의 중심에 있었다. 우리나라에는 드라마 '프라하의 연인'으로 더 잘 알려진 이 도시는 예전에는 소련 공산주의의 위성국가로서 철저히 베일에 가려 있었다. 그러므로 프라하에 들어서면, '중세풍의 이 도시가 수십년동안 엄격한 통제를 받아온 공산주의 국가였단 말인가?' 하는 의문을 떨쳐버릴 수 없다. 중세 보헤미아 왕국의 찬란했던 역사의 숨결을 그대로 느낄 수 있는 아름다운 성과 수많은 교회들, 그리고 관광객들로 가득찬 거리… 서유럽의 도시 모습을 쏙 빼닮은 이 아름다운 도시의 그 어디에서도 지난 시절의 어두운 그림자는 찾아볼 수 없다. 그러므로 프랑스 조각가 로뎅은 프라하를 가리켜 '북(北)로마'라고 하였으며, 유난히 중세풍 교회의 뾰족탑이 많다 하여 '백탑(百塔)의 도시'로도 불린다.

프라하 시내 전경

프라하는 보기 보다 그리 크지 않은 도시로서 도보로도 도시 관광이 가능하다. 물론 온전히 걸어서만 도시 전체를 관광하기에는 무리가 따를 수도 있으므로, 걷는 것을 기본으로 하되 중간 중간에 대중교통을 이용하는 것이 효과적이다. 구시가지에서 카를교를 지나 프라하 성으로 올라가는 길이 언덕길이므로 보다 용이한 관광을 위하여는 관광코스를 반대 방향으로 잡는 것도 하나의 방법일 수 있다. 즉, 다음의 관광지도에서 보듯이 신시가지 바츨라프 광장에서 출발하여 시계 방향으로 한 바퀴 도는 관광코스는 내리막길을 이용하는 것이다. 그러므로 다음과 같은 관광코스를 소개한다.

바츨라프 광장 → 페트르신 언덕 등산 기차 → 페트르신 전망탑 → 스트라호프 수도원 → 프라하 성 → 성 비트 대성당 → 성 이지 성당 → 황금소로 → 카를교 → 구 시청사 시계탑 → 틴 성당 → 얀 후스 농상 → 화약탑

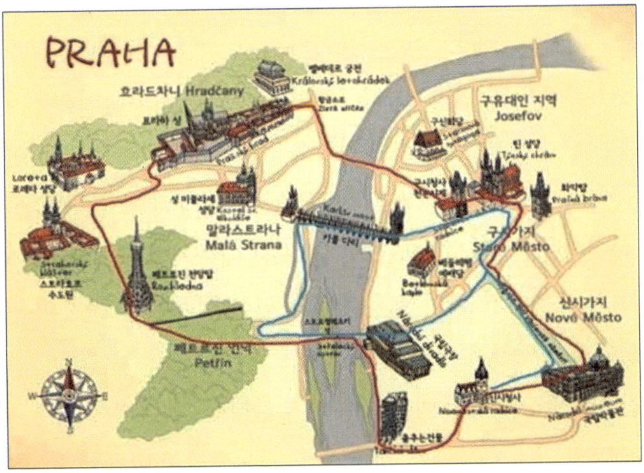

프라하 관광지도

바츨라프 광장

바츨라프 광장은 앞서 소개하였듯이 체코 민주화의 상징이 된 광장이다. 너비 60m, 길이 750m의 이 광장은 엄밀히 말하면 광장이라기보다 드넓은 대로(大路)에 가깝다. 광장의 이름은 체코의 최초 왕조인 프르셰미슬 왕가의 왕 바츨라프에서 유래되었으며, 바츨라프 1세는 사후에 성인으로 추대되어 체코 기독교의 상징적 인물이 되었다. 국립박물관 앞에 세워진 성 바츨라프의 기마상에는 성인 4명이 그를 떠받들며 수호하고 있는 모습이 조각되어 있다.

1918년의 체코슬로바키아 독립 선언이 바로 이 바츨라프 기마상 앞에서 선포되었고, 1968년에는 '프라하의 봄'이라 일컫는 자유화 운동이 일어나 바츨라프 광장 일대는 모여든 시민들로 인산인해를 이루었으며, 1989년에 또한 바츨라프 광장을 꽉 메운 시민들은 마침내 공산 정권을 무너뜨리고 벨벳혁명을 성공시켰다. 광장의 구조가 한 쪽이 높고 한 쪽이 낮은 직사각형 모양의 넓고 긴 대로처럼 되어 있어, 상대적으로 높은 바츨라프 기마상 앞에서의 연설은 수많은 군중이 운집한 광장 끝까지 울려퍼져 나갈 수 있었다.

바츨라프 광장에서 트램을 이용하면 블타바 강 다리를 건너 페트르신 언덕 밑에 있는 페트르신 등산 기차 정거장까지 이동할 수 있다. 등산 기차를 타고 정상에 도착하면 페트르신 전망탑이 나온다. 프라하에서 제일 높은 전망탑 위에서 프라하 시내를 내려다 보면 저 멀리 카를교와 구시가지가 아른히 눈에 들어온다. 페트르신 전망탑에서 가까운 거리에 스트라호프 수도원이 위치해 있다. 수도원 본관 1층에는 성모마리아 성당이 있으며, 2층에는 빼놓을 수 없이 아름다운 도서관이 있다. 영화 '아마데우스'의 촬영장소로도 유명한 이 아름다운 도서관에는 수십만권의 장서들이 빼곡히 꽂혀져 있으며, 천장은 화려하고 아름다운 프레스코화로 장식되어져 있다.

스트라호프 수도원 도서관

스트라호프 수도원에서 프라하 성 쪽으로 내려가는 내리막길은 정말 아름답다. 멀리 프라하 시내와 성 비트 대성당의 첨탑 지붕이 보이며 군데 군데 위치한 포도밭 사이 사이로 좁은 골목길을 따라 포도주와 맥주를 파는 크고 작은 카페들이 눈에 뜨인다. 특히 체코의 맥주는 유명하다. 체코를 대표하는 주류를 들라고 한다면 지구상에서 가장 맛있는 것으로 소문 난 맥주를 손에 꼽을 것이다. 여러 종류의 맥주 가운데 필젠 지방에서 약 1840년대부터 생산된 황금빛깔의 라거 맥주가 단연 손꼽히며, 이 중 '필젠 지방의 오리지널'이란 뜻을 지닌 '필스너 우르켈'이 대표적이다. 산 언덕 정상 부근에는 프라하에서 가장 오래된 맥주 양조장이 자리하여 카페를 겸하고 있다. 내리막길을 따라 내려오다 보면 어느덧 프라하의 랜드마크라고 할 수 있는 프라하성(城)에 당도한다. 성(城)은 9세기에 적의 침공을 대비해 산등성이 높은 곳에 방어 요새로 지어짐으로써, 성 안에서 프라하 시가지 전체를 조망할 수 있다. 반대로 성의 전체 모습을 조망하려면 아래쪽 카를교에서 보는 것이 유리하며, 특히 프라하성은 야경이 아름답기로 유명하다.

카를교에서 바라본 프라하성

프라하성에는 가운데 높다란히 보이는 성 비트 대성당과 그 맞은편의 성 조지 성당, 그리고 1918년부터 대통령의 관저로 쓰이는 체코 대통령궁이 있으며, 위쪽으로 올라가면 왕실 정원과 벨베데레궁이 있고, 아래쪽으로 내려오는 길에는 황금소로가 있다.

프라하성 가운데 거대하게 버티고 서 있는 성 비트 대성당은 1344년부터 본격적으로 짓기 시작하여 1929년 건물 서쪽부분이 완성되면서 오늘날의 모습을 갖추게 되었다. 이 모든 성당의 역사는 서쪽 입구에 있는 청동대문에 새겨져 있으며, 성당은 르네상스와 바로크 양식의 영향을 받은 고딕 양식의 건축물로서, 길이가 124m, 최대 폭은 60m이고 최고 탑의 높이는 100m에 달한다. 특히, 성당 안에는 1930년대에 제작한 체코 예술가들의 작품으로서 스테인드 글라스의 아름다움은 손꼽힐 정도로 유명하다.

성 비트 대성당

프라하성 안의 구왕궁은 현재 체코 대통령의 집무실로 사용되고 있다. 매일 정오에는 대통령 관저 정문 앞 흐라드차니 광장에서 위병 교대식이 펼쳐진다. 정문 위병 위에는 칼을 든 거인과 몽둥이를 든 거인이 발아래 힘없어 보이는 사람을 위협하는 상(像)이 보인다. 합스부르크 왕가가 체코를 지배했을 당시 왕궁에 이런 상징물을 두고 경고하려는 의도로 만들어졌다.

구 왕궁 ==> 대통령 궁

대통령 궁 앞의 광장을 '흐라드차니' 광장이라 부른다. 궁 맞은편 쪽 흐라드차니 광장에는 체코의 초대 대통령인 하벨의 동상이 서 있다. 바츨라프 하벨은 밀란 쿤데라 등과 더불어 체코의 4대 문학가로 꼽히는 시인이자 극작가였으며, 적극적인 현실 참여로 체코의 자유화 운동을 이끎으로써 마침내 벨벳혁명을 성공시키고 체코의 초대 대통령이 되었다. 퇴임 후에도 그는 전 재산을 공익재단에 기부해 장애인 지원에 쓰이게 함으로써 체코 국민들의 신망을 받는 전직 대통령으로 영원히 남아 있다.

대통령 궁을 뒤로 하고 프라하 성을 내려오다 보면 왼편에 항상 관광객들로 붐비는 조그만 골목길 황금소로를 만난다. 황금소로는 연금술사들이 모여 살았기 때문에 '황금소로' (Golden Lane)라는 이름이 붙여 졌다. 16세기에는 성(城) 경비대원들의 숙소로 사용되었고 19세기에는 빈민가로 전락하기도 했지만, 지금은 아기자기한 공예품을 파는 상점들이 들어서 있다. 황금소로의 모든 건물은 각각 전설과 이야기들을 품고 있는데, 그 중 22번지는 카프카가 살면서 글을 썼던 곳으로 유명하다.

황금소로

유태계 독일인 작가인 카프카(1883~1924)는 체코의 프라하에서 태어나 독일어를 쓰는 유대인 사회에서 성장하였다. 그는 유대계 독일인이라는 특이한 환경으로 인해 늘 고독과 외로움을 안고 지냈다. 인간 운명의 부조리, 인간 존재의 불안을 통찰하여 현대 인간의 실존적 체험을 극한에 이르기까지 표현함으로써 실존주의 문학의 선구자로 높이 평가받는다. 특히, 대표작 『변신(變身)』(1916)으로 유명하다.

황금소로를 뒤로 하고 프라하 성의 내리막길을 따라 성 밖으로 나오면 바로 말라스트라나 지역의 네루도바 거리가 나온다. 흐라드차니 광장에서부터 프라하 시내를 굽어보며 내리막 계단길을 따라 네루도바 거리로 내려오는 방법도 매우 추천할 만한 아름다운 감상길이다.

흐라드차니 광장 ===> 네루도바 거리

프라하 성에서 카를교로 이어지는 가파른 골목길인 네루도바 거리는 골목 안에 체코의 유명한 시인 얀 네루다(1834~1891)의 생가가 있어서 붙여진 이름이며, 프라하 성으로 들어가는 주 도로였기 때문에 '왕의 길'이라는 별칭도 있다. 얀 네루다는 19세기 체코슬로바키아의 시인, 소설가이며 민족주의 애국자로서 체코 사실주의 국민문학의 창시자로 유명하다. 네루도바 거리 47번지에 위치한 그의 생가에는 '2개의 태양'이라 불리는 황금색 태양 두 개를 상징하는 장식이 붙어 있으며,

작가는 이 집에서 30년 동안 살면서 그의 대표작 <말라스트라나 이야기>를 집필하였다. 말라스트라나 거리 양옆으로 레스토랑과 상점들이 줄지어 있으며, 작은 수공예품을 파는 가게들도 즐비하게 자리잡고 있는데, 특히 말라스트라나 지역의 건물들에는 각각의 건물마다 붙어 있는 다양한 심벌들이 매우 특징적이다. 1857년까지 주소가 없었기 때문에 각각의 집에는 부조나 조각, 회화 등의 장식을 붙여서 번지수를 대신한 것이다.

네루도바 거리의 집 표시 -- '하우스 사인'

또한, 네루도바 거리 양 옆에는 여러 가지 공예품 가게들을 비롯하여 다양한 색깔의 건물과 카페들이 즐비한 가운데 체코인들의 전통 간식이라 할 수 있는 '뜨르들로'(체코빵)를 파는 가게들이 눈에 뜨인다.

뜨르들로 가게

카를교

네루도바 거리를 따라 내려오면 프라하 관광의 백미라 할 수 있는 카를교를 만난다. 카를교는 블타바 강을 가로지르는 13개 다리 중 가장 아름답고 오래된 다리로서, 원래 목조로 되어 있었으나 잦은 홍수로 인해 유실되는 것을 방지하기 위하여 카를 4세의 명에 따라 가장 튼튼한 돌다리로 건설되었다. 다리 양쪽 끝 고딕식 탑 사이의 길이가 516미터, 폭이 9.4미터로 보행사 선용의 다리이며, 프라하에서 가장 아름다운 기념물 가운데 하나로 관광객이 가장 많이 붐비는 곳이다. 다리 양 난간 위에는 얀 네포무츠키를 비롯한 기독교 성인 33인의 조각상이 세워져 있으며, 다리 양옆 난간 앞에는 갖가지 관광상품을 파는 노점상을 비롯하여 여러 가지 악기를 연주하는 거리악사들의 보헤미안 선율이 함께 어우러져 메아리친다.

카를교의 거대한 인파 물결을 따라 떠밀리듯 미로(迷路)같은 골목길 사이 사이를 10여분 걸어 가노라면 어느덧 넓은 구시가지 광장이 나온다. 광장 한가운데에는 앞서 소개하였듯이 가톨릭의 세속화와 면죄부 발행을 비판하다 화형에 처해진 종교개혁가 얀 후스의 동상이 서 있으며, 광장 양 옆에는 구시청사 건물과 틴성당이 위치해 있다. 구시청사 역시 화려한 고딕 르네상스식 건축술을 눈여겨 볼 수 있는 가장 인상적인 건물 중의 하나이다. 하지만, 구시청사가 특히 유명해진 것은 건물에 위치한 명물 천문시계 때문이다. 1410년에 제작된 천문시계는 황도 12궁 사이에서 달과 태양의 움직임, 그리고 시간을 가리키고 있는데, 매시 정각에는 시계바늘 윗부분에 있는 창문 2개가 열리면서 예수의 12제자 목각 인형이 차례로 나타났다 사라지고, 마지막에 약 3초간 닭 울음소리가 들리는데, 이런 모습을 보기 위하여 매시간 마다 수백명의 인파가 구시청사 건물 앞으로 몰려든다.

구시청사 시계탑

중세에는 시간이 중요하다는 것을 강조하기 위해 시계를 높은 탑 위에 설치하는 게 유행이였다. 시계는 상하 2개의 큰 원형으로 이루어져 있는데, 위쪽 시계는 천동설의 원리에 따른 해와 달의 움직임을 나타내면서 1년에 한 바퀴씩 돌며 연, 월, 일, 시간을 나타내고, 아래쪽 시계는 12개의 계절별 장면들을 묘사하여 제작 당시 보헤미아의 농경생활을 보여준다. 매시 정각이 되면 위쪽 시계 오른쪽의 해골 모형이 움직이면서 12사도들이 2개의 창을 통해 천천히 나타났다가 사라지고, 이어서 시계 위쪽의 황금색 닭이 나와 울면서 시간을 나타내는 벨이 울리는 것이다. 이런 세계적 명물 시계를 다시는 더이상 만들지 못하도록 원제작자의 눈을 멀게 하였는데, 그 후 그의 죽음과 더불어 시계가 한동안 멈추었었다는 이야기가 전설처럼 전해져 오고 있으나, 1410

전망대 위에서 내려다 본 구시가지 광장

년에 제작된 명물시계는 그 후 여러 번 작동을 멈추었고 그 때마다 수리와 보수를 반복해 오다가 제2차 세계대전 말에는 전쟁의 영향으로 시계의 일부가 파손되면서 완전히 작동을 멈추었었다. 하지만, 그 후에 다시 수리와 보수를 거듭한 끝에 1948년에 기적적으로 다시 살아나 움직이기 시작하였다. 천문시계가 달려 있는 탑은 1364년 세워졌으며, 높이 69.5m로 엘리베이터와 계단을 이용해 오를 수 있다. 탑에 오르면 프라하 시가지를 한눈에 볼 수 있는 전망대가 나온다.

구시가지 광장 가운데에 얀 후스의 동상이 있고 그 건너편에 두 개의 탑이 높다란히 솟아 있는 틴성당이 보인다. 80m 높이의 이 2개의 첨탑은 교회의 상징으로서 멀리서도 볼 수 있다. 1365년에 건립된 틴성당은 그 후 계속 변형을 가해 17세기까지 다양한 건물 양식이 가미되었으며, 외관은 고딕 양식으로 지어져 정교하면서도 화려하나 내부는 바로크양식으로 되어 있어 비교적 어두운 느낌을 주는데, 오늘날 프라하 구시가지를 대표하는 상징적인 교회로서 관광객의 발길이 끊이지 않는다.

본래 틴성당의 이름은 '틴 광장 앞 성모 마리아 교회'이지만 흔히 '틴성당'이라 부른다. 특히, 틴성당은 한때 얀 후스의 추종자들 즉 후스파들의 본거지였었다. 틴성당 바로 옆에는 『성(城)』의 작가 카프카(Franz Kafka)의 생가가 있다.

틴 성당

(3) 보헤미아의 진주 체스키-크룸로프

체스키-크룸로프는 프라하에서 남서쪽으로 200여km 떨어진 오스트리아와의 국경 근처에 있으며, 버스로는 약 3시간 가량 걸리는 거리이다.

체스키-크룸로프 위치 지도

도시라기 보다 하나의 동화 속 마을 같은 체스키-크룸로프는 마치 우리나라의 하회마을과 같이 블타바 강의 지류가 마을 전체를 S자형으로 휘감아 도는 모양새이다.

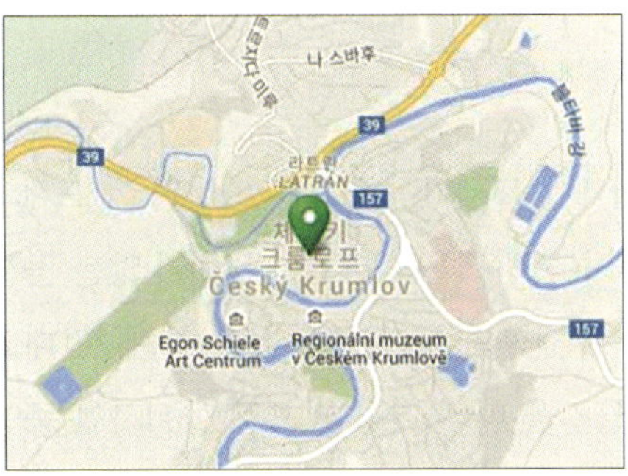

체스키-크룸로프 마을 형세

유럽에서 가장 아름다운 중세도시의 하나로 알려져 있는 체스키-크룸로프는 13세기 남 보헤미아의 비테크 가(家)가 자리를 잡고 고딕 양식의 성을 짓기 시작하면서 비롯되었다. 16세기에 르네상스 양식으로 개축하면서 둥근 지붕의 탑과 회랑 등이 추가되고, 이후 바로크 시대의 건물들이 일부 추가 되었으나 18세기 이후에 지어진 건물은 거의 없다. 즉, 중세 마을의 특징이 가장 잘 살아 있는 도시로 평가 받고 있는 곳이다. 규모로도 체스키크룸로프 성(城)은 프라하 성(城)에 이어 체코에서 두 번째로 큰 성이다. 성 안에는 영주가 살던 궁전과 예배당, 조폐소, 바로크식 극장과 정원이 재현되어 있어 중세 귀족의 생활상을 느낄 수 있다.

성 안에서 내려다 본 마을 풍경

보헤미아 대영주의 성채 아래에 13세기 중엽부터 조성된 이 도시의 인구는 약 1만 5000명 정도되며, 관광객들의 발길이 끊이지 않는 곳은 고딕·르네상스·바로크식 등 중세풍의 돌집들이 서로 어깨를 맞대고 있는 구시가지이다. 투덕한 돌길을 따라 마을 안으로 들어서면 중앙

광장을 가운데 두고 레스토랑이며 기념품점들이 시위하듯 빙 둘러서 있다. 이 마을 한켠 언덕배기에는 아직도 그 옛날의 소금집이며 얼음집으로 쓰였던 고딕식 건물 유적들이 그대로 남아 있어 옛시절의 영화를 가늠케 해준다.

체스키크룸로프 성

구시가의 중심지는 중세 분위기가 그대로 남아 있는 스보르노스찌 광장으로 주변에 후기 고딕 양식의 성비투스 성당 등 중세, 르네상스 시대의 건축물들이 즐비하다. 체코가 공산 국가였던 시절에는 그저 낙후된 도시에 불과했던 체스키-크룸로프는 1992년 도시 전체가 유네스코의 세계문화유산으로 등록되면서 주목을 받게 되었다. 300여 개 이상의 건축물이 문화 유적으로 등록되었으니 도시 전체가 유적이라 해도 과언이 아니다. 체스키-크룸로프는 다른 중세 도시들처럼 좁고 구불구불한 골목길이 미로처럼 얽혀있다. 차 한대가 간신히 지날 수 있는 이 좁은 길은 아기자기한 수공예품을 파는 상점과 카페들이 가득해 관광객들의 눈을 즐겁게 해준다. 해마다 6월이면 축제가 열리는데, 마을 사람들 절반 이상이 르네상스 시대의 옷을 입고 거리에 나와서 공연을 한다. 체스키크룸로프 성(城) 안에서는 바로크 시대의 악기로 연주하는 음악회나 18세기 귀족들의 가면무도회가 열린다.

스보르노스찌 광장

골목길 카페

(4) 보헤미안의 도시 브라티-슬라바

슬로바키아의 수도 브라티-슬라바는 체코의 수도 프라하에서 버스로 약 4시간 정도 걸리지만, 오스트리아의 수도 비엔나에서는 기차로 1시간 밖에 안 걸리는 지근 거리에 있다.

브라티-슬라바

본래, '브라티-슬라바'(Bratislava)라는 지명은 10세기 경 이 곳을 다스렸던 보헤미아의 왕 '브라츠슬라바'에서 비롯되었다. 모라비아 왕국이 망한 후 이 곳은 오랫동안 오스트리아의 합스부르크가(家)가 지배하였으며, 오스만투르크가 침입했던 1541~1784년에는 헝가리의 수도였었다. 1918년 체코슬로바키아에 편입되었다가 1992년 '벨벳이혼'으로 독립하면서 다시 슬로바키아의 수도가 되었다. '브라티-슬라바'는 독일어로 '프레스부르크(Pressburg)'라 하고 헝가리어로는 '포조니(Pozsony)'라고 부른다. 슬로바키아 남부 도나우강 연안의 하항(河港)에 위치한 브라티-슬라바는 철도의 분기점이며, 예로부터 교통의 요충지였다. 이처럼 브라티-슬라바는 체코, 오스트리아, 헝가리의 한가운데에 놓여 있지만, 체코의 프라하, 오스트리아의 비엔나, 헝가리의 부다페스트와는 사뭇 다른 원초적인 동유럽의 분위기가 느껴진다. 오스트리아 비엔나의 수드반호프역(Südbahnhof, 남역)에서 기차를 타고 오스트리아 동쪽 끝, 마세그역(Marchegg)을 넘어서면, 어느덧 비엔나의 도시향은 사라지고 정겨운 시골 풍경이 나타나기 시작한다. 브라티-슬라바 중앙기차역인 흘라브나 스타니카(hlav nástanica) 또한 소박하고 아담하여 유럽의 어느 외딴 시골역 같은 인상을 자아낸다.

브라티-슬라바 중앙역

브라티-슬라바 중앙역에서 브라티-슬라바 성(城)까지는 도보로도 충분히 걸어갈 수 있는 거리이다. 성루에 오르면 브라티슬라바는 도나우 강(다뉴브 강)을 중심으로 두 가지 모습으로 나뉜다. 한쪽은 창백하고 다른 한쪽은 소담스럽다. 구시가와 신시가에 대한 경계선이 어느 도시보다 명확히 보인다. 구시가지는 헝가리 통치 시절의 고풍스러운 건물과 유적을 고스란히 담고 있다. 다리 건너 신시가는 사회주의식의 황량한 회백색 건물로 채워져 있다. 슬로바키아는 오랜 기간 헝가리의 통치를 받았고, 브라티슬라바에는 200년 넘게 헝가리의 수도가 들어서기도 했다. 체코와 병합돼 체코슬로바키아를 세운 뒤에도 경제 발전은 대부분 체코 중심으로 이루어졌고 전통 농업 국가였던 슬로바키아는 늘 뒷전이었다.

브라티슬라바 도시 지도

브라티슬라바 도시 전경

브라티슬라바 성

브라티슬라바 성(城)은 다뉴브강이 내려다보이는 카르파티아(Carpathian)산 남쪽언덕에 위치해 있다. 이 성(城)은 대모라비아왕국 시대에는 중요한 정치적인 업무를 수행하였으며, 대모라비아왕국 소멸 이후에는 헝가리 정부의 중요 국경요새로 쓰였다. 1811년 완전히 소실되어 폐허가 되었던 브라티슬라바 성(城)은 1953년에 다시 재건되었다.

브라티슬라바 성에서 언덕길을 따라 내려오면 구시가지 관문이라 할 수 있는 미카엘스 탑을 만난다. 14세기에 세워진 이 탑의 아치형 문 바로 위에는 오스트리아 황제의 문장이 새겨져 있다.

브라티슬라바 구시가지 여행은 미카엘스 탑을 기점으로 시작된다. 구시가지의 골목은 중세의 '고도'임을 항변하듯 규칙없는 미로(迷路) 같은 길이다. 미로의 골목길을 따라 가노라면 구시가지의 중심이라 할 수 있는 중앙광장을 만난다.

미카엘스 탑

구시가지 중앙광장

구시청사가 있는 구시가지 중앙광장 주변에는 노천바와 재미있는 거리 조각품들이 즐비하며, 보헤미안의 풍류를 느낄 수 있는 거리의 악사들도 자주 만날 수 있다.

거리의 조각

거리의 악사

성 마틴 대성당

성 마틴 대성당(St. Martin's Cathedral)은 헝가리 왕국의 대관식이 열린 성당으로 1563년~1830년 사이에 11명의 헝가리 왕이 즉위하였으며, 베토벤의 장엄미사곡이 처음 연주된 곳으로도 유명하다. 성 마틴 대성당의 타워는 높이가 85m로 유사시에 마을을 방어하기 위하여 중요한 역할을 수행하였던 곳이였다.

브라티슬라바

4장
오스트리아와 헝가리

오스트리아와 헝가리는 국경을 맞대고 있으면서 한때 오스트리아-헝가리 이중제국의 한나라를 만들었었다. 오스트리아와 헝가리는 동유럽에 속한 주변의 국가들과 같이 슬라브족의 국가가 아니지만 끊임없이 이들과 접촉하며 동유럽 및 슬라브족의 역사에 지대한 영향을 미쳤다. 오스트리아는 유럽 전체로 보면 중앙에 위치하고 있으나 서유럽의 시각에서 보면 유럽의 동쪽 끝에 있어, 10세기 말 '동쪽 나라'라는 의미의 '오스타리히(Ostarrich)' 왕국이 모태가 되었다. 헝가리는 우랄산맥 동쪽에 살던 아시아계 유목 기마민족인 마자르족(말갈족, 흉노족)이 기원이며, '헝가리'라는 국호는 훈족(Hun)의 영토(Gary)라 부른 데서 유래되었다. 한때 유럽을 좌지우지 하였던 합스부르크 제국의 오스트리아, 그리고 강대국의 틈바구니에서 끊임없이 싸우며 건설과 파괴를 반복해 온 마자르족의 후예 헝가리를 탐방하기 위해 다음과 같은 역사-문화 기행을 떠난다.

비엔나 → 부다페스트

오스트리아 --- 헝가리

(1) 오스트리아-헝가리 이중제국

프랑크 왕국의 샤를마뉴 대제의 죽음 이후 프랑크 왕국은 서프랑크(프랑스), 중프랑크(이탈리아), 동프랑크(독일)로 갈라졌으며, 동프랑크의 샤를마뉴 왕조가 후손을 남기지 못하고 죽자 작센 공작이었던 하인리히 1세가 왕위를 잇고 마자르족(헝가리)을 격퇴한 후 아들 오토 1세에게 왕위를 물려준다. 오토 1세 또한 마자르족을 완전히 격파하였으며(이때 마자르족은 헝가리로 돌아가 가톨릭으로 개종한 후 헝가리왕국이 됨), 962년 로마 교황 요한 12세에게 교황령을 되찾아줌으로써 신성로마제국의 황제로 즉위한다. 하지만 신성로마제국은 실제로 존재하는 것이 아닌 명예직으로서 금인칙서에 의하여 투표로 황제(독일왕)를 선출하는 것이였다. 한편, 스위스 스바벤에 위치해 있던 합스부르크

(Habsburg) 가문은 점점 영향력을 확대하여 독일의 유력한 가문으로 떠올랐는데, 대공위 시대(1256~1273)를 거쳐 교황 그레고리우스 1세의 요청으로 열린 신성로마제국 황제를 뽑는 회의에서, 당시 합스부르크 가문의 루돌프 1세가 신성로마제국의 황제로 선출된다. 이후 여러 우여곡절을 겪으며 합스부르크 가문은 신성로마제국의 황제 자리를 이어가며 합스부르크 제국을 이루어 나아갔다. 막시밀리안 1세는 스위스의 독립을 허용하고 프랑스에게 패하는 등 전쟁에서는 신통치 않았지만 결혼동맹을 통해 합스부르크의 판도를 최대한 넓히는데, 헝가리, 스페인과의 결혼동맹을 통해 손자인 카를 5세 때는 독일뿐만 아니라 스페인, 포르투갈, 헝가리 등 유럽의 엄청난 영토를 지배하게 된다. 결혼동맹은 스위스의 조그만 성(城)인 합스부르크(Habsburg)성에서 출발한 합스부르크 가문이 유럽을 좌지우지하는 유럽 최대의 왕조(王朝)로 발전하는데 있어 중요한 수단으로 작용하였다. 그리고 이러한 전통은 훗날 합스부르크 제국의 유명한 여제 마리아 테레지아(1717~1780)에게까지 이어져, 그녀는 16명의 자녀를 낳아 기르며 자녀들 대부분을 프랑스, 에스파냐, 이탈리아의 부르봉가 일족과 정략 결혼시킴으로써 합스부르크가(家)를 지키고 번성시켰다. 특히 막내 딸 마리 앙투아네트(1755~1793)를 막시밀리안 1세 이후 200년 동안 숙적이었던 프랑스 부르봉가의 루이 16세에게 정략 결혼시킴으로써 당시 프로이센의 세력을 견제

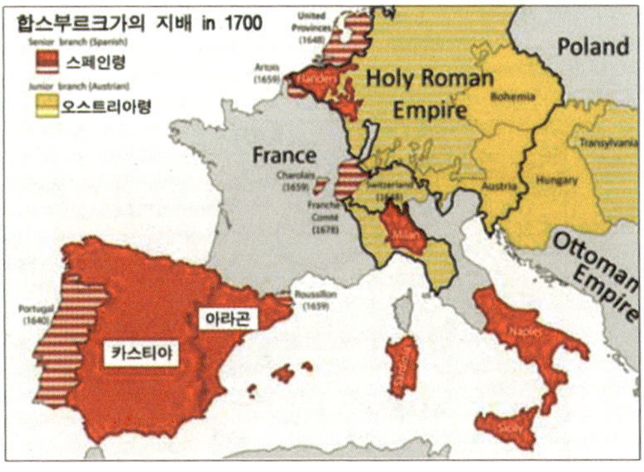

합스부르크 제국의 지배 판도

하였다. 하지만, 훗날 마리 앙투아네트는 프랑스 대혁명(1789년)으로 루이 16세와 함께 단두대의 이슬로 사라지는 비운을 맞는다.

합스부르크가의 카를 6세가 아들 없이 죽자 제국의 오스트리아령을 승계한 마리아 테레지아(재위: 1740~1780)는 곧이어 오스트리아 왕위 계승 전쟁(1740~1748)에 휘말린다. 오스트리아 왕위 계승전쟁은 오스트리아 합스부르크 왕실의 황제 카를 6세가 여자 상속제를 정하여 그의 장녀 마리아 테레지아에게 왕위를 넘기자 그녀의 왕위 계승에 반대한 바이에른, 에스파냐, 작센과 반(反) 오스트리아 세력인 프로이센, 프랑스가 동맹을 맺고 벌인 전쟁이였다. 먼저 프로이센의 프리드리히 2세는 마리아 테레지아가 상속권이 없는 여자임을 트집잡아 슐레지엔을 점령하였으며 이에 프랑스와 에스파냐가 합세하였다. 한때 마리아 테레지아의 결혼상대 물망에 오르기도 하였던 프리드리히 2세는 카를 6세의 국사 조칙을 파기하고 선전포고도 없이 1740년 슐레지엔을 공격하였으며, 잘 훈련된 프로이센 군대에 맞서 오스트리아는 고전에 고전을 거듭하다 결국 슐레지엔을 잃게 되고 만다. 곤경에 빠진 마리아 테레지아는 영국의 지원을 받아 반격에 나섰으나 결국 아헨조약으로 프로이센의 슐레지엔 영유권을 인정할 수 밖에 없었다.

슐레지엔

슐레지엔(실레지아: Silesia)은 현재 폴란드 서남부와 체코 동북부 (프로이센 시대의 독일 동부 일부 포함)에 걸친 지역의 역사적 명칭이다. 오데르 강 중부와 북부 유역 및 주데텐 산맥을 따라 위치하며, 이 곳에서 가장 큰 도시는 브로츠와프이다. 여러 민족이 뒤섞여 살았고, 석탄, 철광, 니켈, 구리, 납, 암염 등의 자원이 풍부하여 이 지역의 귀속을 두고 예로부터 다툼이 잦았다. 14세기에 신성로마제국 내 보헤미아의 통치를 받던 이 슐레지엔 지역을 1526년부터는 오스트리아 합스부르크 왕조가 지배하여 왔던 것이다. 결국 오스트리아 왕위계승전쟁(1742년)의 결과로 슐레지엔의 대부분은 프로이센 왕국의 소유로 넘어갔다.

하지만, 슐레지엔을 다시 회복하려는 마리아 테레지아는 프로이센의 팽창을 두려워하는 프랑스, 러시아와 동맹을 맺어 프로이센을 공격함으로써 7년 전쟁(1756-1763)이 발생한다. 7년 전쟁은 오스트리아 왕위세승 선쟁 때와는 정반대로 영국이 프로이센을, 프랑스가 오스트리아를 지원하는 '외교혁명'이 일어난 전쟁이였다. 특히 영국과 프랑스는 해외 식민지를 놓고 치열하게 대립하였는데 7년 전쟁의 결과 프로이센은 슐레지엔의 영유권을 확정지었으며, 영국은 북아메리카의 프랑스 식민지를 획득하고 인도의 뱅골지방을 장악하였다.

한편, 오토 1세에게 패한 마자르족은 헝가리로 돌아가 헝가리왕국을 세우게 되는데, 특히 이슈트반 1세(재위 997~1038)는 서유럽 국가들처럼 그리스도교를 받아들이고 행정조직을 정비하여 거의 완전한 국가적 통일을 실현시켰다. 헝가리 건국의 상징인 이슈트반 1세가 헝가리 국가를 수립하는데 있어서 기독교는 매우 중요한 역할을 하였다. 즉, 서유럽 국가들에서 보면 동방에서 온 낯설고 두려운 민족(마자르족)이 그들의 종교를 버리고 자신들과 같은 기독교를 받아들이니 여간 다행한 일이 아니었으며 크게 안도하였던 것이다. 당시 로마 교황청은 기독교를 받아들인 대가로 헝가리 왕국을 인정하였으며 이슈트반에게 왕관을 하사하고 그를 성인(성 스테판)으로 봉축하였다. 오늘날 헝가리의 수도 부다페스트에서 가장 큰 성당의 이름은 성 이슈트반 성당이며, 헝가리 건국의 상징인 성 이슈트반을 기리기 위하여 1851년부터 50년간 성당이 지어졌다. 특이하게 성당 제단에는 예수님이 아닌 이슈트반 상(像)이 모셔져 있으며, 그의 오른손은 미라로 만들어져 오늘날까지 보존되고 있다. 하지만, 헝가리는 13세기에 바투(Batu)를 선도로 한 몽고 정복군의 침공을 받아 국토의 전역이 황폐해졌다. 즉, 아시아계 민족인 마자르족이 유럽에 세운 나라를 같은 아시아계인 몽고족이 쫓아와서 쑥대밭으로 만들어버린 역사의 아이러니라 아니 할 수 없다. 많은 사람들이 몽골군에게 학살당하고 노예로 끌려가 인구의 1/3가량이 사라졌으며 살아남은 사람들도 대부분 주거지를 잃고 난민으로 전락하고 말았다. 그러나 잿더미 위에서도 헝가리 국민들은 끈질긴 민족정신으로 나라를 조금씩 재건하기 시작하였으며, 14세기~15세기에는 중부유럽의 강대국으로 성장하여 르네상스 문화를 꽃피웠다. 특히 15세기 계몽군주인 마티아스 후녀디 왕 때는 폴란드, 루마니아 등 주변국에까지 영향력을 확대하는 중부유럽의 강대국으로 부상하였다.

그러나 이번에도 아시아계가 문제였다. 콘스탄티노플을 점령하고 비잔틴 제국을 완전히 무너뜨린 서아시아의 오스만 제국이 베오그라드 요새를 넘어 대평원을 따라 손쉽게 헝가리까지 진격해 온 것이다. 1526년 부다페스트에서 약 200km 떨어진 모하치에서 러요시 2세가 지휘하던 헝가리 왕국군은 오스만 제국의 술탄 슐레이만 대제(Suleiman I, 재위 1520~1566)가 이끄는 오스만 제국군에게 완패 당한다.

모하치 전투

모하치 전투(1526)는 헝가리는 물론 유럽의 전체 판도를 뒤흔드는 일대의 전쟁이였다. 만일 이 때 모하치에 이어 비엔나까지 함락되었더라면 아마도 오늘날의 유럽은 이슬람의 세계가 되었을지도 모를 일이나. 모하치 전투에서 헝가리의 왕 러요시 2세(Lajos II)가 전사함으로써 헝가리 왕국의 야기에우오 왕조는 종결되었으며, 단절된 왕권은 러요시 2세의 여동생이 시집을 간 합스부르크 왕조가 헝가리 왕권을 주장하면서 합스부르크 군주국으로 넘어갔다. 이로써 헝가리는 국토의 대부분이 오스만 제국의 지배 하에 들어가고 나머지 일부분만이 남아 트란실바니아 공국의 영토에 흡수되었다. 이로써 헝가리는 1526년 모하치 전투에서 대패 당한 후 수도 부다페스트가 오스만군에 의해 점령 당하였으며, 그 후 1686년까지 약 150여년 동안 이교도 오스만 제국의 지배를 받아야 했다. 오늘날 헝가리에 터키식 온천문화가 발달해 있는 것도 당시 오스만의 영향을 받았기 때문이다.

그 후 헝가리를 지배하던 오스만 제국은 헝가리를 발판삼아 재차 오스트리아 공략에 나선다. 하지만 오스만군은 오스트리아의 수도 비엔나 앞에서 심한 추위와 보급품 부족으로 후퇴하였고 마침내 헝가리 땅에서 치열한 접전을 벌였다. 결국 헝가리의 서쪽은 합스부르크가 남쪽은 오스만이 통치하는 분할 점령의 비극을 맞게 된다. 하는 수 없이 헝가리 국민들은 오스트리아-합스부르크 제국과 오스만 제국의 양 강대국 사이에서 겨우 남은 동부의 트란실바니아 지역에 모여 힘겨운 독립을 유지해 나아갔다. 하지만 전열을 가다듬은 오스만 제국은 다시 헝가리 땅을 발판으로 오스트리아 공략에 나섬으로써 헝가리 땅은 다시 한 번 전쟁터로 변하였다. 1686년 오스트리아 공략에서 기독교 연합군에 밀린 오스만 군대가 더 남쪽으로 후퇴하면서 마침내 헝가리는 150여년 동안의 이슬람 지배에서 겨우 벗어날 수 있었다. 그러나 이슬람 군대가 물러간 자리에 이번에는 오스트리아 군대가 나타나 헝가리 국민들을 억압하기 시작하였다. 이 때 오스트리아는 헝가리 왕궁과 국민들을 감시하기 위하여 부다페스트의 겔레르트 언덕 위에 치타델라 요새를 만들어 헝가리 국민들의 일거수일투족을 관찰하며 경계하였다. 겔레르트 언덕은 헝가리 기독교의 상징이라 할 수 있다. 겔레르트 주교는 교황청이 있는 이탈리아 출신으로 당시 이슈트반 왕을 도와 헝가리에 기독교를 전파하는 데 큰 공을 세웠다. 하지만 이슈트반 왕이 죽자 그리스도교 확산에 반대해 폭동을 일으킨 무속인들이 겔레르트 주교를 못이 촘촘히 박힌 둥근 통 속에 넣어 언덕 위에서 강쪽으로 굴려버렸다. 훗날 사람들은 그의 순교를 기리기 위해 부다페스트 시내가 한눈에 내려다 보이는 이 언덕을 가리켜 '겔레르트 언덕'이라 명명(命名)하였으며, 지금도 두나(다뉴브, 도나우)강이 내려다 보이는 겔레르트 언덕의 중턱에는 한 손에 십자가를 높이 쳐들고 있는 겔레르트의 조각상이 세워져 있다.

겔레르트 언덕의 겔레르트 석상

이처럼 헝가리에는 오스만 군대가 물러간 자리에 오스트리아 군대가 진주하였으며, 오스트리아 합스부르크가는 헝가리의 수도 부다페스트에서 가장 높은 겔레르트 언덕 위에 치타델라 요새를 건설하여 헝가리 왕궁과 부타페스트 시민들의 일거수일투족을 감시하고 경계하였던 것이다.

이와 같은 감시 속에서 헝가리 국민들은 합스부르크가의 지배를 벗어나 있던 트란실바니아 지방을 중심으로 독립운동의 싹을 키워 나아갔다. 17세기 말 합스부르크가는 헝가리 전역에 대하여 경제적, 종교적 압박을 가하였으며, 그 결과 트란실바니아의 라코치 페렌츠 2세를

치타델라 요새

요새에서 내려다 본 부다왕궁

중심으로 대규모 민족반란(1703~1711)이 일어났다. 하지만 반란이 실패함으로써 오스트리아의 헝가리 지배체제는 일단 확립되었으나, 다시 19세기에 들어와 헝가리 독립의 기운은 점차 고조되었으며, 마침내 1848~1849년 독립전쟁 시기에 이르러 그 정점에 도달하였다. 독립전쟁 당시 코슈트를 지도자로 하는 헝가리측은 국민군을 조직하여 오스트리아군에 항전하였으나 러시아군의 개입으로 항복하였고 코슈트는 국외로 망명해 버렸다. 독립전쟁 후 헝가리는 한때 오스트리아의 군정(軍政)에 더욱 더 시달렸으나, 마침내 1867년 오스트리아-헝가리 화약(和約)이 성립됨으로써 오스트리아-헝가리 이중제국(二重帝國)의 일원이 되어 정치적 안정을 획득하게 되었다.

이처럼 오스트리아-헝가리 이중제국이 성립될 수 있었던 것은 그동안 오스트리아 합스부르크가의 세력이 약화되었기 때문이였다. 즉, 프로이센과의 계속된 전쟁에서 패함으로써 힘이 빠진 오스트리아는 헝가리의 줄기찬 독립운동을 제압할 여력이 없어지자, 마침내 1867년 명목상 헝가리의 왕권은 계속 유지하되 내정에는 간섭하지 않는 역사상 유례없는 '오스트리아-헝가리 이중제국'(1867년~1918년)을 탄생시킨 것이다. 오스트리아는 헝가리에 대한 왕권을 유지하는 명분을, 반면 헝가리는 실질적인 독립을 얻는 실리를 챙긴 기묘한 형태의 이러한 '이중제국'은 제1차 세계대전 후 헝가리가 오스트리아에서 독립할 때까지 50년 넘게 지속되었다.

제1차 세계대전(1914년)에서 헝가리는 오스트리아-헝가리 이중제국에 묶여 오스트리아 편으로 참전하였다. 하지만 오스트리아가 전쟁에 패하고 합스부르크 왕조가 붕괴됨으로써 헝가리는 마침내 독립을 이루게 된다. 그러나 그것도 잠시, 소련혁명의 영향을 받은 사회주의 세력과 자본가 세력이 충돌함으로써 나라는 다시 혼란에 빠진다. 혼란의 와중에 헝가리에 강력한 영향을 미치던 오스트리아와 독일 동맹이 제2차 세계대전(1939년)을 일으키자 이번에도 헝가리는 오스트리아-독일 동맹 편으로 참전하게 된다. 하지만 전쟁에서 패함으로써 헝가리는 어느 패전국보다 더 힘든 시기를 겪어야 했다. 도시들은 폐허가 되고 전체 인구의 1/4인 300만명이 고향을 떠나 다른 나라로 이주해야 했으며, GDP의 65%에 해당하는 막대한 금액을 전쟁 배상금으로 내놓아야 했다. 그리고 곧이어 제2차 세계대전 승전국인 소련 군대가 헝가리에 진주함으로써 공산당 독재체제가 수립되고 반체제 인사들을 숙청하는 공포정치가 시작되었다. 즉, 오스트리아 군대가 떠난 자리에 이번에는 소련군대가 진주한 것이다. 이로써 헝가리의 기구한 운명은 항상 이민족의 말발굽 아래 짓밟혀 왔다. 나라를 세우자 몽골 군대가 쳐들어와 전(全)국토를 쑥대밭으로 만들었고, 몽골의 말발굽에서 벗어나기가 무섭게 이번에는 오스만 제국의 이교도 세력이 쳐들어와 국토를 유린하였으며, 오스만군이 물러난 후에는 같은 기독교 국가라고 철썩같이 믿었던 오스트리아 군대가 진격해와 감시하며 억압하였고, 얼떨결에 참전한 두 차례의 세계대전에서 모두 패함으로써 경제는 거덜나고 이제는 소련의 붉은 군대가 진주해 통치하니 참으로 모질고 기구한 헝가리의 운명인 것이다.

하지만, 소련군과 헝가리 공산당 독재 체제 속에서도 마자르족의 후예들은 굴하지 않았다. 1956년 10월 부다페스트를 비롯한 헝가리 전역에서 반공산, 반소련 시민봉기가 대학생들을 중심으로 전개된 것이다. 일부 군인들까지 저항운동에 합세하자 헝가리 공산당은 계엄령을 선포하였으며 탱크를 앞세운 소련군은 시민들에게 총격을 가하는 등 무자비하게 시위대를 진압하였다. 2주간 계속된 시위로 수만 명의 시민이 죽임을 당하고 20만 명 이상이 조국 헝가리를 떠나 망명길에 올랐다. 비록 1956년의 헝가리 자유화 시위는 큰 상처를 남겼지만 소련과 공산당 독재에 시달리던 동유럽 지역의 자유화와 민주화의 열망을 전 세계에 최초로 알린 '부다페스트의 봄'(1956년)으로 기록되고 있으며, 후에 이웃한 체코의 '프라하의 봄'(1968년)에도 영향을 주었다. 1989년 헝가리는 소련의 위성국가로는 처음으로 공산주의 노선을 폐기하고 자본주의 길을 선택하였으며, 오스트리아와의 국경선을 개방하여 동독 사람들이 자유롭게 서유럽으로 탈출할 수 있게 함으로써 독일이 통일하는 데에도 크게 기여하였다.

(2) 합스부르크 가(家)의 비엔나

비엔나(비인, 빈)는 수백년 동안 **합스부르크 대제국**의 수도였으며 지리적 이점 때문에 정치의 중심지를 이루었다. 영어로는 **비엔나**(Vienna), 체코어로는 비덴(Videň), 헝가리어로는 베치(Becs)라고도 부른다. 도나우강(江) 상류 우안에 있는 유럽의 고도(古都)로서, 지금도 중부 유럽에서 경제·문화·교통의 중심지를 이룬다. 중부 유럽을 동서 방향으로 달리면서 민족·기후·식생 등의 경계를 이루는 알프스 카르파티아 산맥을 관류하는 도나우 강변에 자리잡고 있다. 음악 팬이라면 다른 어느 곳보다도 먼저 빈(Wien)을 찾게 된다. 이 도시에서 천재 음악가 **모차르트**(Mozart, 1756년~1791년)가 배출되었으며, 또한 악성 **베에토벤**(Beethoven, 1770~1827)이 생애 대부분을 보냈고, 가곡의 왕 **슈베르트**(Schubert, 1797~1828)가 태어났으며, **요한 슈트리우스**(Johann Strauss, 1825~1899)는 감미로운 빈의 왈츠를 작곡했다.

비엔나는 BC500년에 켈트 족이 정착하면서 형성된 도시로서 1440년 합스부르크(Habsburg)왕가가 들어오면서 정치, 문화, 예술, 과학과 음악의 중심지가 되었으며, 사실상 신성 로마 제국의 수도로 자리매김했다. 1805년 오스트리아 제국의 수도가 되었고, 제2차 세계대전 이후 미국, 영국, 프랑스, 소련의 신탁통치를 받으며 수도로서의 기능을 한때 독일 베를린에 넘겨주었다가 1954년 독립하면서 다시 수도가 되었다. 비엔나 시내로 들어서면 빈의 전성기를 보여주는 소박한 스타일의 건물들을 어디에서나 볼 수 있다. 이 건물들은 주로 **마리아 테레지아** 여제가 좋아했던 황색으로, 특히 안개 낀 석양에는 그녀의 '황색'이 꿈속에 떠오를 듯 여수(旅愁)를 느끼게 한다. 합스부르크 왕조 시절 **오스트리아-헝가리 제국**으로 유럽에 군림하였던 전성기의 영광은 빈 거리와 사람들 마음 속에 여전히 남아 있다. 오스트리아에서 가장 훌륭한 고딕 양식의 건축물로 꼽히는 슈테판 대성당(Stephansdom)과 합스부르크 왕가의 여름 별궁으로 사용되었던 쇤부른 궁전(Schonbrunn)을 비롯하여 벨베데레 궁전, 호프부르그 궁전 등이 합스부르크 가(家)의 영광을 노래한다.

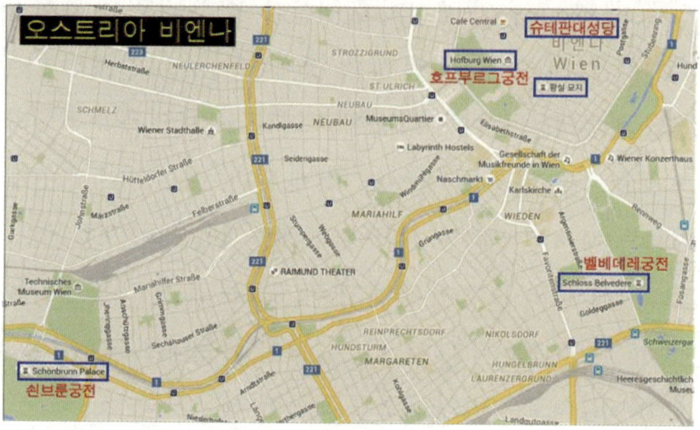

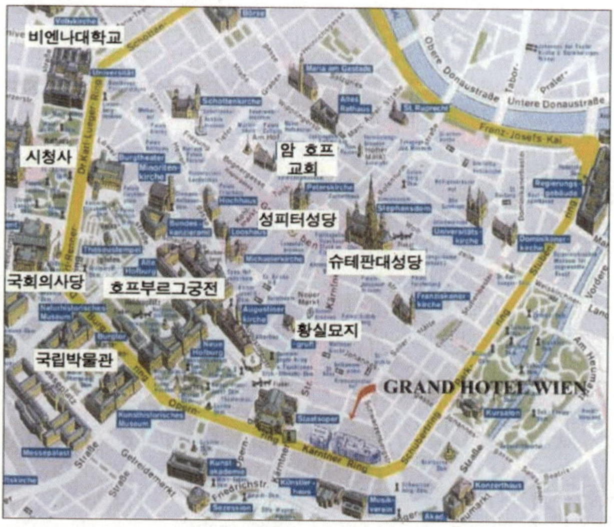

슈테판 대성당

비엔나는 링(Ring) 모양의 도로가 도시 중앙을 에워싼 형태의 환선형 도시로서, 도시 한 가운데에는 비엔나 관광의 중심이자 오스트리아 최대의 고딕양식 건물로서 유명한 슈테판대성당이 우뚝 솟아 있다.

슈테판대성당은 옛 건물이 가득 들어찬 구시가지의 중심부에 있으며, '빈의 혼(魂)'이라 부를 정도로 빈의 상징으로 꼽힌다. 1147년 로마네스크 양식으로 건설을 시작하였고, 1258년 빈을 휩쓸었던 대화재로 전소되었다가 1263년 보헤미아 왕에 의해 재건되었다. 1359년에 합스부르크 왕가가 로마네스크 양식의 성당을 헐어버리고 고딕 양식으로 개축하였고, 1683년에는 터키군, 1945년에는 독일군에 의해 많이 파괴되었으나, 전쟁이 끝난 후 복구를 시작하여 대부분의 옛 모습을 되찾았다. 성당 이름은 그리스도교 역사상 최초의 순교자로 기록된 성인(聖人) 슈테판에서 딴 것이다. 건물의 길이가 107m, 천정 높이가 39m에 이르는 거대한 사원으로서, 높이 137m에 달하는 첨탑과 25만 개의 청색과 금색 벽돌로 만든 화려한 모자이크 지붕이 눈에 띈다. 보헤미아 왕이 세웠던 '거인의 문'과 '이교도의 탑'도 그대로 남아 있다. 특히,

지하에는 1450년에 만든 지하유골 안치소 카타콤이 있는데, 페스트로 죽은 사람의 유골 약 2,000구와 합스부르크 왕가 황제들의 유해 가운데 심장 등의 내장을 담은 항아리 및 백골이 쌓여 있다. 모차르트의 결혼식(1782)과 장례식(1791)이 치러진 곳이며, 빈 시민들은 매년 12월 31일 슈테판대성당 광장에 모여 새해를 맞는다.

슈테판대성당 근처에는 2번째로 오래된 성당으로 1733년에 완공된 성 피터 성당이 눈에 뜨인다. 바티칸의 성 베드로 성당을 보고 영감을 받아 만들어졌다는 말에 걸맞게 외부와 달리 내부는 화려하며 중후하다.

성 피터 성당

호프부르그 궁전은 약 650년의 역사를 지닌 합스부르크 왕가의 왕족들이 1918년까지 거주하였던 곳으로 구왕궁과 신왕궁으로 이루어져 있다. 1220년경에 세워진 이래 여러 군주들이 새로운 건물들을 차례로 증축하면서 다양한 건축 양식의 집합체가 되었다. 13세기에 건축되었던 구 왕궁은 이후 증축과 개축을 거쳐 16세기에 페르디난트 1세가 르네상스 양식의 건축물로 완성했다. 구왕궁에는 황제의 아파트, 궁정 은식기 컬렉션, 왕실 보물관, 왕궁 예배당 등이 있으며, 네오바로크 양식의 건물인 신왕궁에는 국립 도서관, 스페인 승마학교 및 여러 박물관들이 있다.

호프부르그 궁전

슈테판대성당에서 얼마 떨어지지 않은 곳에 역대 합스부르크 왕가의 왕족들이 묻혀있는 황실묘지(Kaisergruft)가 있다. 황실묘지는 1618년에 설립되어 1633년부터 합스부르크 가문의 시체를 매장하는 전용 상소 역할을 담당하기 시작하였다. 현재 황실묘지는 빈의 관광 명소 중의 하나로서, 한때 전유럽을 좌지우지 하였던 마리아 테레지아를 비롯하여 제1차 세계대전을 일으킨 프란츠 요세프 등의 무덤이 안치되어 있다.

황실묘지

오스트리아의 쇤브룬(Schöhbrunn) 궁전은 비엔나 도시 외곽에 위치해 있다. 전철 U4호선을 타고 쇤브룬역에서 하차하면 도보로 약 5분 10분 거리에 있다. 합스부르크 왕가의 여름 별궁으로 황제가 수렵을 할 때 임시로 쓰던 궁이 있던 자리에 지어진 쇤브룬 궁전은 약 1천 400 개의 방이 있을 정도로 규모가 크며 웅장하고 화려하다.

쇤브룬 궁전

궁전 내부로 들어가면 1천 400개의 방들 가운데 공개가 허용된 몇 십 개의 방만을 관람 할 수 있다. 방들은 하나하나가 화려하고 우아하며 로코코 양식으로 꾸며져 있다. 한편, 궁전 외부 뒤편에는 잘 가꾸어진 드넓은 정원이 펼쳐져 있으며, 정원에는 철따라 여러 가지 꽃들이 만발하게 피어있다.

비엔나의 도시 외곽에는 또 하나의 유명한 궁전으로 벨베데레(Belvedere) 궁전이 있다. 바로크양식의 아름다운 벨베데레 궁전은 빈의 유력자 오이겐 사보이(Savoyen) 공작이 여름 별궁으로 사용하던 것을 공이 사망한 후 합스부르크가에서 매입해 증축하고 미술 수집품을 보관하기 시작하였다. 1716년 별궁인 하궁(Unteres Belvedere)을 세웠으며, 1723년에 연회장으로 사용하기 위해 상궁(Oberes Belvedere)이 지어졌다. 훗날 사라예보에서 암살당하는 황태자 프란츠 페르디난트가 살았던 곳이기도 하다. 오스트리아 바로크 건축의 거장 힐데브란트(Hildebrandt)가 설계한 아름다운 벨베데레 궁전은 바로크 건축물로서 세계문화유산으로 지정되었다. 벨베데레란 '아름다운 전망'이라는 뜻으로서, 그 이름대로 상궁에서 바라다보이는 빈의 도시 풍경은 매우 아름답다.

벨베데레 궁전

오스트리아의 비엔나 관광 후에 빼놓을 수 없는 두 곳을 택한다면 잘츠부르크와 인스부르크 두 도시를 선택한다.

빈 → 잘츠부르크 → 인스부르크

잘츠부르그는 비엔나에서 기차로 약 3~4시간 거리에 위치해 있다. 로마시대에 생긴 도시로서 8세기에 주교청이 설치된 후 교회령이 되어 가톨릭 주교가 통치하였으며 가톨릭문화의 중심지로 발전하였다. 제2차 세계대전 중에는 폭격으로 많은 건물들이 파괴되었지만 교회와 궁전 등 바로크 건축의 작품들이 많이 보존되어 있어 '북쪽의 로마'라고 부른다. 잘츠부르그의 지명(地名)은 '소금(Salz)의 성(burg)', 즉 '소금의 산'이라는 뜻으로서, 이름 그대로 예로부터 소금 산지로 유명하며, 지금도 이곳의 소금이 전국에 공급되고 있다. 이처럼 소금광산으로 부(富)를 축적했고 그 경제력을 자양분 삼아 예술혼을 꽃피워 냈다. 거리에서 만나는 자취는 흔히 떠올리는 광산지대의 모습과는 거리가 멀다. 특히, 천재 음악가 모차르트가 태어난 곳으로 유명하다.

잘츠부르크는 모차르트의 출생지로서 1920년부터 해마다 여름(7월~8월)이면 '잘츠부르크 음악축제'가 성대하게 개최된다. 매년 여름 5~6주 동안 펼쳐지는 잘츠부르크 페스티벌은 세계적으로 유명한 오케스트라와 지휘자, 연주자, 성악가들이 모여 연극, 오페라, 관현악, 실내악 공연을 펼쳐 보이는 종합예술 축제이다. 축제기간 동안 대축제극장, 대성당 앞 광장, 모차르트 하우스, 그리고 암벽을 파서 만든 공연장 펠젠라이트슐레(Felsenreitschule) 등 잘츠부르그 시내 전역에서 200여회의 크고 작은 음악회가 계속 열린다. 특히, 펠젠라이트슐레는 영화 '사운드 오브 뮤직'에서 합창공연이 열린 곳으로 유명하다.

모차르트 생가

잘츠부르그 대성당 앞 공연

암벽 공연장 펠젠라이트슐레

이처럼 잘츠부르크는 모차르트의 생가 외에도 바로크 건축 양식의 아름다움을 잘 보여주는 잘츠부르크 대성당과 잘츠부르크 성이 있으며, 특히 영화 '사운드 오브 뮤직'의 배경으로 잘 알려진 미라벨 정원(Mirabell Garden) 등 볼 거리가 많은 도시로 유명하다.

잘츠부르그 관광 지도

미라벨 궁전은 1606년 당시의 대주교가 사랑하는 여인 살로메를 위해 지었으며, 정원은 1690년 바로크 양식으로 조성되었다. 미라벨 정원은 전체적인 조화를 중시하여 조성되었으며, 분수와 연못, 대리석 조각물과 많은 꽃들로 잘 장식되어 있다. 특히, 영화《사운드 오브 뮤직(Sound of Music)》에서 여주인공 마리아가 아이들과 함께 '도레미 송'을 불렀던 곳으로 널리 알려졌으며, 멀리 보이는 호엔잘츠부르그성(城)의 모습은 매우 아름답다.

미라벨 정원

미라벨 정원에서 멀리 보이는 호엔잘츠부르그성은 잘츠부르그의 상징인 곳으로 구시가 남쪽, 묀히스베르크 언덕 위에 위치해 있다. 구시가에서 가장 높은 곳에 있는 성이기 때문에 구시가 어디에서든 보이는 요새이다. 1077년 건축된 철옹성으로 당시 신성로마제국 황제와 로마 교황 사이에 주교 서임권 투쟁(1075~1122년)을 벌이던 시기에, 잘츠부르그 대주교가 남부 독일의 침략에 대비하기 위해 세운 곳이다. 유럽에서 규모가 가장 큰 성으로 알려져 있으며 매우 견고하게 지어진 덕분에 한 번도 점령당하지 않아 지금도 원형 그대로의 모습을 지니고 있다. 당시 대주교들이 기거하던 황금의 방과 의식의 방, 중세 고문기구가 전시되어 있는 방, 200개의 파이프 소리가 엄청나 '잘츠부르그의 불'이라 부르는 오르간 등 볼거리가 많다. 성의 전망대에서는 돔 광장과 잘자흐 강 등 잘츠부르그 시내를 한눈에 내려다볼 수 있다. 성에서 내려오는 길에는 논베르크 수도원을 만날 수 있다. 714년에 세워진 독일권에서 가장 오래된

호엔잘츠부르그성

수녀원으로서 특히, 영화 '사운드 오브 뮤직'에서 마리아가 수녀 생활을 했던 곳으로도 유명하다.

잘츠부르그는 영화 '사운드 오브 뮤직'으로 더욱 더 잘 알려졌다. 앞서 살펴 보았듯이 영화에 나오는 미라벨 정원, 펠젠라이트슐레 공연장, 논베르크 수도원 등이 있으며, 트랩대령 일가가 숨었던 장크트 피터 교회(성 베드로 교회)의 묘지는 잘츠부르그성으로 올라가는 등산 케이블카(후니쿨라) 근처에 있다. 또한 도레미 송을 연습한 몽크스 산의 계단은 그리이스 거리(Griesgasse) 서쪽에서 엘리베이터를 타고 올라가는 곳에 있으며, 도레미 송의 마지막 부분은 미라벨 정원 계단에서 부른 것으로 나온다. 시내를 빠져나가면 트랩대령의 저택이 있는 성(城)이 있고, 마리아와 대령이 결혼식을 올렸던 교회는 몬트제(Mondsee)에 있는 성당이다.

살츠부르그에서 인스브루크(Innsbruck)까지는 기차로 약 1시간 반에서 2시간 가량 걸리는 거리이다. 인스브루크로 다가갈수록 기차 차장 밖으로 펼쳐지는 알프스의 비경은 참으로 아름답다.

인스브루크(Innsbruck)는 오스트리아 서부 티롤주(州)의 주도(州都)로서 해발 574m 높이에 형성되었으며, 잘츠부르그(Salzburg)에서 남서쪽으로 140km정도 떨어져 있다. 원래 인스브루크라는 이름은 인(Inn)

호엔잘츠부르그성

강과 다리(Brucke)라는 뜻의 독일어를 합친 단어에서 유래한 것으로, 인강((Inn river)위에 있는 다리라는 뜻을 지니고 있다. 로마시대부터 동부 알프스의 교통요지로서 발전하였으며, 유럽에서 알프스 산맥에 있는 도시 가운데 가장 큰 도시이다.

인스브루크 — 황금지붕

인스브루크 관광의 중심에는 황금지붕이 있다. 황금지붕은 황제 막시밀리안 1세가 거했던 거처로서, 황제는 황금지붕의 발코니에 나와 아래 광장에서 개최되는 행사를 구경하였다. 1500년에 지어진 '황금지붕'(Goldenes Dachl)은 인스브루크에서 가장 유명한 건축물로 건물 전면에 나와 있는 발코니의 지붕이 모두 금으로 덮혀있는 독특한 건물이다. 결혼정책으로 합스부르크가를 제국으로 성장시킨 막시밀리안 1세의 묘는 이 곳 호프킬헤교회에 있다. 막시밀리안 황제 못지않게 인스브루크와 관련깊은 황제는 마리아 테레지아이다. 실제 그녀는 황제는 아니였지만 자신의 남편 프란츠 슈테판을 제위에 올리고 약 40년간(재위 1740~1780)이나 제국을 실질적으로 통치하였다. 그동안 그녀는 16명이나 되는 자녀를 낳아 결혼시킴으로써 합스부르크 왕가의 세력을 공고히 하였다.

인스브루크 — 개선문

개선문(Triumphpforte)은 인스브루크에서 가장 번화한 쇼핑 거리인 마리아 테레지아 거리의 남쪽 끝에 위치하고 있다. 마리아 테레지아(Maria Theresia) 여왕은 1756년 훗날 오스트리아의 황제가 된 자신의 둘째 아들 레오폴드 2세(Leopold II)와 스페인 공주 마리아 루이자(Maria Louisa)의 결혼을 축하하기 위해 이 개선문을 짓도록 명령했다. 하지만 불행하게도 두 사람의 결혼식이 열리던 날, 남편 프란츠 황제가 갑작스러운 죽음을 맞이하게 된다. 그래서 마리아 테레지아 여왕은 이 개선문을 아들의 결혼 축하와 남편의 죽음을 애도하는 두 가지 의미를 담아 건축하도록 다시 명령하였다. 그래서 개선문의 남쪽 부분의 조각은 기쁨을 의미하며, 북쪽 부분은 슬픔을 의미하게 되었다. 개선문은 산으로 둘러 싸인 주변 경관과 어우러져 웅장하면서도 조화로운 매력을 느낄 수 있다. 한편, 인스브루크는 1964년과 1976년에 각각 동계올림픽이 개최된 도시로도 유명하다.

마리아 테레지아 거리

인스브루크 동계올림픽

(3) 다뉴브 강의 진주 부다페스트

부다페스트는 헝가리 평야의 북서부, 다뉴브강 양안(兩岸)에 걸쳐 있으며, 우안의 **부다**와 좌안의 **페스트**로 이루어져 있다. **부다**는 대지(臺地) 위에 자리하며, 왕궁(王宮)의 언덕, 겔레르트 언덕 등이 강기슭 근처까지 뻗어 있고, 역사적인 건축물이 많다. **페스트**는 저지(低地)에 자리한 상업지역으로, 주변지구에 공장과 집단주택이 들어서 있다. 14세기경부터 **부다**는 헝가리의 수도가 되고, **페스트**도 상업의 중심지로 발전하였다. 1872년 부다와 페스트는 합병하여 오늘날에 이른다.

부다페스트 관광지도

위의 지도에서 보듯이 부다페스트는 다뉴브강이 부다와 페스트를 나누고 있으며, 가운데 세체니 다리가 두 지역을 이어주고 있다. 예전에는 언덕쪽 전망 좋은 부다 지역에 왕족과 귀족이 살았고, 강 건너편 낮은 평지인 페스트 지역에는 서민들이 살았다. 두 지역은 서로 단절된 채 수백 년을 따로따로 지내왔다. 강폭이 불과 300~400m로 상대 지역이 바로 보이는데도 누구 하나 나서서 다리를 놓으려 하지 않았다. 부다 지역의 귀족들은 가난한 페스트 지역 사람들과 섞이기 싫었고, 페스트 지역 사람들은 돈이 없었다. 그래서 오직 작은 돛단배만이 두 지역을 연결하는 유일한 교통수단이였다. 한번은 부다 지역에 사는 귀족 중의 귀족 세체니 백작이 강 건너에 있는 자신의 영지를 방문했다가 아버지의 사망소식을 듣고 급히 돌아오려는데 갑작스런 기상악화로 강을 건너지 못하게 되었다. 계속되는 비바람으로 8일이나 배가 뜨지 못한 것이다. 크게 상심한 세체니 백작은 어떤 일이 있더라도 다리를 놓아야겠다는 결심을 하게 된다. 자신이 먼저 거금을 내놓고 국민모금운동을 전개하였으며 국채도 발행되었다. 1849년 다리가 완공되어 마침내 부다와 페스트 지역은 '부다페스트'로 통합되었으며, 다리는 백작의 이름을 따서 '세체니 다리'로 명명되었다.

세체니 다리

세체니 다리는 제2차 세계대전 중 독일군에 의해 폭파되었으나 다리를 만든 지 100년이 되던 1949년에 맞추어 다시 개통되었다. 부다페스트에 있는 8개의 다리 중 가장 아름다운 다리로 '사슬교'라고도 불리우며, 다리의 야경이 특히 아름다운 것으로 유명하다.

세체니 다리를 건너면 언덕 위에 높다란히 보이는 고색찬란한 건물들이 바로 부다왕궁이다. 왕궁은 13세기 몽고 침입 이후에 방어를 위하여 높이 솟은 부다의 언덕 위에 최초로 지어졌다. 이후 15세기에 모든 건물들은 르네상스 스타일로 변형되었으며, 궁전은 중부 유럽의 문화, 예술, 정치의 중심으로 부상하였다. 17세기에는 합스부르크의 마리아 테레지아에 의해 현재의 크기로 개축되었고, 제2차 세계대전으로 파괴와 복구를 거듭해 왔으며 지금은 역사박물관과 국립미술관, 국립도서관 등으로 쓰이고 있다.

부다왕궁

부다왕궁 옆에는 기독교와 이슬람이 충돌한 헝가리의 역사를 상징하는 마차시 성당(Matthias Church)이 있다. 1015년 오스만 제국의 침략 위협 속에서 헝가리 왕국의 재건을 위해 노력했던 마차시 왕이 이슬람 세력에게서 기독교를 지키고 권위를 높이고자 비엔나의 슈테판 대성당을 모델로 증축했는데, 공사가 채 끝나기도 전에 오스만군이 쳐들어왔다. 오스만이 성당을 모스크로 리모델링하면서 원래의 기독교적인 모습은 파괴되었고, 벽면도 이슬람 고유의 아라베스크 무늬로 장식되었다. 그 후 150여년의 오스만 지배를 받는 동안 마차시 성당은 이슬람 예배를 위해 사용되었다. 1868년 오스만군과 기독교 연합군이 부다페스트 땅에서 전쟁을 하면서 성당의 일부가 붕괴되었고, 오스만이 밀려나고 오스트리아가 장악함에 따라 성당은 다시 가톨릭 성당으로 복원되었다. 침략자에 따라 모시는 신이 달라지는 기구한 운명의 성당이 된 것이다. 제2차 세계대전의 와중에 성당은 다시 심각한 피해를 입었으며 전후 복구에만 20년이 걸렸다.

마차시 성당

마차시 성당의 정식 이름은 성모 마리아 대성당이지만, 이곳의 남쪽 탑에 마차시 후냐디(1458~1490) 왕가의 문장과 그의 머리카락이 보관되어 있기 때문에 마차시 성당으로 불리게 되었다. 합스부르크 왕가의 최후의 황제 칼 1세를 비롯하여 거의 모든 역대 헝가리 국왕의 대관식과 결혼식이 이곳 마차시 성당에서 행해졌다. 헝가리 사람들은 마차시 성당이 자신들의 기구한 운명과 영욕을 같이 한다고 생각한다. 오스만과 오스트리아 압제 시절 이 성당에서 헝가리 사람들은 민족주의의 불을 지폈고 저항을 다짐하였다. 그러므로 성당의 미사를 마친 후 사람들이 헝가리 애국가를 목놓아 부르는 것이 성당의 오래된 전통이 되었다.

한편, 헝가리 사람들은 이 마차시 성당을 보호하고 더 아름답게 보이기 위해 성당을 둘러싼 '어부의 요새'를 지었다. 성벽이 중세의 생선 시장이 있는 곳 가까이까지 뻗어 있었으며, 어부 길드 조직원들이 성(城)을 방어했던 것에서 '어부의 요새'라는 낭만적인 이름이 붙여졌다. 성채는 요정이 금방 튀어나올 것 같은 7개의 은회색 고깔 모양의 등근 탑으로 이루어져 있는데, 이것은 896년 카르파티아 분지라는 이름으로 알려진 광활한 헝가리 평원에 처음 정착했던 마자르족의 7개 부족을 상징한다.

어부의 요새

어부의 요새에서 강 건너 페스트 쪽에는 고풍스러운 건물들이 아름답게 어우러져 있는 가운데 가장 크고 아름답기로 소문난 헝가리 국회의사당이 자리잡고 있다. 국회의사당은 365개의 뾰족한 첨탑이 있는데 이는 1년 365일을 상징하며, 높이 96m는 마자르족이 헝가리에 정착한 896년을 의미한다. 건국 1000년을 기념하여 세워진 국회의사당의 외벽에는 헝가리 역대 통치자 88명의 동상이 세워져 있고, 영국의회로 사용하고 있는 런던의 웨스터민스터 궁을 벤치마킹 하였지만, 건축에 쓰인 모든 자재는 헝가리산이며 오직 헝가리 기술과 인력만으로 지음으로써 헝가리 민족정신의 표현이라 할 수 있다. 특히, 국회의사당을 둘러싸고 있는 인물상이 4개 있는데 모두가 굴곡진 헝가리 역사의 단면을 보여주고 있다. 의사당의 남쪽 끝에는 합스부르크에 반대해 독립운동을 이끈 라코치(Rákczi, 1676~1735) 동상이 있으며, 북쪽에는 이보다 100년 뒤 오스트리아에 대항해 독립전쟁을 지휘한 코수트(Kossuth, 1802~1894) 동상이 있다. 또한 같은 북쪽에는 제1차 세계대전 종전과 함께 오스트리아-헝가리 이중제국이 무너진 이후 독립된 헝가리의 첫 번째 대통령이였던 카로이(Károlyi, 1875~1975)의 동상이 있다. 이들은 모두 독립운동에 실패하여 조국 헝가리를 등지고 망명길에 올라야 했던 비운의 지도자들이였다. 그리고 마지막에 세워진 동상의 주인공은 나지(Nagy, 1896~1958)이다. 그는 1956년 소련에 저항해 봉기했던 '부다페스트의 봄' 당시에 총리로서 대규모 자유화 봉기를 이끌었지만 소련군의 진주로 민중혁명은 좌절되었고, 2년 뒤 소련에 의해 처형당함으로써 헝가리 현대 비극의 상징적 인물이 되었다.

헝가리 국회의사당

성 이슈트반 대성당

성 이슈트반 대성당은 헝가리에 기독교를 전파한 위업으로 기독교의 성인으로 추대되고 헝가리를 건국한 국부로 추앙받는 이슈트반 성왕을 기리기 위해 세워진 부다페스트 최대의 성당으로서 50년에 걸쳐 완공되었다. 성당의 탑은 96m로 부다페스트에서 가장 높으며 이 숫자는 헝가리의 건국된 해인 896년의 96을 의미한다. 성당의 정문 위에는 성이슈트반의 동상을 볼 수 있으며, 주제단의 뒤쪽에 가면 성이슈트반의 오른손이 봉헌된 '신성한 오른손 예배당'이 있다.

영웅광장

부다페스트의 영웅광장은 헝가리 1천 년 역사의 위대한 인물들을 기리기 위해 만든 상징물이다. 영웅광장 가장자리에는 열주(列柱)로 이루어진 구조물이 반원형으로 만들어져 왼쪽에 7명, 오른쪽에 7명 모두 14명의 청동입상이 서 있다. 각 동상의 하단에는 헝가리 역사에서 중요한 명장면을 담은 청동 부조물이 한 점씩 걸려 있어 헝가리 역사를 한 눈에 볼 수 있다. 영웅광장 가운데에는 36m 높이의 밀레니엄 기넴탑이 서있고 꼭대기엔 날개 달린 가브리엘 천사상이 서 있다. 가브리엘 천사는 오른손에 헝가리의 왕관을, 왼손에는 그리스도의 사도를 의미하는 십자가를 지니고 있는데, 이는 이슈트반왕이 헝가리를 개종시켜 성모 마리아에게 바쳤다는 의미를 내포한다.

영웅광장 근처에 있는 세체니 온천은 부다페스트 시내에 있는 118개의 온천 중 가장 규모가 큰 온천이다. 본래 부다페스트는 로마시대 때부터 온천으로 유명하였으며, 부다페스트의 온천이 지금과 같은 황금기를 맞게 된 배후에는 역설적으로 150년간의 오스만트루크의 지배가 있었다. 로마인들 못지않은 목욕문화를 가졌던 터키인들은 그들만의 개성이 듬뿍 담긴 새 목욕탕을 건설하였고 이것이 오늘날 부다페스트 온천의 원류가 된 것이다.

세체니 온천

5장
남슬라브족의 중심 세르비아

러시아어로 남쪽을 '유그(Юг)'라고 한다. 그러므로 '**유고슬라비아**'는 남쪽으로 이동해 간 '**남슬라브족**'이라는 의미가 포함되어 있다. 이런 남슬라브족의 중심에는 항상 **세르비아**가 있었다. 그리고 그 중심에 다시 '**베오그라드**(Београд)'가 있다. '베오'는 흰색을 뜻하는 러시아어 '벨르이(Белый)'에서 나왔으며 그라드(град)는 도시(город)라는 뜻이므로, **베오그라드**는 '백색의 도시'라는 의미이다.

유고슬라비아의 중심 세르비아

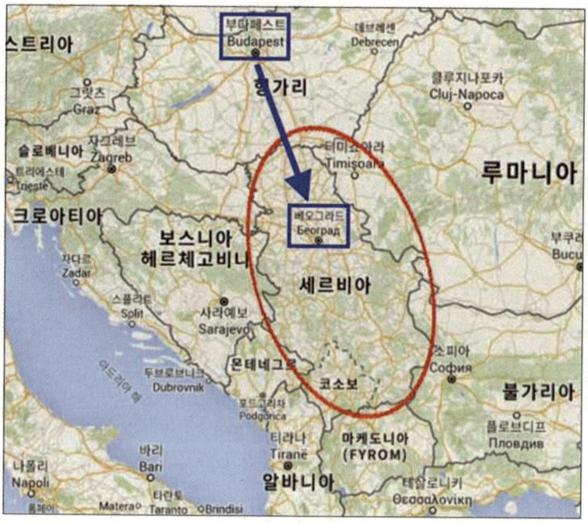

세르비아의 중심 베오그라드

(1) 세르비아 제국

약 6세기 경 슬라브족들은 현재의 세르비아를 포함한 발칸유럽지역으로 남하하여 남슬라브족 부족 국가들을 수립하게 된다. 발칸 반도의 동쪽, 현재의 베오그라드 중심에 자리잡았던 세르비아인들은 여느 다른 슬라브인들과 마찬가지로 부족 시대를 열어 살아가고 있었다. 당시 부족장을 '추판'이라고 했는데 세르비아에서도 그 권력의 중심은 바로 이 추판에서 시작되었다.

12세기 경 세르비아에서는 4명의 아들을 둔 한 부족이 매우 강성해졌다. 네 아들은 후계 구도를 둘러싸고 피의 투쟁을 벌였는데, 결국 네만야라는 아들이 1169년 권력을 잡게 된다. 네만야는 대권을 손아귀에 쥔 뒤에도 여전히 추판이라는 칭호를 사용했다. 중세 시대에는 왕이 되려면 어떤 형태로든 로마 교황으로부터 추인을 받아야 했다. 네만야

남슬라브족 — 세르비아인

는 권력을 잡은 뒤 27년간 세르비아를 사실상 통치한 왕이었지만 공식적으로 왕이 되지는 못한 셈이나. 그러나 뒤이어 그의 후손들이 차츰 왕으로 등극하면서 역사가들은 이 왕조를 네만야 왕조라고 명명하였다. 네만야가 죽자 그의 아들 간에 후계 전쟁이 치열하게 벌어졌으며, 마침내 1196년 큰아들 스테판이 최종적으로 승리하여 후계자의 자리에 올랐다. 스테판은 권력을 보다 공고히 하기 위해 신생 네만야 왕조에 대한 로마 교황의 추인을 받으려 시도했다. 스테판은 선왕보다 훨씬 정치적 사고를 폭넓게 한 인물이었다. 동로마와 서로마의 경계선에 위치한 세르비아로서는 당시 유럽 대륙을 사실상 지배하고 있던 로마 교황으로부터 왕권을 인정받는 것이 무엇보다도 절실한 일이었다. 스테판은 이를 위해 당시 로마 교황이었던 호노리우스(Honorius) 3세에게 줄을 대서 필요한 때마다 사신을 보내는 등 우여곡절 끝에 왕권을 인정받는 개가를 올렸다. 스테판은 한 걸음 더 나아가 비잔틴 제국으로부터 신생 네만야 왕조를 추인받기를 원했다. 이 문제를 해결해

준 장본인은 바로 그의 친동생 라츠코(Ratsko)였다. 그는 '사바(Sava)'라는 이름으로 아토스라는 곳에서 정교회 수사가 된 인물이었다. 사바라는 이름은 베오그라드를 가로질러 다뉴브 강과 만나는 강의 이름으로 아직까지 남아 있다. 사바 수사는 정교회 수사라는 자신의 신분을 이용하여 비잔틴 제국의 황제를 설득하였다. 물론 이 과정에서 스테판이 로마 교황으로부터 이미 왕권을 인정받은 것이 걸림돌이 되었지만, 세르비아 인이 모두 정교회 교인이니만큼 동방정교의 독립 교구로 승인해 달라고 요청하였다. 이 같은 외교적 노력 끝에 형 스테판은 로마로부터 왕위를 받았고 동생 사바 수사는 형의 재위 기간인 1219년 마침내 비잔틴 황제로부터 세르비아 정교회 초대 대주교로 임명되었다. 이 '용감한 형제'의 활약으로 이제 네만야 왕조는 정치적으로 로마로부터 인정을 받으면서도 그 영향력을 전혀 받지 않게 되었고, 종교적으로는 비잔틴의 비위를 거스르지 않으면서도 독립교구로 자치권을 획득하는 쾌거를 이룩하게 되었다. 이들의 성과는 네만야 왕조가 발칸의 대제국(세르비아 제국)으로 성장하는 결정적 계기가 되었으며, 마침내 1331년 세르비아 역사상 가장 위대한 왕이 나타나게 된다.

세르비아 제국

세르비아가 발칸반도의 대부분을 차지하는 세르비아 제국으로 성장할 수 있었던 것은 세르비아 역사상 가장 위대한 군주로 칭송받는 **두샨**(1308~1355)이 있었기에 가능하였다. 그는 왕세자 시절 보스니아군과 싸워 유능한 지휘관이라는 평판을 얻었고 불가리아 왕을 전투에서 살해했으며, 1331년에 아버지를 내쫓고 왕이 된 후에는 **비잔틴 제국**을 침략하여 **마케도니아** 북부까지 영토를 넓혔다. 그는 1346년에 자신을 '세르비아인과 그리스인의 황제'로 선포함으로써 스스로 황제가 되었고, 1349년에는 **'두샨 법전'**을 공포하여 중앙집권체제를 더욱 강화하였으며, 정복 사업을 계속이어가 영토를 도나우 강에서 코린트만까지, 그리스 중부에서 마케도니아, 아드리아 해에서 이오니아 해와 에게 해에 이르기까지 넓혀 나아갔다. 이후 14세기 **오스만 터키**가 쳐들어와 이 지역을 지배하기 이전까지 세르비아 중세왕국은 **코소보**를 중심으로 왕국을 수립하고 비잔틴 제국과 견주며 발칸유럽의 주요 중세국가로 부상한다. 14세기 초 **두샨황제** 시기 중세 **세르비아 왕국**(1169~1371)은 발칸유럽의 대부분 지역을 장악하였으며, 비잔틴 제국을 위협할 정도로 최고의 전성기를 구가하면서 거대제국(세르비아 제국)으로 성장하였다. 하지만 역사상 '강자(强者)'로 불리며 군림하였던 두샨황제가 43세 나이에 갑자기 열병에 걸려 사망하자 그의 뒤를 이은 우로슈 5세는 제국 영토의 대부분을 잃었다. 그토록 위대한 왕 **두샨**의 아들은 그야말로 **네만야 왕조**가 배출한 역대 왕들 가운데 가장 무능한 왕이였던 것이다. 그의 공식 이름은 스테판 우로슈 5세이지만, 역사가들은 이 거창한 이름 바로 뒤에 아버지와 정반대로 '약자'라는 별칭을 붙여 놓았다. 그리고 그가 아들마저 없이 1371년 죽음으로써 마침내 **세르비아 제국**은 붕괴되고 여러 개의 세르비아계로 나뉘어 뿔뿔히 흩어졌다.

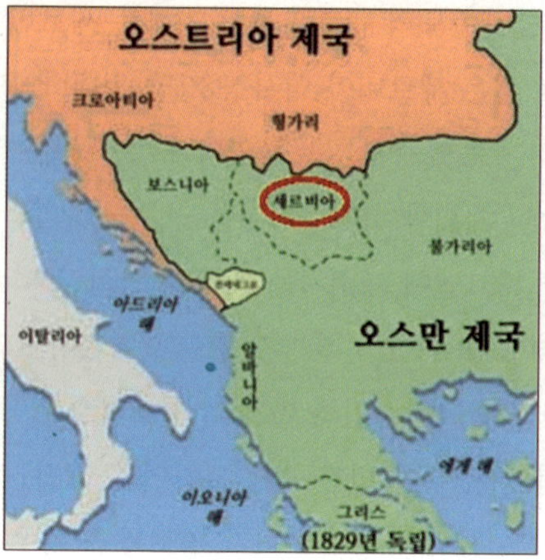

1377년 오스만 투르크의 침략으로 세르비아 제국은 붕괴되고 이후 오스만은 약 450년간 발칸반도의 실제적인 지배자로 군림한다. 하지만 오스만의 지배를 받으면서도 한때 찬란했던 두샨황제의 세르비아 제국을 기억하던 세르비아인들은 끊임없이 저항하며 '대(大) 세르비아' 민족주의 운동을 펼쳐 나아갔다. 두샨은 세르비아계 민족에게 있어서 영원한 우상이였으며, 두샨의 제국을 되찾는 것이 근대 세르비아 정치의 이상적 목표였다. 즉, 두샨은 세르비아 역사에서 세르비아 민족주의가 발원하는 샘이자 민족주의자들의 지지않는 별이였다. 그러므로 두샨제국이 와해된지 400년도 더 지난 후인 1990년대 초, 유고슬라비아연방의 붕괴로 발생한 내전에서 밀로셰비치는 '대(大) 세르비아주의'를 내세우며 다른 민족들을 무참히 학살했다. 그러므로 유고 내전까지 치르면서 세르비아측이 차지하려고 했던 땅이 사실은 두샨이 다스렸던 중세 세르비아 제국의 영토와 같은 것은 우연이 아닌 것이다.

이와 같은 세르비아니즘은 400여년간 오스만 투르크의 지배를 받으면서도 끊임없이 이어져 왔으며, 19세기 초 투르크 제국의 쇠퇴와 민족주의의 대두에 자극을 받아 **대(大)세르비아주의**를 내걸고 **독립운동**이 활발히 전개되었다. 마침내 1867년에는 투르크군을 철수시키고 밀로슈 오브레노비치 4세를 왕으로 추대하였다. 1875년 보스니아-헤르체고비나의 반란 때 투르크와 재차 싸워 패하였으나, 범(汎)슬라브주의와 결탁하고 러시아-투르크전쟁 때에 러시아와 협력하여 싸웠으므로 산스테파노조약과 베를린회의에서 마침내 **세르비아 독립**이 승인되었다. 하지만, 독립한 **세르비아**는 민족적으로는 러시아-슬라브계에 속하고 경제적으로는 오스트리아에 의존하였으므로 **범슬라브주의**와 **범게르만주의**가 교착되는 등 국내사정이 복잡하게 얽히면서 분열되기 시작하였고, 오스트리아-헝가리 이중제국의 확장정책과 열강의 이해 대립 속에서 발칸의 화약고가 되어갔다. 마침내 1908년 보스니아가 오스트리아-헝가리 제국에 병합되고, 1914년에는 세르비아계 민족주의 청년 대학생 **가브릴로 프린치프**가 오스트리아 황태자 **프란츠 페르디난트**를 사라예보에서 저격하는 사건이 발생한다. 일명 '**사라예보 사건**'으로 불리는 이 암살사건으로 말미암아 오스트리아는 즉시 세르

유고슬라비아

비아에 전쟁을 선포하며 이어서 제1차 세계대전이 발발하게 된다. 전쟁 초기에 세르비아는 오스트리아군을 용감하게 무찔렀으나 1915년 불가리아가 참전함으로써 계속 패배를 거듭하다 나중에는 전 국토가 동맹군에게 점령당한다. 세계대전 중에 세르비아는 전국토가 독일, 오스트리아, 불가리아에 의해 점령당하였으며, 전쟁의 폐해는 고스란히 세르비아 국민들에게 돌아갔다. 이후 세르비아는 레지스탕스 조직을 중심으로 오스트리아군과 불가리아군을 집요하게 괴롭혔으며 잃어버린 국토를 거의 되찾아 갔다. 마침내 제1차 세계대전이 끝나고, 1920년 세르비아는 세르비아가 중심이 되어 **세르비아-크로아티아-슬로베니아 왕국**(일명 베오그라드왕국)을 설립하고 1929년에 **유고슬라비아 왕국**으로 개명하였다. 유고슬라비아 왕국은 1941년 제2차 세계대전의 추축국이 침공하기 전까지 존재한다.

(2) 유고슬라비아 연방

앞서 살펴보듯이 세르비아가 제1차 세계대전을 거쳐 유고슬라비아 왕국이 되기 전까지 발칸반도에서는 제1차 발칸전쟁(1912)과 제2차 발칸전쟁(1913)이 있었다. 1908년 오스트리아가 보스니아-헤르체고비나를 병합하여 발칸반도로의 세력을 확대하려고 하자, 러시아는 강대해진 오스트리아의 발칸반도 진출을 막기 위하여 범슬라브권 발칸 제국의 상호유대 강화와 결속을 꾀하게 되며, 그 결과 1912년 불가리아, 세르비아, 그리스, 몬테네그로 사이에 발칸동맹이 성립된다.

원래 러시아는 발칸동맹을 반(反)오스트리아 동맹으로 활용할 의도였으나, 발칸 제국은 그보다도 투르크 제국에 대항하여 발칸반도에 있는 투르크의 영토를 획득하려는 데에 더 큰 목적이 있었다. 그러므로 제1차 발칸전쟁(1912)은 발칸의 4개 나라가 발칸동맹을 맺어 그동

발칸동맹

안 발칸을 지배해 왔던 오스만 세력을 물리치는 전쟁이였다. 이에 앞서 1911년 오스만 투르크는 이탈리아와의 전쟁에서도 패함으로써 발칸의 국가들로 하여금 거대했던 오스만 제국의 힘도 쇠약해졌음을 드러내었다. 이에 같은 슬라브족인 러시아 제국의 지원 하에 서로 '발칸동맹'을 맺은 발칸제국은 오스만 투르크 제국에 대항함으로써 제1차 발칸전쟁(1912)이 시작된 것이다. 1912년 10월 발칸동맹국은 유럽 열강의 제지에도 불구하고, 오스만 투르크 영내의 마케도니아, 알바니아의 독립운동을 지원한다는 명목으로 몬테네그로가 먼저 투르크에게 선전포고를 하였으며, 이어서 다른 3국도 투르크와의 전쟁을 시작하였다. 열강들의 예상과 달리 투르크는 패전에 패전을 거듭하였으며, 결국 콘스탄티노플 주변 지역을 제외하고, 유럽 대륙에 남아있던 투르크 영토 전부와 크레타섬을 발칸동맹 제국에 할양하였다.

그러나, 전후 투르크로부터 획득한 영토 배분을 놓고 발칸동맹국들 사이에 이견이 첨예하게 대립되었으며, 마케도니아 지방에 대한 영토 배분을 둘러싸고는 불가리아 왕국과 세르비아 왕국, 그리스 왕국 사이의 대립이 격화되어 결국 제2차 발칸전쟁(1913)이 일어났다. 즉, 제2차 발칸전쟁은 제1차 발칸전쟁으로 획득한 마케도니아 지방에 대한 영토 배분을 두고 불가리아 왕국과 다른 발칸 동맹국 사이에 벌어진 발칸 반도에서의 두 번째 전쟁인 것이다. 불화의 시작은 불가리아 왕국이 마케도니아 지방에서 세르비아 왕국보다 훨씬 넓은 영토를 차지하면서 시작되었으며, 세르비아 왕국은 이에 불만을 품고 그리스 왕국, 루마니아 왕국과 함께 동맹을 맺어 불가리아 왕국에 맞섰다. 결국, 1913년 6월 29일에 불가리아는 마케도니아 지방 전부를 차지할 목적으로 세르비아 왕국과 그리스 왕국에 선전 포고를 함으로써 제2차 발칸전쟁이 시작된다. 제2차 발칸전쟁이 일어나자, 루마니아 왕국 뿐만 아니라 오스만 제국, 몬테네그로 왕국도 세르비아와 그리스 동맹에 가담해 불가리아에 선전 포고를 하였다. 그 결과 **불가리아**는 연전연패하였고, 마침내 **도브루자**를 루마니아에게 할양하였으며, **마케도니아**를 그리스와 세르비아에게 할양하고, **카발라** 일대를 또 그리스에 넘겨주어야 했다. 결국 **불가리아**는 제1차 발칸전쟁을 통해 획득한 영토를 모두 잃었기 때문에 **세르비아**를 원망하게 되었고 러시아와도 사이가 멀어졌으며, 이것이 원인이 되어 제1차 세계대전에서 **불가리아**는 다른 발칸 동맹국들과 달리 **독일**, **오스트리아** 동맹국 편에 가담하게 된다.

1914년 6월 28일 오스트리아-헝가리 제국의 황태자 **프란츠 페르디난트** 부부가 보스니아의 사라예보를 방문하는 도중에 세르비아계 민족주의 청년 프린치프에 의해 암살되는 사건이 발생하자, **오스트리아**는 곧 **세르비아**에 선전포고를 하였으며 이어서 **독일**이 **러시아**에 선전포고를 하면서 **제1차 세계대전**(1914~1918)이 빌발한다. 독일, 오스트리아의 동맹국 진영과 영국, 프랑스, 러시아의 연합국 진영이 맞서 싸운

제2차 발칸전쟁

제1차 세계대전에서 **세르비아**를 비롯한 발칸의 슬라브권 나라들은 같은 슬라브족인 러시아의 연합군 편에 있었으나, 세르비아와 적대적이였던 **불가리아**는 독일, 오스트리아의 동맹국 편에 가담하였다. 그러므로 **불가리아**는 동맹국의 패배로 전후 다시 많은 영토를 잃게 되었으며, 반면 **세르비아**는 전후 남슬라브족의 단일국가를 표방하며 세르비아를 중심으로 한 **세르비아-크로아티아-슬로베니아** 왕국(일명 **베오그라드왕국**)을 설립하였다가 이어서 **유고슬라비아 왕국**으로 개명하였다.

유고슬라비아 왕국

1941년 제2차 세계대전이 일어나자 유고슬라비아 왕국은 추축국에 의해 점령당하였다. 북부 슬로베니아는 독일의 수중에, 남부 슬로베니아는 이탈리아의 수중으로 넘어갔으며, 보이보디나 자치령 역시 분할되어 헝가리가 차지하였고, 불가리아는 마케도니아를 점령하였다. 서부 마케도니아와 남서부 세르비아, 즉 코소보(Kosovo) 지역은 이탈리아령 알바니아에게 넘어갔으며, 몬테네그로, 보스니아, 헤르체고비나, 달마티아는 이탈리아가 차지하였다. 그 외 나머지 지역인 크로아티아는 독립 왕국임을 선포하였으나 추축국은 주요 요새를 만들어 전략지로 이용하였다.

제2차 세계대전 와중에 전 국토가 추축국에 의해 점령된 상태에서 유고슬라비아 저항 운동에는 크게 두 세력이 있었다. 우선, 왕당파이며 군부출신인 미하일로비치 대령이 이끄는 '체트니크(Chetnik)'라 불리는 민병대가 있었고, 소련 붉은 군대의 지원을 받은 공산주의자 티토가 이끄는 게릴라 부대(인민해방군), 즉 빨치산(파르티잔: partisan)이 있었다. 왕당파 미하일로비치는 기본적으로 범세르비아주의를 추구하는 민족주의자로서 공산주의자들을 무신론적, 불법적 집단으로 보고, 전후 세르비아가 중심이 되어 마케도니아, 몬테네그로, 크로아티아 등을 병합함으로써 대(大)세르비아 국가를 건설할 수 있으리라 생각한 반면에, 공산주의자 티토는 범슬라브주의의 바탕 위에 남슬라브족의 연방주의를 주창하면서 아울러 민족자결주의 원칙을 내세움으로써 많은 유고슬라비아 인을 공산주의 조직에 끌어들일 수 있었다. 미하일로비치와 티토의 대결은 전후 왕정이 다시 복구될 것인가 아니면 공산주의적 새 급진 정부가 수립될 것인가 하는 전후 체제 성격에 관한 중요한 갈등이였다. 결국 티토는 미하일로비치를 전쟁 이전 반동세력의 대표자로 간주하고 도외시한 반면에, 농민단을 중심으로 한 자연발생적

지방 '민족 해방 위원회(인민전선)'를 레지스탕스 운동의 조직 기반으로 삼음으로써, 자신이 이끄는 공산주의자 집단이 조직과 훈련면에서 가장 주도적인 역할을 하도록 이끌어 나아갔다. 티토와 미하일로비치의 서로 비슷하게 보이는 민족주의 노선은 사실상 서로 다른 별개의 민족주의 노선으로서 범슬라브주의와 범세르비아주의의 대결이였으며, 이것은 훗날 엄청난 희생을 가져오는 유고 내전(1991~1999)의 씨앗이 되었다. 즉, 범슬라브주의자(범슬라브 민족주의자)는 슬라브인들은 여러 국가가 아니라 하나로 뭉쳐야 한다는 주장을 폈으며, 범세르비아주의자(세르비아 민족주의자)는 뭉치되 세르비아를 중심으로 뭉쳐야 하며, 그러기 위해서는 우선 발칸반도에 널리 퍼져있는 세르비아 인들을 하나로 뭉쳐야 한다는 것이였다. 이러한 세르비아 민족주의의 배경에는 앞서 살펴보았듯이 14세기 찬란했던 두샨황제의 세르비아 제국에 대한 기억과 향수가 바탕을 이루었다.

한편, 제2차 세계대전 와중에 유고슬라비아 왕국 내에 유일하게 독립적으로 남게된 크로아티아 지역에는 독일 나치당의 괴뢰정권으로서 '우스타샤'(크로아티아어: Ustaša)로 불리는 크로아티아 혁명 운동이 있었다. 1929년에 창설된 우스타샤의 이념에는 파시즘, 나치즘, 크로아티아의 극단적 민족주의, 로마 가톨릭교회의 교권주의적 근본주의 등이 섞여 있었으며, 사실상 제2차 세계대전 이전 부터 반(反)유고슬라비아 분리주의 운동조직의 테러집단으로 활동하였다. 즉, 우스타샤는 크로아티아에 독립국을 건설하려는 민족주의 단체로서, 한 마디로 말하여 '극(極)보수주의 크로아티아 민족주의 파시스트 테러리스트 집단'이였다. 그러므로 우스타샤는 제2차 세계대전이 발발하자 독일과 이탈리아의 철저한 지원 하에 괴뢰국가로서 크로아티아 독립국의 역할을 하였으며, 바티칸 교황청과 파시스트 이탈리아, 그리고 나치 독일의 비호를 받으며 50여만명의 세르비아인과 정교도인들을 마구잡이로 학살하는 대만행을 저지른다. 제2차 세계대전 중에 일어난 대량학살로서 히틀러에 의한 유대인 대학살이 잘 알려져 있으나, 우스타샤의 대량학살 또한 세르비아인을 대상으로 했지만 나치의 유대인 학살 못지않게 전쟁이 불러온 대참극인 것이다. 이와 같이 우스타샤, 즉 크로아티아인이 같은 민족(남슬라브족)인 세르비아인들을 대량 살상한 배경에는 '민족'을 떠난 '종교'의 문제가 있었다. 즉, 크로아티아는 대부분이 가톨릭교도였으나 세르비아는 대부분이 정교도였다. 즉, 같은 슬라브족이였지만 한 쪽은 서쪽 로마에서 받아들인 로마 가톨릭을 믿은 반면에, 다른 한 쪽은 동로마에서 받아들인 정교를 믿었던 것이며, 결국 가톨릭교도들에 의한 정교도들의 무자비한 살육이 자행된 것이다. 그러나, 전쟁이 추축국의 패배로 끝나자 우스타샤의 지도자 안테 파벨리치는 해외로 도주하였으며, 그를 따랐던 우스나샤 낭원들과 가족들은 모두 티토의 유고슬라비아 파르티잔에 넘겨져 '피의 보복'을 당하였다.

유고슬라비아 연방

제2차 세계대전 중에 유고슬라비아 저항운동의 중심에서 유고슬라비아 파르티잔을 성공적으로 이끌었던 티토(1892~1980)는 1945년 종전과 더불어 유고슬라비아 민주연방공화국이라는 국호로 정식 정부를 수립하고 베오그라드를 수도로 정하였다. 사실 그는 크로아티아 출신이였으며 크로아티아인 아버지와 슬로베니아인 어머니 사이에서 태어났다. 하지만 티토는 민족을 초월하여 남슬라브족의 유일한 단일국가 유고슬라비아를 주창하고 실현시킨 진정한 유고슬라비아인이였다. 이는 그가 죽고난 후 곧 유고슬라비아는 동족 간의 피비린내 나는 전쟁과 '피의 보복'으로 갈기갈기 찢어져 영원히 사라졌음이 입증한다. 티토의 집권기 35년동안(1945~1980) 유고슬라비아는 하나였으며 평화를 유지하였다. 그는 장기 집권의 독재자에 앞서 민족 분쟁을 막고 평화를 주장하여 국가를 안정시킨 훌륭한 지도자였다.

요시프 브로즈 티토

또한 티토는 소련과 미국 양 진영으로 대표되는 국가들 사이에서 균형 감각을 유지하면서 중립성을 확보하고자 했으며, 동시에 두 세력 사이의 대안으로 비동맹 국가들과 제3세계를 주창하는 움직임에 적극 참가하였다. 그의 이러한 제3세계 비동맹 노선은 스탈린과 대립되었지만 티토는 '티토식 사회주의'를 철저히 실현시켜 나아갔다. 그러므로 그가 죽고난 후 '유고슬라비아'라는 나라는 발칸에서 영원히 사라졌지만, 그를 기리며 그에 대한 향수를 못잊어 하는 슬라브인들을 구 유고슬라비아 연방의 곳곳에서 찾아볼 수 있다. 이들은 공산주의 독재자 티토의 큼직한 사진을 집 안에 걸어두고 티토는 대단히 많은 것을 베풀었으며 티토 시절 유고슬라비아는 강력한 국가였음을 자랑스럽게 이야기한다.

그러나 1980년 강력한 지도자 티토가 사망한 후 유고슬라비아는 동족상잔의 피비린내나는 전쟁에 휩싸인다. 본래, 유고슬라비아 연방을 가리켜 "7개국과 국경을 접하고, 6개 공화국, 5개 민족, 4개 언어, 3개 종교, 2개 문자를 사용하는 1개 국가"라고 할 정도로 복잡미묘한 나라였다. 강력한 지도자였던 티토는 공산주의 이념으로 각각의 민족을 하나로 묶어 연방을 유지하였으나, 1980년 그가 죽고 소련이 붕괴하자 각각의 민족주의가 대두하여 각국이 독립 운동을 일으킨 것이다. 유고슬라비아 연방 6개국(슬로베니아, 크로아티아, 보스니아, 세르비아, 몬테네그로, 마케도니아) 가운데 제일 먼저 독립 운동을 일으킨 곳은 슬로베니아였다.

슬로베니아의 독립

유고내전(1991~1995) 가운데 제일 먼저 일어났으며 가장 짧게(10일 동안) 끝난 전쟁이 슬로베니아 내전(1991)이였다. 본래, 슬로베니아는 인구의 90% 이상이 슬로베니아인으로 구성되어 있었으므로 슬로베니아의 독립을 막을 명분은 매우 빈약하였었다. 그러므로 세르비아 중심의 유고연방군은 10일간의 전투 끝에 슬로베니아의 독립을 사실상 묵인하고 병력을 철수하였다.

하지만, 슬로베니아 내전에 이어 일어난 크로아티아 내전의 경우는 달랐다. 크로아티아 내에는 다수의 세르비아계 주민들이 살고 있었기 때문이며, 이들은 제2차 세계대전 당시 크로아티아인의 극단적 민족단체인 우스타샤가 세르비아인 50여만명을 무차별 학살한 것을 똑똑히 기억하고 있었던 것이다. 그러므로 세르비아로서는 크로아티아가 독립할 경우 크로아티아 내에 있는 세르비아계 주민이 다시 학대 받을까 우려하여 크로아티아의 독립을 철저히 막으려 하였다. 한편 유고슬라비아 연방 전체에서 세르비아계는 다수민족이었고 연방정부 역시 세르비아계가 장악하고 있었다. 그러므로 연방정부는 유엔의 묵인 아래 크로아티아의 지역 방위군을 무장해제 시켰으며 크로아티아 내의 세르비아계 반군을 지원하였다. 이어서 세르비아와 몬테네그로를 주축으로 한 연방군대가 크로아티아를 침공함으로써 크로아티아 내전(1992~1995)이 발생한다.

크로아티아의 독립

1992년 크로아티아에서 무력 충돌이 일어나자 유엔 평화유지군이 파견되어 완충 역할을 하였으나 유혈 충돌은 계속되었으며, 이어서 보스니아도 독립을 선언함으로써 가장 처참했던 보스니아 내전(1992~1995)이 발생한다. 유고내전 가운데 보스니아 내전이 가장 치열하였던 데에는 인구 구성의 문제가 있었다. 인구 450만 명의 보스니아는 이슬람을 믿는 보스니아 원주민(보스니아악)이 43%, 정교도인 세르비아 이주민(세르비아계)이 32%, 가톨릭교도인 크로아티아 이주민(크로아티아계)이 17%를 차지하는 다인종, 다종교로 구성되어 있었다. 앞서 슬로베니아와 크로아티아의 경우는 90% 이상이 슬로베니아인과 크로아티아인으로 구성되어 있었고 또한 이들은 오래동안 오스트리아의 지배를 받아 동일하게 가톨릭을 믿고 있었다. 하지만, 오스트리아와 오스만 두 제국이 각축을 벌였던 발칸 반도에서도 최경계선 상에 위치하였던 보스니아에는 오스만의 영향을 받은 이슬람교도, 오스트리아의 영향을 받은 가톨릭교도, 본래 슬라브인들이 믿던 정교도들이 서로 종교를 달리 한 채 400년 이상을 함께 살고 있었던 것이다. 이들은 각기 다른 종교를 가졌을 뿐 오랫동안 함께 살았던 이웃이였으며 한 국가(유교슬라비아)의 국민이였다. 이들은 크게 보면 같은 민족인 슬라브족으로서 이들의 조상들은 먼 옛날 4~5세기 경, 카르파티아 산맥에서 살기좋은 삶의 터전을 찾아 남쪽으로 남하하여 발칸반도 이곳저곳에 흩어져 정착한 같은 남슬라브족이였다. 이들의 종교가 갈리게 된 것은 서로마와 동로마가 갈리면서 서로마 쪽에 가까운 슬로베니아와 크로아티아는 가톨릭교도가 된 것이며 동로마에 가까운 세르비아는 정교도가 된 것이다. 그리고 한 때 대세르비아제국(1331~1371)으로 융성하여 동로마제국(비잔틴제국)과 힘을 겨루며 발칸을 지배하기도 하였으나 그 기간은 매우 짧았으며, 곧 비잔틴 제국을 멸망시킨 오스만 제국이 쳐들어와 실제로 450년이나 발칸을 지배함으로써 곳곳에 이슬람교도로 개종한 슬라브인들이 생기게 되었다. 오스만이 발칸을 지배할 때 보스니아 지역에서 이슬람을 받아들인 다수의 원주민들(보스니아계)은 지주와 관리 등 지배계급이 되었고, 원래 정교를 믿고 있던 세르비아계 이주민들은 소작농이 되어 차별받고 착취 당하였다. 즉, 오스만 제국은 점령지 이교도들에게 공동체를 만들어 세금을 내는 조건으로 일정 정도의 자치를 허용하되, 주민 일부를 이슬람으로 개종시켜 관료와 군인으로 임명함으로써 발칸을 효과적으로 통치하였던 것이다. 그러므로 오랫동안 보스니아 내에서는 이슬람으로 개종한 보스니아계 원주민과 이웃 세르비아에서 이주해 온 정교도 세르비아계 사이에 계급적 불평등이 있었다. 또한 보스니아 지역에는 제2차 세계대전 당시 히틀러의 광기를 피해 이웃 크로아티아에서 넘어온 크로아티아계가 상당수 있었다. 즉, 한 지역(보스니아) 안에 이슬람을 믿는 보스니아계(43%), 정교를 믿는 세르비아계(32%), 가톨릭을 믿는 크로아티아계(17%)가 서로 엉켜, 오스만이 지배하던 400년 이상을 함께 살아 왔던 것이다. 하지만 이처럼 이슬람, 가톨릭, 정교로 종교가 달랐지만 인종적으로 이들은 같은 슬라브인들(남슬라브족)이였으며, 외국인이 보기에 전혀 구별이 안 갈 정도로 같은 외모와 생김새를 한 같은 민족이였다.

세르비아는 발칸반도의 맹주로서 유고슬라비아 연방의 해체를 막기 위하여 보스니아 내의 세르비아계 반군과 힘을 합쳐 보스니아를 침공하고 사라예보를 봉쇄함으로써 보스니아 내전(1992~1995)이 발생한다. 사라예보는 무려 43개월 동안이나 봉쇄된 채 공항과 도로가 끊기고 식량, 물, 연료, 의약품 등의 공급이 차단됨으로써 수많은 사상자가 발생하였다. 특히, 세르비아와 보스니아의 국경지역 깊은 산속 작은 마을 스레브레니차에서는 세르비아군과 세르비아계 반군이 보스니아 무슬림들을 집단으로 대량 학살하는 참혹한 '인종청소'의 대참사가 발생하였다. 보스니아를 점령한 세르비아군과 세르비아계 반군은 잠재적 전투능력이 있는 무슬림 소년과 남성을 골라 집단으로 학살하였을 뿐만 아니라, '강간 수용소'로 불리는 곳에 억류된 보스니아 여성들을 집단으로 성폭행 하는 만행을 저질렀다. 세르비아인들이 이토록 보스니아 무슬림을 싫어하게 된 배경에는 400여년 동안 당해온 오스만 무슬림에 대한 원한이 증폭되었기 때문이다. 즉, 이전 수세기 동안 터키의 전신인 오스만 투르크 한테 당한 수모를 같은 무슬림인 보스니아 사람들에게 되갚겠다는 의미인 것이다.

보스니아의 독립

이로써, 1991년 10일간의 슬로베니아 내전으로 시작된 유고 내전(1991~1995)은 크로아티아 내전(1991~1995)과 보스니아 내전(1992~1995)으로 확대되면서 사상 유례없는 인공청소와 종교청소의 비극을 불러일으켰으며, 결국 유럽 나토군의 군사 개입과 베오그라드 공습으로 1995년 세르비아가 항복함으로써 일단락되었다. 이에 앞서 세르비아는 유일하게 남은 우방 몬테네그로와 함께 1992년 신(新)유고 연방을 결성하였으나 2006년 몬테네그로 마저도 독립함으로써 연방(유고슬라비아)은 완전히 해체되고 세르비아만 남게 된다. 즉, 세르비아를 중심으로 슬라브족의 단결을 부르짖음으로써 중세 대(大)세르비아 제국의 중흥을 꿈꿨던 범세르비아주의(세르비아 민족주의)는 연방의 해체와 함께 완전히 몰락하게 된 것이다. 그러므로 이러한 세르비아 민족주의의 좌절은 4년 뒤인 1999년 코소보 사태가 발생하였을 때 더욱 더 극렬하게 나타났다.

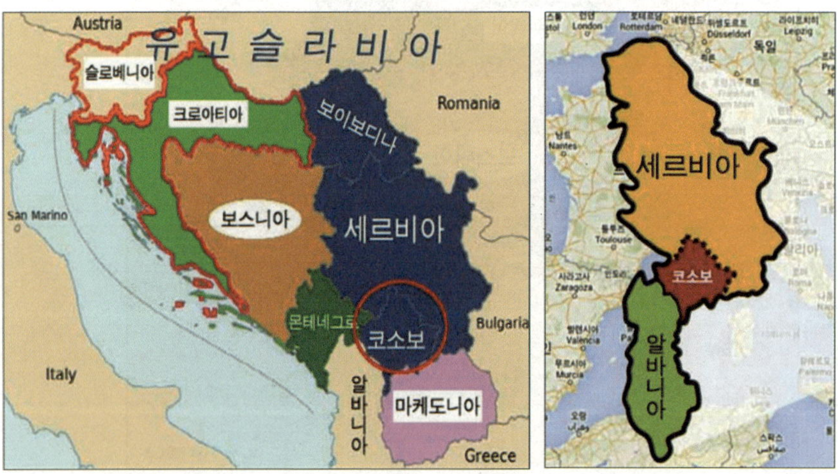

코소보 내전

세르비아에는 2개의 자치주가 있다. 북쪽의 보이보디나와 남쪽의 코소보이다. 북쪽 헝가리와 접경을 이루고 있는 보이보디나에는 헝가리계 주민들이 많이 살며, 남쪽 알바니아와 접경을 이루는 코소보에는 알바니아인들이 무려 90%를 넘게 차지한다. 코소보에 이렇게 알바니아인들이 많이 살게 된 것은 1389년 오스만투르크 제국과 벌인 코소보 전투에서 세르비아가 참패함으로써 코소보는 오스만 제국의 영토가 되었으며, 이후 오스만에 의하여 같은 이슬람을 믿던 알바니아계 이슬람교도들이 대거 이주하게 됨으로써 코소보 내 대부분의 주민은 알바니아계인들로 채워지게 되었다. 즉, 오스만 터키는 코소보 지역의 이슬람화를 위하여 같은 무슬림인 알바니아인들을 코소보로 대거 이주시켰던 것이다. 하지만 세르비아인들의 가슴 속에 코소보는 대(大)세르비아 제국의 중심지로서 자신의 선조들이 이교도들에 맞서 용감히 싸웠던 민족 종교의 핵심지이자 민족의 영지로 영원히 남아 있었다. 지금도 코소보에는 세르비아 정교회의 중심으로서 700년도 더 넘은 그라차니차 수도원을 비롯하여 수많은 세르비아 민족의 고귀한 유적지들이 그대로 남아있다.

코소보 -- 그라차니차 수도원

그러므로 세르비아는 1912년 발칸전쟁을 통해 코소보를 재점령하였고, 1946년에는 코소보를 유고슬라비아 연방의 코소보 자치구로 편입시켜 왔었다. 코소보는 한반도의 약 1/20에 해당하는 면적으로 약 180만 명의 인구 중에 이슬람교를 믿는 알바니아계가 92%, 동방정교(세르비아 정교)를 믿는 세르비아계가 8%를 차지하고 있는데, 특징적인 것은 이처럼 주민의 절대 다수가 알바니아계임에도 불구하고 소수의 세르비아계가 통치하고 있다는 점이다. 그러므로 다수의 알바니아계는 항상 세르비아계에 대하여 불만을 표출해 왔으며, 특히 1991년부터 시작된 유고내전(1991~1995)으로 슬로베니아, 크로아티아, 보스니아가 차례로 독립하면서 사실상 유고연방이 해체되자, 코소보 내 알바니아계 또한 독립의 열기로 뜨겁게 고조되었다. 하지만 세르비아의 입장에서는 6세기 경 자신의 선조 세르비아인들이 북부발칸에 정착한 이래 비옥한 코소보 평원에 대(大)세르비아 제국을 건설함으로써 제국의 중심도시는 물론 세르비아 정교의 중심지였던 코소보를 절대 포기할 수 없었다. 결국, 코소보의 알바니아계는 알바니아 분리주의 반군인 코소보 해방군을 조직하여 세르비아로부터의 분리 독립을 주장하기 시작하였고, 마침내 1998년 2월 코소보 해방군이 세르비아 경찰을 살해하자, 이에 대한 보복으로 세르비아 경찰이 코소보 해방군 거점 마을의 민간인을 살해하면서 코소보 내전으로 확대되었다. 세르비아 보안군은 코소보 해방군을 색출한다는 구실로 알바니아인들을 무차별 학살하기 시작하였고 보스니아 내전에 버금가는 인종학살의 대만행을 저질렀다. 코소보 내전이 지속되자 1999년 3월 유엔이 개입하여 평화회담을 개최하였지만 합의에 이르지 못하고, 결국 나토(NATO)는 세르비아에 대한 공습을 감행하였다. 1999년 6월 알바니아계 1만2,000여명, 세르비아계 3,000여명이 사망하는 인명 피해를 남기고, 세르비아와 코소보는 평화안에 일단 합의하였으나, 코소보의 독립 지위에 관한 양측의 입장은 좁혀지지 않았으며, 코소보 내 세르비아인과 알바니아인의 갈등은 계속되고 있다. 코소보 자치주는 2004년부터 유엔 코소보 임시행정부(UNMIK ; UN Interim Administration Mission in Kosovo) 직할 통치 아래 있다가 2008년 2월 17일 분리독립을 선언하였으나, 코소보 독립 인정을 둘러싸고 국제사회 또한 자국의 이해관계에 따라 찬·반 양론이 엇갈리고 있다.

한편, 대(大)세르비아 건설을 주창하며 **유고내전**과 **코소보 내전**을 이끌었던 세르비아 대통령 **밀로셰비치**는 보스니아의 7천여 명의 이슬람교도 학살과 알바니아계 코소보 주민 1만 명 이상에 대한 '**인종 청소**'를 명령한 장본인으로서 전쟁 범죄와 인권 유린 등 66가지 혐의로 체포되어 재판을 받던 중 2006년 감옥에서 사망하였다.

(3) 백색의 도시 베오그라드

다뉴브 강(도나우 강)과 사바 강이 만나는 접합점에 위치해 있으며 러시아-슬라브어로 흰색을 뜻하는 '벨르이(Белый)'에서 유래된 '하얀 요새' 베오그라드는 일찍이 로마가 동·서로 갈라졌을 때 동로마 제국의 영역 하에 들어갔고, 중부유럽과 발칸을 잇는 중요한 요충지로서 외세와 수없이 많은 전쟁을 치루며 파괴와 복구를 거듭하여 왔다.

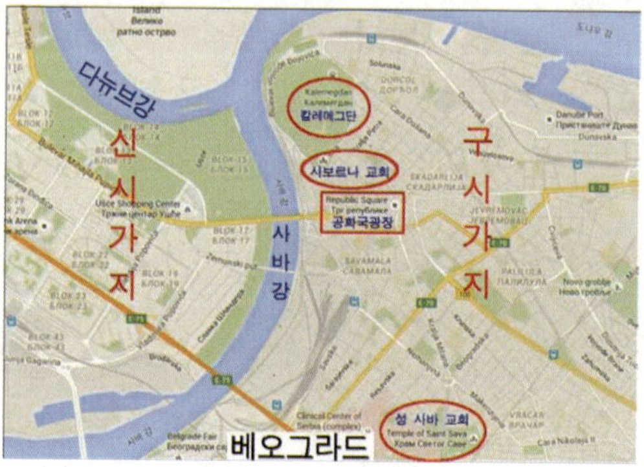

베오그라드 도시 지도

베오그라드의 구시가지 관광은 공화국 광장에서 시작된다. 공화국 광장은 베오그라드의 중심이 되는 광장으로서 광장의 중심에는 1867년 오스만투르크 지배 아래에 있던 세르비아를 해방시킨 세르비아의 민족 영웅 미하일로 오브레노비치 3세의 기마상이 우뚝 서 있다. 또한 광장 주변에는 1844년에 설립되어 세르비아에서 가장 유서 깊고 중요한 국립박물관이 있으며, 박물관의 오른쪽에는 1869년에 설립된 국립극장이 있어 지금까지도 오페라, 발레, 콘서트, 연극 등의 다양한 공연이 열린다.

공화국 광장

공화국 광장 주변에는 카페, 레스토랑, 기념품 상점, 은행, 여행 안내소, 우체국 등이 있으며, 칼레메그단 요새까지 이어지는 '크네즈 미하일로바 거리' 또한 이 곳 공화국 광장에서부터 시작된다. 크네즈 미하일로바 거리는 공화국 광장에서 칼레메그단 요새까지 이어지는 보행자 전용 거리로서 1867년 거리가 들어서면서 베오그라드의 중심이 되었다. 베오그라드에서 가장 번화한 거리답게 깨끗하고 세련되게 꾸며져 있으며 거리 곳곳에는 작은 분수, 화단이 있어 생기를 불러 일으킨다. 거리를 따라 양쪽으로 유명 브랜드 상점, 갤러리, 카페, 레스토랑이 들어서 있으며, 거리의 예술가들이 활기를 불어넣어 줌으로써 여행의 즐거움을 더 해 준다.

크네즈 미하일로바 거리를 따라 언덕길을 오르다 보면 만날 수 있는 사보르나 교회는 세르비아 최대 정교회로서 중요한 종교 행사가 열리는 곳이다. 1837년부터 1840년까지 미하일로 오브레노비치 왕에 의해 지어진 사보르나 교회는 고전주의 양식과 후기 바로크 양식이 혼재되어 있다는 것이 특징적인데, 그렇기 때문에 정교회의 느낌보다는 가톨릭 성당의 느낌이 강하게 다가온다. 내부에 들어서면 아치형 천장의 성화벽이 눈에 들어오며 이는 세르비아의 유명한 조각가 드미트리 페트로비치(Dimitrije Petrovic)와 화가 드미트리 아브라모비치(Dimitrije Avramovic)의 19세기 작품이다.

사보르나 정교회

베오그라드의 상징인 칼레메그단의 이름은 요새(fortress)를 의미하는 '칼레(kale)'와 전쟁터를 의미하는 '메그단(megd an)'에서 유래되었다. 베오그라드 북서쪽 다뉴브강과 사바강이 합류하는 광활한 고원에 위치한 칼레메그단은 크고 작은 돌을 차곡차곡 쌓아올린 거대한 요새이다. 요새가 축조된 것은 6세기 경 비잔틴 제국이 이 곳을 점령했을 때 이민족의 침입을 막기 위하여 당시 유스티니아누스 1세에 의해 세워졌다. 그 후 오스만투르크 제국의 정복과 오스트리아의 지배, 나토의 공습 등 수많은 외침을 받으며 요새의 주인은 수없이 바뀌었고 그 때마다 칼레메그단은 피로 물들어 갔다. 하지만 여전히 요새는 2천여 년의 역사를 함께한 베오그라드의 상징으로 남아있다. 공원으로 단장된 칼레메그단에서 보는 다뉴브강과 사바강의 전경은 일품이다. 두 강이 합류해 흑해쪽으로 도도히 흘러가는 장엄한 모습은 오스트리아의 빈이나 헝가리의 부다페스트에서 본 다뉴브강과는 또 다른 느낌이다. 까마득한 성벽 밑으로 유유히 강물이 흐르고 강 주변으로는 한적한 농촌 지대가 펼쳐지며 성벽 돌담 위에 걸터앉은 젊은이들은 상쾌한 바람을 맞으며 자유를 만끽한다.

칼레메그단

칼레메그단의 어디에도 전쟁터 요새의 모습은 찾아볼 수 없다. 유모차를 끌고 나온 젊은 엄마, 삼삼오오 그늘에 모여앉아 담소를 나누는 할아버지들, 한구석에서 공놀이를 하는 소년들, 자유로운 분위기와 평화의 향기가 가득하다. 하지만 공원 곳곳에 세워져 있는 나토공습 희생자의 추모비를 비롯하여 제1차, 2차 세계대전 전쟁영웅 기념비 등이 '전쟁의 나라' 세르비아의 과거를 이야기 한다.

세계 최대의 정교회인 성 사바 교회는 세르비아 정교회의 창시자이자 초대 대주교인 성 사바를 모시기 위해 지어졌다. 세르비아인에게 있어 가장 소중한 민족 성인 중의 하나인 성 사바의 여러 유품들과 보물들이 간직되어 있는 성 사바 교회는 동·서로 91m, 남·북으로 81m에 달하며 다양한 형태의 십자가와 함께 각 종탑에는 49개의 종이 달려 있을 정도로 웅장한 자태를 뽐낸다. 본래 이곳은 작은 수도원이었으나 1594년 오스만투르크 제국의 점령 당시 성 사바의 유해를 불태웠기 때문에 유해가 묻혀있던 그 자리에 성당을 지은 것이다.

성 사바 교회

성 사바 교회의 돔의 높이는 70m에 달하고 그 위에 금도금의 십자가가 12m, 사바강의 해수면의 높이 64m를 고려한다면 총 134m의 높이에 달하므로 베오그라드의 어느 곳에서든지 교회를 항상 바라볼 수 있도록 설계되었다. 한편, 세르비아 국기는 성 사바와 깊은 관련이 있다.

세르비아 국기

위의 세르비아 국기에서 보면 흰색의 십자가 사이에 'C'자 4개가 새겨져 있는 것을 알 수 있다. 참고로 러시아-슬라브어에서 'C'는 영어의 'S'에 해당된다. 중세 세르비아 왕국 수립 초기 로마 교회로부터 세르비아 왕국이 가톨릭으로 전환할 것을 강요받던 와중에 세르비아 독립 정교회를 수립하였던 성 사바(Saint Sava)는 세르비아인들에게 정교를 중심으로 단결할 것을 호소한다: "오직 단결만이 세르비아인을 구원할 수 있다(세르비아어로: Samo Sloga Srbina Spasava -- Само Слога Србина Спасава)". 그러므로 이 문장의 첫 글자인 4개의 'C'자를 따서 상징화한 것이 세르비아 국기가 되었다. 이러한 국기는 세르비아가 위기를 맞이할 때 마다 세르비아 민족의 단결을 위해 흔히 사용되어져 왔으며, 현재 세르비아 군대의 휘장으로도 사용되고 있다.

6장
종교와 문명의 각축장 보스니아

보스니아의 원래 명칭은 보스니아-헤르체고비나이다. 길고 복잡한 이름 못지않게 나라 안의 사정은 더욱 더 복잡하다. 1개의 국가가 2개의 공화국으로 나뉘어져 있으며 각 종교계(이슬람계, 정교계, 가톨릭계)를 대표하는 3명의 대통령이 8개월마다 한 번씩 돌아가며 의장직을 맡아 대통령직을 수행한다. 왜? 이렇게 복잡한 구조가 되었는지? 발칸반도의 여러 나라들 중에서도 가장 많은 아픔과 슬픔을 간직한 채, 종교와 문명의 각축장이 되어버린 보스니아 현지를 찾아 슬라브족의 역사와 문화를 기행해 본다.

베오그라드 → 사라예보 → 모스타르

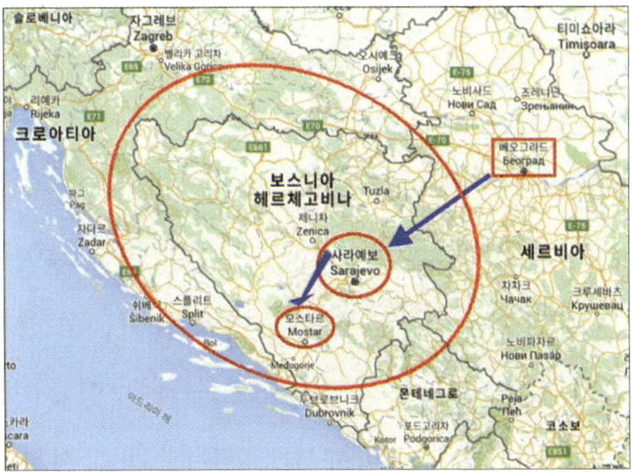

보스니아의 지도

(1) 라틴 다리의 총성

보스니아-헤르체고비나 지역에 슬라브족이 정착하기 시작한 것은 대략 6~7세기인 것으로 알려진다. '보스니아'란 명칭은 보스니아 대륙을 남에서 북으로 가로지르는 보스나(Bosna) 강에서 유래하였으며, '헤르체고비나'는 네레트바(Neretva)강 유역에 위치한 모스타르(Mostar)를 중심으로 남쪽 일대를 다스리던 스테야판 공작(Herceg Stejapan)의 이름에서 공작이라는 직위(헤르체그: Herceg)만 따서, 15세기에 발칸 전역을 점령한 오스만 터키 제국이 편의상 '헤르체고비나'(공작의 땅)라고 부른 것이 지명(地名)으로 굳어졌다. 또한 '보스나'라는 이름도 원래 '물'이라는 뜻을 지닌 인도-유럽어의 'bosana'에서 유래된 이름으로서 문자 그대로 물이 흐르는 강이란 뜻이다.

보스니아 헤르체고비나

사라예보에 가면 한 번도 마른 적이 없다고 하는 세빌리샘이 있다. 이 샘에서 시작된 보스나강은 보스니아 땅을 굽이굽이 적신 뒤 세르비아에서 사바강과 합쳐지며, 사바강은 앞서 살펴보았듯이 베오그라드의 칼레메그단 요새에서 다시 다뉴브(도나우)강과 합쳐져 흑해로 흘러 들어간다.

사라예보의 구시가지 바슈카르지아 광장 입구에 있는 세빌리 샘의 샘물을 마시면 다시 사라예보를 찾게 된다는 속설이 있을 정도로 세빌리 샘은 지난 장고의 세월 동안 이 곳을 지나간 수많은 사람들의 목을 축여 왔다. 이처럼 보스니아와 세르비아는 사바강을 경계로 남·북으로 나뉘며 동·서로는 드리나강을 경계로 하고 있음을 알 수 있다. 보스니아와 드리나강을 유명하게 만든 것은 보스니아 출신 작가 이보 안드리치가 다리를 소재로 한 소설 <드리나 강의 다리>로 1961년 노벨문학상을 받으면서 더욱 더 알려졌다.

세빌리 샘

드리나강의 다리

소설은 드리나강을 중심으로 다리가 처음 건설될 무렵인 16세기부터 1914년 제1차 세계대전 발발과 오스트리아-헝가리 이중제국의 소멸까지, 다리를 둘러싸고 벌어진 400여년에 걸친 종교세력 간의 대립과 갈등을 기록하고 있다. '발칸의 대서사시'라고도 불리우는 소설 <드리나 강의 다리>는 엄밀하게 말해 소설이라기보다 보스니아-헤르체고비나 주민들의 삶과 수세기에 걸친 변화를 묘사한 연대기에 가깝다. 한편, 전세계 여러 나라 언어로 번역되어진 이 노벨문학상 수상작은 작품보다 저자 안드리치의 생애가 발칸반도의 복잡한 정체성에 대하여 보다 상세히 말해 준다. 즉, 저자 안드리치는 보스니아가 오스트리아-헝가리 이중제국의 통치를 받던 시절에 보스니아의 비셰그라드에서 태어나 크로아티아계 부모 밑에서 자랐고 작품 활동은 세르비아의 베오그라드에 가서 하였다. 그러므로 그의 작품들 대부분은 세르비아어로 쓰여졌다. 종교로 말하면 안드리치는 가톨릭을 믿는 크로아티아계 부모 밑에서 태어나 무슬림이 많은 보스니아에서 성장하였으며 작품 활동은 정교의 본산인 세르비아의 베오그라드에 가서 한 셈이다. 그리고 그는 노벨상으로 받은 상금을 보스니아 도서관 건립을 위해 기증하였으며, 보스니아와 세르비아 두 곳에서 모두 과학예술원 회원으로 활동한 후 세르비아의 베오그라드에서 생을 마쳤다. 그렇다면 작가 안드리치의 조국은 어디인가? 그가 태어나고 자란 보스니아인가? 아니면 그의 부모와 선조들의 고향인 크로아티아인가? 아니면 그가 작품 활동을 하고 그에게 노벨문학상의 영광을 안겨준 세르비아인가? 실제로 보스니아와 세르비아, 크로아티아까지 안드리치를 자국 출신이라고 주장한다. 이처럼 안드리치 외에도 발칸에 사는 많은 슬라브인들이 크로아티아, 보스니아, 세르비아의 혈통과 문화를 오갔다. 즉, 이들은 발칸에서 태어나 발칸에서 활동하다 발칸에서 생(生)을 마친 발칸인이며 같은 슬라브족인 것이다. 사실 드리나 강에 다리가 놓여지던 16세기에 보스니아는 오스만 터키의 지배 하에 있었으며, 작가 안드리치(1892~1975)가 태어난 시기에 보스니아는 오스트리아의 지배 하에 있었다.

이처럼 보스니아에 정착한 슬라브인들은 항상 외세의 침입과 지배에 시달려야 했다. 실제, 보스니아는 10세기 초 세르비아 중세 공국의 일부가 되었다가 968년에는 크로아티아 왕국으로 합병되었으며, 997년에 불가리아 제국의 복속국가로 되었다가 1018년에 비잔틴제국의 세력 하에 놓이며 1137년에는 헝가리의 지배를 받았다. 그러므로 이러한 외세의 지배에서 벗어나 보스니아가 독립한 시기는 주변 국가들보다 매우 늦은 13세기 초이며, 그 후 중세 보스니아 왕국으로 발전하여 1353년 트브르트코 1세 시대에 최고의 전성기를 누렸으나 사이사이 외세의 침입과 간섭은 끊이지 않았으며, 특히 헝가리는 보스니아 교회를 헝가리 교구 영향권 하에 두고 시시때때로 간섭하였다.

보스니아 교회는 위치적으로 서로마 교회(후에 가톨릭으로 발전)와 동로마 교회(후에 정교로 발전)의 중간지대 였다. 그러므로 양대 교회에서 파견된 여러 사제들과 선교사들이 보스니아를 경계로 저마다 자신의 교세를 확장하려 하였다. 이러한 양대 교회의 관할권 다툼 속에서 보스니아에는 양쪽의 교회의식을 모두 받아들인 연합교회 형태의 '보스니아 교회'가 탄생하였다. 즉, 서쪽과 동쪽의 경계에 위치한 지리적, 역사적 배경 속에서 서쪽의 가톨릭과 동쪽의 정교가 혼합된 연합교회 형태의 보스니아 교회가 탄생된 것이다.

보스니아 교회

그러나 이러한 연합형태의 보스니아 교회는 어느 한 쪽의 종교적 특징도 온전히 지니지 못하였으므로 양쪽으로부터 모두 이단으로 박해를 받아야 했다. 결국 이러한 종교적 박해는 보스니아인들에게 가톨릭과 정교에 대한 반감을 심어주었으며, 훗날 오스만 투르크가 보스니아를 지배할 때 보스니아인들 대다수가 이슬람교로 전향하여 스스로 무슬림이 되는 결과를 낳았다.

마침내 1453년 오스만 투르크는 콘스탄티노플을 점령하여 비잔틴 제국을 멸망시키고 '콘스탄티노플'을 '이스탄불'로 개칭하였으며, 1459년에 세르비아를 완전히 정복한데 이어 1465년에는 보스니아의 대부분을 장악하였다. 이로써 보스니아는 1878년 오스트리아-헝가리 이중제국의 지배 하에 들어가기 전까지 약 400년 동안을 오스만 제국의 지배 하에 놓이게 된다.

오스만제국 지배 하의 보스니아와 세르비아

오스만 제국의 보스니아 지배 기간 동안 보스니아 내 슬라브인들의 대다수는 보스니아 교회에 대한 믿음을 버리고 오스만의 이슬람교로 개종하였다. 오스만 투르크는 상대적으로 신앙심이 약한 보스니아인들을 상대로 적극적인 이슬람 개종 정책을 펴서, 보스니아 귀족들이 이슬람교로 개종 시 세금혜택, 기득권 인정, 관리 임용 등의 여러 가지 사회적 특혜를 주었으며, 상당수 평민 계급에게도 신분 상승 및 토지 소유 등을 약속해 줌으로써, 오늘날 보스니아 무슬림들의 기원을 형성하게 된다. 즉, 보스니아 무슬림들은 오스만 터키 제국의 지배 기간 동안 제국의 중앙과 지방에서 충실한 공무원으로 그리고 독실한 이슬람 신봉자로 성장하게 되었다. 특히, 8세에서 12세 사이의 똑똑한 남자 아이들을 오스만 제국의 본토로 데려가서 이슬람교로 개종시킨 뒤에 능력에 따라 제국 내 하급 공무원이나 술탄의 직속부대로 편입시키는 데브쉬르메(Devshirme) 제도는 오스만 터키가 발칸을 지배하는 독특한 제도였다. 이 데브쉬르메 제도를 통해 형성된 보스니아 출신 무슬림들은 점차 세력을 키워가면서 오스만 제국에 중요한 영향력을 행사하는 자리에까지 오르게 된다. 앞서 살펴본 드리나 강의 다리 또한 비셰그라드 출신 메흐메드 파샤 소콜로비치(1506~1579)가 데브쉬르메 제도에 의해 훗날 제국의 재상에까지 오른 후 자신의 고향에 선물한 아름다운 아치형 석조 다리였다.

한편 보스니아에는 오스만이 세르비아에 쳐들어 왔을 때 전쟁을 피해 이웃 보스니아로 유입된 세르비아 이주민들이 상당수 있었다. 후에 보스니아도 모두 오스만 치하가 되었을 때 보스니아 원주민들은 이슬람교로 개종하여 관리가 되고 지배계급이 되었으나, 정교를 믿던 세르비아 이주민들은 개종을 하지 않고 그대로 보스니아에 살면서 보스니아 무슬림들에 비해 상대적인 박탈감을 느끼며 착취당하고 무시당하면서 이슬람교와 오스만 제국 그리고 보스니아 무슬림들에 대한 반감을 삭여 왔다. 이로서 보스니아 무슬림과 세르비아 정교도들 사이에는 뿌리깊은 원한이 쌓이게 되었으며, 이는 후에 **세르비아 정교도**들이 **보스니아 무슬림**을 무차별 학살하는 대량 **인종청소**의 비극으로 나타난다.

또한 보스니아와 세르비아의 원한 관계는 주변 강대국들의 이해 관계에 따른 국제 정세적 요인도 크게 작용하였다. 오스만 제국이 지배하고 있던 1875년 보스니아와 세르비아에서 **반(反)이슬람 저항운동**이 발생해 오스만군(軍)에 의해 무자비하게 진압되었는데, 이것이 부동항을 얻기 위해 남하를 꾀하던 러시아에게는 아주 좋은 구실이 되었다. 즉, 러시아는 같은 슬라브 민족이자 정교도인 세르비아인들을 구한다는 명목으로 1877년 오스만에 전쟁을 선포하고 1년간 전쟁을 치르는데, 이 때의 **러·터 전쟁**(1877~1878)에서 보스니아는 주 전쟁터가 되었다. 러·터 전쟁에서 러시아가 승리하자 발칸에서의 러시아 세력 확대를 원치 않았던 **오스트리아**는 독일, 영국 등 유럽의 다른 강대국을 동원해 러시아를 압박하고 새로운 조약을 체결하게 되는데, 이 조약으로 **세르비아**는 같은 정교의 나라인 러시아의 영향력을 차단한다는 명목으로 **독립**된 것에 반해, 무슬림이 많던 **보스니아**는 이웃 가톨릭 국가인 오스트리아에 **행정관리**를 받게 된다. 이로써 오스만의 지배를 받았지만 같은 민족이자 이웃 형제국으로서 수백 년 동안 함께 살았던 보스니아와 세르비아는 완전히 다른 운명을 걷게 되었고, 이는 백 년 후 '인종 청소', '종교 청소'라는 대학살의 비극이 일어나는 또 다른 씨앗이 되었다.

러시아 세력을 견제하며 발칸에서의 지배력을 확대하려는 **오스트리아**는 보스니아에 대한 행정관리에 만족하지 않고 마침내 1908년 보스니아를 강제합병하기에 이른다. 이로써 보스니아는 400년간 이어진 오스만 제국의 지배에서 벗어나자마자 또 다른 거대 제국 오스트리아의 지배하에 놓이게 된 것이다. 한편 세르비아로서는 세르비아계 이주민들이 많이 살고 있던 보스니아를 손에 넣어 대(大)세르비아 민족국가를 건설하려 궁리하고 있었는데, 갑자기 중부유럽의 절대강자인 오스트리아가 나타나 무력으로 보스니아를 강제 합병해 버림으로써 뒤통수를 맞은 셈이 되었으며, 따라서 어떻게든 오스트리아에 대한 복수를 벼르고 있었다. 그러던 중 마침내 1914년 오스트리아 제국 합스부르크 왕가의 황태자 프란츠 페르디난트 부부가 점령국 보스니아의 현지 민심을 살피기 위하여 사라예보를 방문하게 된다. 공교롭게도 황태자가 사라예보에 도착한 6월 28일은 세르비아가 1398년 오스만 투르크와의 코소보 전투에서 패배해 중세 세르비아 왕국이 멸망한 국치일이었다. 그러므로 세르비아 민족주의자들은 국치일에 거사를 일으켜 역사적 수치심에서 벗어나고자 하였다. 세르비아 민족주의자들의 비밀결사 '흑수단(Black Hand)'은 사라예보역에서 시청에 이르는 거리 곳

사라예보의 라틴 다리

곳에 잠복해 카퍼레이드를 벌이는 황태자의 목숨을 노렸다. 마침내 황태자 일행이 지나가는 행렬 앞에 수류탄이 투척되었으나 황태자는 무사했으며 대신 2명의 수행원이 부상을 당하였다. 하지만 황태자는 환영식 도중 갑자기 일정을 바꾸어 수류탄에 부상당한 수행원들을 위문하고자 병원으로 향했으며, 갑작스런 일정 변경으로 운전사는 병원으로 가는 길을 잘못 알았고 황태자 부부는 밀야츠카강의 라틴 다리 앞에 운명적으로 멈추게 된다.

그런데 이 운명의 라틴 다리 앞에는 때마침 흑수단의 스무살 세르비아계 청년요원 가브릴로 프린치프가 암살기도를 포기하고 집으로 돌아가던 중 매점에서 요기를 하고 있었다. 정말 기막힌 우연이었다. 프린치프는 곧바로 차 안으로 총을 쏘아댔고, 황태자 부부는 그 자리에서 숨을 거두었다. 인류의 역사를 바꾸는 순간이였으며 제1차 세계대전의 신호탄을 알리는 '라틴 다리의 총성'이었다.

사건이 일어나자마자 오스트리아는 기다렸다는 듯이 세르비아에 선전포고를 하였으며, 러시아는 '대(大)슬라브 민족주의'의 기치 아래 세르비아를 돕기 위해 전쟁에 참여하였고, 오스트리아의 군사동맹국인 독일이 러시아에 선전포고를 하자, 독일과 대립하던 영국과 프랑스 또한 발칸 진출을 노리며 전쟁에 참여함으로써 마침내 제1차 세계대전(1914~1918)이 발발한다. 즉, 라틴 다리(Latin Bridge)에서 울린 한발의 총성이 900여 만 명의 목숨을 앗아간 참혹한 세계대전의 도화선이 된 것이다. 또한 오스만 투르크도 발칸에서의 옛 영토 회복과 러·터 전쟁(1877~1878)에서의 패배를 앙갚음 하기 위해 러시아 반대편의 오스트리아, 독일 동맹국편에 가담하였다. 즉, 러시아, 세르비아의 정교 세력을 공략하기 위해 오랜 숙적이였던 이슬람의 오스만과 가톨릭의 오스트리아가 손을 잡은 것이다. 결국, 윌슨 미국 대통령도 독일에 대한 전쟁을 선포함으로써 34개국이 연합국과 동맹국으로 나뉘어 4년간 치열한 전투를 벌인 끝에 1천만 명에 가까운 사망자를 낸 세계대전이 되고 말았으며, 전쟁의 한복판에 서 있던 보스니아는 초토화되었다.

제1차 세계대전에서 연합국 편에 섰던 세르비아는 연합국의 승리와 더불어 남슬라브족의 단일국가를 표방하며 세르비아 중심의 세르비아-크로아티아-슬로베니아 왕국(일명 베오그라드왕국)을 설립하는데, 여기에 보스니아도 편입되게 된다. 그 후 제1차 세계대전은 필연적으로 제2차 세계대전(1939~1945)을 잉태하였고, 전쟁 중에 나치에 대항하여 인민해방군을 이끌었던 티토는 전후 사회주의 유고슬라비아 연방을 구성하는데, 보스니아는 연방의 6개 공화국 중의 하나인 보스니아-헤르체고비나 공화국으로 편입되었다. 티토는 다민족, 다문화, 다종교로 이루어진 유고슬라비아 연방의 존속과 발전을 위하여 보스니아 무슬림과 세르비아계 정교도 그리고 가톨릭의 크로아티아계가 서로 혼재해 있는 보스니아 공화국을 다민족 국가의 새로운 모델로 제시하고자 했으며, 이를 위해 각 민족 간의 혼혈정책을 장려함으로써 새로운 민족으로서의 유고슬라비아인을 창출하고자 노력하였다. 그러나, 티토 사후(死後) 얼마 가지 않아 유고슬라비아 연방은 유고내전(1991~1995)에 휩싸였고, 그 중에서도 보스니아 내전(1992~1995)은 가장 참혹한 인종청소의 비극을 가져왔다. 보스니아 전쟁은 나치 대학살에 비유될 만큼 참혹했다. 한 인종을 집단적으로 말살시키기 위한 인종청소 정책으로 씨를 가진 남성들은 바로 죽이고, 여성들은 강간하고 집단 수용해 원치도 않는 세르비아 아기를 낳게 했다. 보스니아인들은 발칸의 맹주임을 내세우는 세르비아와 크로아티아 사이에 끼어 단지 종교와 인종이 다르다는 이유로 참혹하게 죽어갔다.

특히, 사라예보 무슬림들은 43개월 동안 세르비아군에 의해 봉쇄당한 채 극심한 추위와 공포를 견뎌야 했다. 유엔의 개입으로 세르비아군의 시내 진입은 막았지만 세르비아군에 의해 완전히 포위된 **사라예보**는 어느 누구도 들어오고 나가는 것이 허락되지 않는 죽음의 도시가 된 것이다. 결국 굶주림에 지친 사라예보 사람들은 맨손으로 땅굴을 팠다. 살기 위해선 밖으로 나갈 수 있는 길을 찾아야 했고, 그 유일한 방법은 **지하터널**이었던 것이다. 그들은 세르비아군의 눈에 띄지 않게 공항 인근 가옥의 지하창고에서 땅을 파내려갔다. 맨손으로 흙을 파내고 무너지면 또 파고, 피가 나고 머리가 깨지더라도 살아남아야 한다는 신념으로 6개월 동안 흙을 파내서 공항 바깥 점령군의 뒤쪽 유엔군 안전지대로 이어진 길이 760m의 땅굴을 팠다. '**희망의 터널**'이라 부르는 이 생명선으로 물과 식량이 들어오고 사라예보 사람들은 살아남았다.

사라예보 의 '희망의 터널'

또한 **보스니아 내전** 기간에 벌어진 **인종청소**의 참혹상 가운데 보스니아와 세르비아 국경 마을 **스레브레니차**에서 벌어진 집단학살은 제2차 세계대전 이후 유럽에서 벌어진 가장 큰 규모의 집단학살로 기록된다. 전쟁이 치열해지며 보스니아인들은 광폭한 세르비아군을 피해 산악지역으로 숨어 들기 시작했는데, 세르비아와의 국경지역 깊은 산속 작은 마을 스레브레니차에는 이렇게 숨어든 피난민들이 6만 명에 달했다. 유엔이 이 마을을 '안전지역'으로 지정하자 수많은 난민들이 모여든 것이다. 그러나 이곳은 결코 안전지역이 아니었다. 세르비아계 반군 사령관 믈라디치가 이끄는 세르비아군들은 중화기로 무장한 채 마을을 점령한 후 닥치는 대로 파괴하고 학살하였다. 이들은 이슬람을 형상하는 모든 것들을 파괴하였으며 무슬림들을 무조건 학살함으로써, 자신들이 수세기 동안 오스만의 무슬림한테 당한 수모를 같은 무슬림인 보스니아인들에게 되갚은 것이다. 1995년 7월 닷새 동안 세르비아군과 세르비아계 반군은 스레브레니차에서 잠재적 전투능력이 있는 무슬림 소년과 남성을 골라 집단으로 학살하였으며, 기관총을 쏴 주민들을 죽인 후 불도저로 시체를 파묻어 버렸다. 공식기록으로는 8,372명이 죽임을 당했다고 하지만 사망자가 2만 명에 이른다는 추정이 있을 정도로 최대의 집단학살 사건이였다.

스레브레니차 사건

마침내 세르비아와 세르비아계 반군에 대한 나토의 공습과 미국을 위시한 UN의 개입으로 보스니아 내전은 **데이턴 합의안**에 따라 중재되었다. 데이턴 합의안은 보스니아의 무슬림과 크로아티아인이 서로 연합하는 정치체제(보스니아-헤르체고비나 연방)와 세르비아인이 주도하는 또 다른 정치체제(스르프스카 공화국)가 영토를 각각 51% : 49%로 나누고, 대통령은 8개월에 1번 씩 돌아가며 3명(보스니아계, 크로아티아계, 세르비아계)의 대표가 각각 맡는다는 내용을 골자로 하였다. 즉, 1개의 국가 **보스니아-헤르체고비나** 안에 2개의 다른 정치체제(보스니아-헤르체고비나 연방, 스르프스카 공화국)가 존재하며 3명(보스니아계, 크로아티아계, 세르비아계)의 대통령이 돌아가며 전체의 대표를 맡는 셈이다. 다시 말하면, 지리적 행정구역으로 **보스니아 무슬림**과 **크로아티아계**가 차지하는 **보스니아-헤르체고비나 연방**이 보스니아 전체 영토의 51%를 차지하며 수도는 **사라예보**이고, **세르비아계**가 차지하는 **스르프스카 공화국**이 나머지 49%를 차지하며 수도는 **반야루카**로서 1국가 2체제의 형태를 이루고 있는 것이다.

보스니아-헤르체고비나 연방 과 스르프스카 공화국

결국, 사라예보 **라틴 다리의 총성**은 제1차 세계대전을 불러일으켰고 제1차 세계대전은 필연적으로 제2차 세계대전을 잉태하였으며, 제2차 세계대전에서 히틀러의 지원을 받은 **크로아티아계**는 **세르비아계**를 무참히 학살하였고, 유고내전에서 세르비아계는 무슬림에 대한 보복으로 **보스니아계**를 더 참혹하게 대량 학살함으로써, 비극은 돌고돌아 다시 **사라예보! 사라예보!!** 로 온 셈이다.

(2) 유럽의 예루살렘 사라예보

세르비아의 수도 베오그라드에서 보스니아의 수도 사라예보까지는 300km도 안되는 거리이지만 험준한 산악지역을 통과하는 버스는 무려 6시간이나 걸려서야 사라예보에 도착한다. 도중에 세르비아와 보스니아의 국경 즈보르니크(Zvornik)에서의 경찰의 삼엄한 경계와 까다로운 출입국 절차가 이 지역이 한 때 치열한 전쟁을 치루었던 곳이였음을 암시하여 준다. 본래 '발칸'이란 단어가 터키어로 산이 많고 푸르다는 뜻을 지니고 있듯이, 발칸 반도 중에서도 보스니아는 가장 산이 많고 험준한 지역으로 알려져 있다. 하지만, 구불구불 이어지며 점점 높아져 가는 도로 사이사이로 펼쳐지는 수려한 경관은, 총탄 자국이 그대로 새겨진 채 방치되어 있는 가옥들과 여기저기 눈에 띄이는 공동묘지를 무색하게 할 정도로 아름답기 그지 없다.

사라예보는 사면이 높은 산으로 둘러싸여 있고 그 아래 안 쪽 구릉지대 가운데를 보스나 강의 한 지류인 밀야츠카 강이 흐르는 분지에 자리잡고 있다. 그러므로 보스니아 내전(1992~1995) 당시 세르비아군(軍)이 사라예보를 사방팔방 꼭꼭 에워싸고 산 위 쪽에서 아래 쪽 분지를 향하여 포탄을 퍼부었을 것을 생각하면, 얼마나 끔찍한 일이 벌어

사라예보로 가는 길

사라예보 근교의 공동묘지

졌었는지 상상조차 하기 힘든다. 전쟁이 끝난지 벌써 20여년이 지났건만 아직도 완전한 평화의 길은 멀게만 느껴지는 것은, 베오그라드에서 출발한 시외버스가 사라예보 시내 안으로 들어가지 못하고 시 외곽에 손님을 내려놓는 것에서 출발한다.

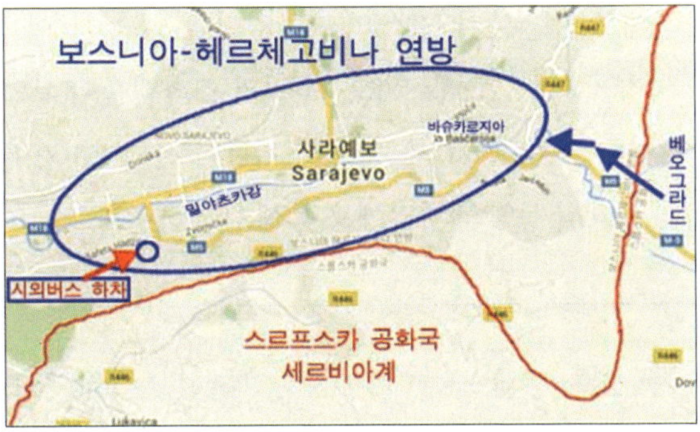

보스니아-헤르체고비나 연방의 수도 사라예보

즉, 전쟁이 끝난지 20년이 더 지났지만 세르비아계가 운영하는 버스에서 내려 500여 미터를 더 걸어간 후 보스니아계가 운영하는 정류장에서 대중교통으로 다시 갈아타야 하는 것이다. 처음 사라예보를 찾는 외국인이라면 누구나 당황할 수 밖에 없는 상황이다. 하지만, 외국인에 대한 사라예보 사람들의 표정은 밝고 친절하였다. 겉보기에 퉁명스럽고 무뚝뚝해 보이지만 필자가 건넨 러시아어 몇 마디에 아주 상냥하고 친절하게 버스 정류장까지 직접 안내해 주었다. 옆에서 우리의 대화를 엿듣고 있던 청년은 대신 버스비까지 내어 준다. 세르비아 돈 디나르(Dinar)는 당연히 사용할 수 없고, 아직 환전을 하지 않아 보스니아 돈 마르카(BAM)는 없었던 것이다. 시내 중심까지 약 20~30분 이동하는 버스 안에서 러시아어로 묻고 보스니아어로 답하는 대화가 의

사소통에 크게 지장없이 이루어짐으로써 여기가 같은 슬라브어권 임을 실감한다. 사라예보가 우리에게 낯익게 된 것은 1973년 4월 10일 이 곳 사라예보에서 열린 세계 탁구선수권대회에서 이에리사 선수를 비롯한 한국팀이 중국, 일본을 차례로 누르고 단체전 우승을 한 소식이 전해지면서 부터이다. 그 후 1984년 사라예보 동계 올림픽이 열릴 정도로 사라예보는 당시 제3세계의 맹주였던 유고슬라비아의 중요도 시였었다. 차창 너머로 그 때 열렸던 올림픽 스타디움이 보인다. 그러나 내전 기간 동안 저 스타디움 안에 시체들이 산더미처럼 쌓여 있었다는 사실은 43개월 동안의 사라예보 봉쇄가 말해준다.

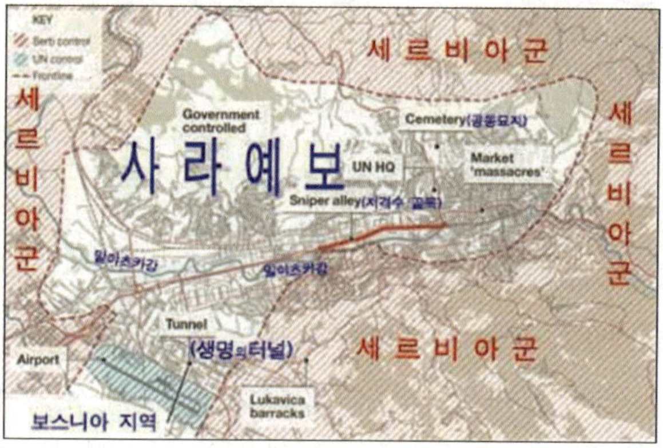

사라예보 봉쇄

사실, 43개월 동안의 사라예보 봉쇄(1992~1995)는 제2차 세계대전 때 히틀러에 의한 900일 동안의 레닌그라드 봉쇄(1941~1944) 보다도 더 긴 가장 오랜 봉쇄기간이였다. 사방팔방이 세르비아군에 의해서 꽉 막힌 상태에서 유일한 돌출구는 당시 UN이 점령하고 있던 공항 밖에 없었다. 저격수 골목에서 언제 날아올지 모르는 총탄 세례를 무릅쓰고 사라예보 무슬림들은 가족을 위해 이리저리 식량을 찾아 다녀야 하는 상황이였다. 살기 위해선 밖으로 나갈 수 있는 길을 찾아야 했고, 그 유일한 방법이 지하터널이였다. 하는 수 없이 사라예보 사람들은 세르비아군의 눈에 띄지 않게 공항 인근 가옥의 지하창고 밑을 은밀히 파 내려가기 시작하였다. 오직 살아남아야 한다는 신념으로 6개월 동안 흙을 파내고 또 파내서 공항 바깥 점령군의 뒤쪽 유엔군 안전지대로 이어진 길이 760m의 땅굴을 판 것이다. '희망의 터널' 또는 '생명의 터널'이라 부르는 이 생명선으로 물과 식량이 들어오고 사라예보 사람들은 살아남았다.

공항 인근 가옥 -- 박물관

생명의 터널' 지하 통로

사라예보는 예전부터 산이 많고 물이 풍부한 지역으로 근교에서는 선사시대의 유적물들이 많이 발견되고 있으며, 서쪽의 사라예보 평원에는 로마 시대 병영 주둔지와 로마식 목욕탕의 흔적들이 남아 있다. 오랫동안 지속된 오스만 투르크의 지배와 영향으로 도시 전체의 인상은 터키식 이슬람 풍의 무슬림 도시처럼 느껴지지만, 1878년 이후 오스트리아의 지배 시기에 지어진 건물들에서는 유럽 풍의 서유럽 도시가 떠올려진다. 이처럼 사라예보가 동유럽 및 서유럽의 다른 도시와 달리 매력적인 가장 큰 이유는 세계의 종교와 문명을 고스란히 품고 있기 때문이다. 사라예보에 들어서면 무슬림의 기도시간을 알리는 아잔(adhan)소리가 멀리 울려퍼지는가 싶으면, 어디선가 가톨릭 성당의 종소리가 들려오고, 이어서 정교회의 긴 종소리가 시간을 교차하며 들려온다. 각기 다른 종교적 양식에 따라 세워진 이슬람 모스크, 가톨릭 성당, 정교회 예배당, 유대인의 교회당인 시나고그(Synagogue)가 다닥다닥 붙어 있는 것이다. 이는 오스만 군대가 보스니아로 쳐들어와 멋진 모스크를 짓고 이슬람으로 개종하려 할 때도 성당이나 정교회를 파괴하지 않았으며, 가톨릭의 오스트리아 군대도 이곳 사라예보를 정복하였을 때 멋진 성당을 더 지었을 뿐 모스크를 때려 부수지는 않았기 때문이다. 또한 보스니아 전쟁 때도 세르비아군이 사라예보에 총격은 가했어도 의도적으로 성당이나 모스크를 파괴하지는 않았다. 그러므로 사라예보는 숱한 외침에 시달리면서도 지구촌 어디에서도 찾아보기 힘들게, 모스크와 성당과 정교회 예배당 그리고 시나고그까지 거의 붙어 있는 믿지 못할 광경을 연출하고 있는 것이다.

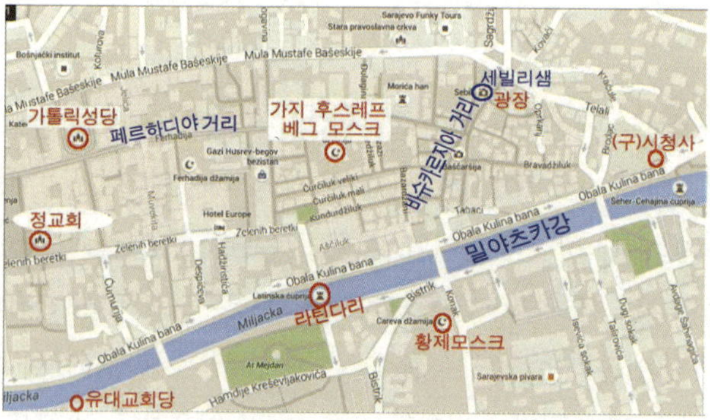

사라예보 구시가지 지도

사라예보의 구시가지는 크게 바슈카르즈지아 거리와 페르하디야 거리가 중심을 이룬다. 또한 사라예보의 가장 역사적인 장소는 앞서 살펴보았듯이 제1차 세계대전의 발화점이 된 라틴 다리이다. 우리나라의 청계천 보다 약간 크다 싶을 정도의 밀야츠카 강에 놓인 이 평범한 아치형 다리 위에서 그토록 어마어마한 세계대전이 촉발되었다는 것이 언뜻 믿겨지지 않는다.

라틴 다리

다리 건너편의 Museum

라틴 다리 건너편에는 박물관(Museum)이라고 씌여진 건물이 있다. 예전에 이 건물에는 식료품을 파는 가게가 있었다. 바로 이 가게에서 프린치프는 간단한 요기를 하고 있었으며, 때마침 길을 잘 못 들어 다리 뒤로 리턴하고 있던 황태자 부부의 자동차를 발견했던 것이다. 그날의 그 총성 소리를 떠올리며 밀야츠카 강을 따라 조금 올라가면 황태자 부부의 환영식이 열렸던 구시청사 건물이 눈에 뜨인다.

구·시청사

강변에 자리잡은 사라예보 구.시청사는 현재 도서관으로 쓰이고 있다. 구.시청사에서 도보로 5분 거리에 사라예보 구시가지 관광의 시발점이라 할 수 있는 **바슈카르지아 광장**과 **세빌리샘**이 나온다. 세빌리샘은 1754년에 만들어졌으나 1852년에 화재로 소실된 뒤 다시 1891년에 복원되었다.

바슈카르지아 광장의 세빌리샘

바슈카르지아 광장의 **세빌리샘**은 한 번도 마르지 않고 한결같이 청결한 지하 암반수를 공급하고 있으며, 지금도 40만 사라예보 시민들과 오가는 관광객의 목을 축여 준다. 이 곳을 지배했던 오스만군도, 그리고 이 곳을 점령했던 오스트리아군도 저 샘의 물을 마셨으리라! 예로부터 산이 깊고 물이 풍부하기로 유명한 사라예보의 샘물을 마시면 사라예보를 다시 찾게 된다는 풍문이 있다. 실제로 이 샘에서 발원된 물은 **밀야츠카강**을 따라 흘러 **보스나강**으로 흐르고 다시 **사바강**과 합쳐져 **도나우강**을 지나 **흑해**로 흘러 들어간다.

사라예보의 '중앙시장'이라 불리는 **바슈카르지아 거리** 양 옆에는 수공예품 등을 직접 만들어 파는 기념품 가게를 비롯하여, 이슬람 문화의 영향을 받은 터키식의 여러 가지 물건들을 파는 500여 개의 다양한 가게들이 즐비해 있다. 특히, 전쟁 중에 떨어진 총탄의 탄피들을 모아 볼펜 등의 장신구를 만들어 파는 것이 매우 인상적이다.

바슈카르지아 거리

장신구 가게의 탄피 볼펜들

바슈카르즈지아 광장 거리 뒤편으로 보이는 모스크가 바로 사라예보를 대표하는 이슬람식 건축물로서, 당시 1521~1541년 보스니아를 통치하던 '가지 후스레프 베그'의 지시로 1530년에 완성된 가지 후스레프 베그 모스크(Gazi Hüsrev Beg's mosque)이다.

가지 후스레프 베그 모스크

본래, 이슬람교 사원을 뜻하는 모스크는 영어이며, 스페인어로는 메스키타(Mezquita)라 부르는데, 이는 '엎드리는 곳'이란 뜻의 아랍어 마스지드(Masjid)에서 왔다. 즉, 무슬림들이 허리를 굽히고 엎드려 예배를 드리는 데서 연유한 말이다. 가지 후스레프 베그는 보스니아를 통치했던 터키인으로서 모스크와 학교, 도서관 등 많은 건축물과 시설들을 건설함으로써 사라예보를 위하여 크게 공헌한 인물이다. 그러므로 모스크의 정원에는 그의 시신을 안치한 석관이 있으며, 내부에는 모스크와 정원, 분수대, 8각형 모양의 건축물, 하맘, 이슬람 묘지 등이 있다. 가지 후스레프 베그 모스크는 보스니아 내전으로 많이 손상되었지만, 중동의 사우디아라비아를 비롯한 이슬람 국가의 지원으로 1996년 복원되었다.

가톨릭 대성당

가지 후스레프 베그 모스크에서 **페르하디야 거리**를 따라 내려가면 보스니아에서 가장 큰 로마 가톨릭 성당인 사라예보 **가톨릭 대성당**(The Cathed ral of Jesus' Sacred Heart)을 만난다. 사라예보에서 제일 번화하다고 하는 신시가지 페르하디야 거리에 자리한 **가톨릭 대성당**은 1889년 오스트리아 제국 지배시기에 파리의 노틀담 대성당을 모방하여 신로마네스크 양식과 고딕양식으로 지어졌다.

한편, 가톨릭 대성당 맞은편 쪽에는 또 다른 종교의 **보스니아 정교회**(Bosnia Orthodox church) 건물이 우뚝 솟아 있다. 보스니아의 정교회는 1868년에 완공된 뉴 바로크 양식의 건물이다.

보스니아 정교회

시나고그

갈색으로 지어진 보스니아 정교회는 다섯 개의 돔을 가지고 있으며 교회 내부에는 정교회의 특징인 이콘들이 제대와 벽을 장식하고 있다. 보스니아 정교회 또한 보스니아 내전 때 파괴되었다가 1999년에 재건축되었다. 사라예보의 보스니아 정교회에서 밀야츠카 강쪽으로 걸어가면 강 건너편에 유대교 회당 시나고그(Synagogue)가 눈에 띄인다.

스페인으로부터 박해를 당하고 쫓겨난 유대인들이 사라예보에 자리를 잡으면서 유대인 커뮤니티가 생겨났고, 그 후 1902년에 시나고그가 지어졌으며, 오늘날까지도 유대교 교회당으로 사용되고 있다. 이처럼 사라예보에는 유대교 회당을 비롯하여 가톨릭 성당, 정교회 예배당, 이슬람 모스크 등 세계의 종교가 모여 공존하고 있다. 어찌보면 이들의 종교는 한 뿌리에서 나왔다. 기독교와 이슬람교도 같은 유대교에서 파생된 것이다. 즉, '아브라함'이라는 동일한 조상에서 출발했고 '구약성서'를 동일한 경전으로 사용한다. 기독교는 서로마와 동로마가 갈라지면서 서쪽 교회는 로마 가톨릭이 되었고 동쪽 교회는 동방 정교가 되었다. 이렇게 같은 예수 그리스도를 믿는 기독교가 분열된 것은 서로마 교황과 동로마 황제 사이의 알력다툼에서 비롯되었다. 결국, 서쪽의 교회에서는 교황을 위시로 하는 로마 가톨릭으로 발전하였고, 동쪽의 교회에서는 황제를 위시로 하는, 즉 황제가 곧 교회의 수장을 겸하며 기독교의 교리와 원칙을 중요시하는 정교(Orthodox)를 세웠는데, 이것을 서로마에서 볼 때 동쪽이므로 '동방정교(Eastern Orthodox)'라 하고, 동로마가 그리스 지역이므로 '그리스 정교'라고 부른 것이다. 그러므로 이 '정교'가 세르비아로 가면 '세르비아 정교'가 되는 것이며, 러시아로 가면 '러시아 정교'가 되는 것이다. 그런데, 서쪽의 가톨릭과 동쪽의 정교 사이의 중간 경계 지대에 놓인 보스니아 지역은, 처음에 세르비아 제국 시절에는 세르비아가 정교를 받아들임으로써 제국 치하에서 정교를 믿다가, 오스만 투르크가 쳐들어와 이슬람의 지배를 받으면서 자의반 타의반 거의 모두 이슬람교로 개종하였다. 그러나, 오스만 투르크가 쳐들어왔을 때 이웃 세르비아에서 보스니아 지역으로 피난 온 세르비아인들은 계속 그대로 정교를 믿었다. 한편, 제2차 세계대전 때 히틀러의 나치당이 무서워 이웃 크로아티아에서 역시 보스니아 지역으로 도망쳐 온 크로아티아인들도 원래 자신들의 종교인 가톨릭을 그대로 믿었다. 이로써 보스니아 지역에는 원래 보스니아 땅에 살고 있던 원주민들은 정교에서 이슬람교로 개종하였고, 이웃 세르비아에서 유입된 세르비아인들은 정교를, 그리고 이웃 크로아티아에서 유입된 크로아티아인들은 가톨릭을 믿었던 것이다. 즉, 한 지역 안에 보스니아계 이슬람교도, 세르비아계 정교도, 크로아티아계 가톨릭교도들이 한 이웃으로 어언 400년을 함께 살아왔다. 이처럼 서로 믿는 종교만 달랐을 뿐 이들은 같은 민족이였으며 오랜 세월 동안 학연, 지연 등으로 서로 얼키고 설켜 왔다. 실제로 티토 시절에 유고슬라비아는 각 종교 간의 통혼을 장려함으로써 어느 계에도 속하지 않는 유고슬라비아인을 육성하였다. 그러나 티토 사망 후 유고 연방은 해체되고 유고 내전으로 치달으며 단지 종교가 다르다는 이유 만으로 동족 간의 피비린내 나는 살육전쟁이 일어난 것이다. 그리고 전쟁이 끝난지 20여 년이 지났지만 아직도 시내 곳곳의 건물에는 총탄 자국이 그대로 선명하게 남아있으며, 시 외곽에는 전쟁 때 파괴된 가옥이 그대로 방치되어 있다.

전쟁에 파괴된 가옥

유대교 시나고그가 있는 밀야츠카 강변을 따라 **라틴 다리** 반대 방향으로 내려가면 사라예보 시내 중심에 위치한 또 하나의 다리 **브르반자 다리**(Vrbanja bridge)를 만난다. 사람들은 이 다리를 가리켜 '**로미오와 쥴리엣 다리**'라고 부른다. 사라예보가 봉쇄 당한 채 보스니아 내전이 한창이던 1993년 5월 어느 날, 이 다리 위에서 사랑하는 청춘남녀가 서로를 꼭 껴안은 채 총살되었기 때문이다. 남자는 **정교**를 믿는 **세르비아계** 청년 보스코 브르기치(Bosko Brkic)였으며, 여자는 **이슬람교**를 믿는 **보스니아계** 처녀 아드미라 이스미치(Admira Ismic)였다. 이들은 서로 종교가 다른 집안에서 태어났지만, 사라예보 동계 올림픽이 열리던 1984년 신년파티에서 처음 만나 사랑을 키웠으며 연인으로 발전하였고, 사라예보가 봉쇄되기 시작하자 밖으로의 탈출을 감행하였던 것이다.

사라예보의 '로미오와 쥴리엣' 다리

무슬림이 즐겨입는 검은색 옷차림에 가방을 멘 그녀는 무엇이 즐거운지 연신 가방을 흔들며 연인의 손을 꼭 잡은 채 마치 춤을 추듯 다리 위를 걸어 나가고 있었다. 그 순간 공기를 가르는 총소리가 들리고 남자는 그 자리에 쓰러졌으며, 곧이어 또 한발의 총소리에 여자도 쓰러졌다. 그녀는 그의 곁으로 힘겹게 다가가 그의 어깨에 팔을 올려 무언가를 속삭이더니 이내 숨을 거두고 만다. 종교적인 차이도 뛰어넘은 이들의 사랑은 비인도적인 전쟁의 틈바구니에서 이렇게 사라져 갔다. 그리고 사라예보의 로미오와 쥴리엣의 시체는 4일 동안이나 그 자리에 방치되어 있었다. 사라예보를 포위한 세르비아 측에서도 수성을 하던 보스니아 측에서도 서로 상대방을 비난하기에 바빴다. 오늘날 사라예보의 로미오와 쥴리엣이 쓰러진 자리에는 젊은 연인들이 서로의 사랑을 확인하는 역사적인 장소가 되었다.

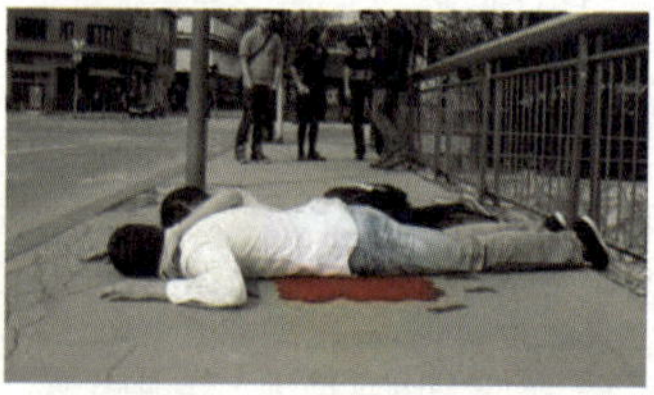

사라예보의 '로미오와 쥴리엣'

사라예보 봉쇄 기간 동안 비극은 계속되었으며, 사람들은 물과 식량을 구하기 위하여 처절한 사투를 벌여야 했다. 1992년 어느 날, 총과 포탄 사이를 숨어다니며 먹을 것을 구하던 사람들에게 한 가게에서 빵을 만들어 판다는 소식이 들렸고, 사람들은 빵을 사기 위하여 가게 앞에 길게 줄을 섰다. 그런데, 그 때 갑자기 어디에선가 포탄이 날아와 터지면서 22명이 죽고 100여 명이 부상당하는 참사가 발생한다. 순식간에 거리는 사람들의 비명과 시체 그리고 피로 얼룩진 지옥이 되고 말았다. 그리고 그 다음날, 이 지옥의 현장에 첼로를 든 한 남자가 나타난다. 그는 부숴진 건물 더미 위에 앉아 말없이 첼로를 연주하기 시작했다.

사라예보의 첼리스트

그의 첼로 연주는 22일 동안 계속되었다. 사람들이 슬픔에 빠졌을 때 많이 듣는 아다지오 G단조(Adagio in G minor)의 곡이 흐르는 동안, 폐허가 되다시피 한 사라예보에는 잠시나마 총성이 멈추고 평화가 찾아 들었다. 전쟁 전에 사라예보 필하모닉 소속이였던 베드란 스마일로비치(Vedran Smailovi c)는 전쟁의 비극 속에 한가닥의 희망을 주기 위하여 수많은 곳을 찾아다니며 연주를 하였으며, 후에 '사라예보의 첼리스트'로 세상에 널리 알려졌다.

(3) 모스타르의 다리 스타리 모스트

사라예보에서 보스니아의 남부 헤르체고비나 지역의 중심인 중세 도시 모스타르(Mostar) 까지는 버스로 약 2시간 반정도 걸린다. 모스타르에는 도시의 상징인 다리 '스타리 모스트'가 있다. 원래 '모스트(Мост)'는 러시아어로 '다리'라는 뜻이며 '스타리(Старый)'는 '늙은, 낡은, 오래된, 옛...' 등의 뜻이 있다. 그러므로 스타리 모스트는 영어로 하면 Old Bridge에 해당된다.

스타리 모스트

이 '오래된 다리(Old Bridge)'는 15세기 오스만 투르크가 헤르체고비나 지역을 지배할 당시에 오스만군의 서쪽 달마티아 해안 진출을 용이하게 하기 위하여 1566년에 건설되었다. 당시 중요한 이 다리(모스트)를 지키던 오스만 군인 부대를 '모스타르(다리의 수호자)'라고 부른 데서 '모스타르'라는 도시명이 생겨났다. 30m 길이의 돌로 건축된 아치형의 스타리 모스트는 개통되었을 당시, 세계에서 가장 긴 단일 구간의 다리로서 오스만 군대가 달마티아 해변의 부유한 도시로 손쉽게 접근할 수 있도록 해 주었고, 은이 풍부하게 산출되는 보스니아 내륙 산악 지대와의 교역을 수월하게 해 주었으며, 달마티아의 염전으로부터 귀중한 소금을 내륙 지방의 마을로 신속하게 수송할 수 있도록 해 주었다. 유럽에서 이슬람 양식으로 지어진 다리 중 가장 아름답다고 평가받는 **스타리 모스트**는 단순히 강을 건너기 위한 다리의 기능보다 더 큰 의미를 지니고 있었다. 모스타르 도시는 **네레트바 강**을 사이에 두고 서쪽에는 주로 크로아티아계가 많이 살고 동쪽에는 주로 보스니아계가 살고 있으며, 가운데의 **스타리 모스트**가 크로아티아계의 **가톨릭** 문화와 보스니아계의 **이슬람** 문화를 서로 연결시켜 준다.

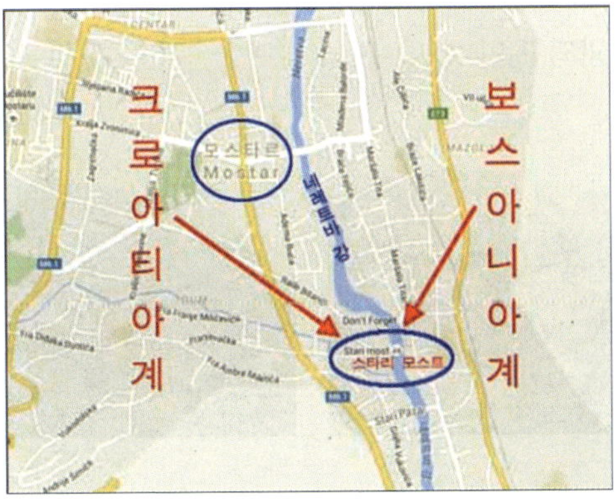

네레트바 강의 스타리 모스트

이처럼 이들은 수백년을 **스타리 모스트**를 오가며 학연, 지연으로 서로 얼키고 설키며 한 이웃으로 지내왔다. 그러므로 보스니아 내전 초기에 **세르비아계** 민병대가 사라예보를 봉쇄한 후, 모스타르를 점령하기 위하여 공격해 왔을 때, 크로아티아계와 보스니아계는 똘똘 뭉쳐 **모스타르**를 방어하는데 성공한다. 1600여 명의 사망자를 남기고 세르비아군이 마침내 물러갔다. 즉, **가톨릭**과 **무슬림**이 힘을 합쳐 **정교** 세력을 막아낸 것이다. 그러나 세르비아계의 공격이 끝난 직후 **크로아티아계**는 모스타르와 인근 지역을 무력으로 장악하고, 보스니아 내 자신들의 '헤르체그-보스니아 공화국(Republic of Her zeg-Bosnia)'을 만들어 이웃한 크로아티아 공화국과의 병합을 추진해 나아갔다. 즉, 보스니아 내의 크로아티아계가 크로아티아와 합치려 한 것이다. 보스니아 무슬림계는 크로아티아계의 모스타르 장악에 강력히 반발하였고, 양측 간의 군사적 충돌은 특히 1993년 봄을 기점으로 촉발하게 된다. 결국 네레트바 강을 사이에 두고 서쪽의 크로아티아계와 동쪽의 보스니아계는 치열한 전투를 벌이며, 마침내 1993년 11월 모스타르의 상징이자 수백년을 오가며 동·서 문물 교류의 연결고리였던 스타리 모스트는 처참히 파괴되고 만다.

1993년 ← 스타리 모스트 → 2004년

모스타르 시(市)를 장악한 크로아티아계 민병대는 지역 내에 거주하던 무슬림들을 추방하거나 학살하였으며, 15세기 이후 건축되어 온 상당수의 이슬람교 사원들을 닥치는 대로 파괴하였다. 도시 인구가 내전 전의 약 절반으로 줄어들었으며, 아직도 도시 내에는 당시 내전의 흔적들이 남아있다.

모스타르의 파괴된 건물

보스니아 내전에서 사라예보는 이

슬람과 정교의 충돌이였지만, 모스타르는 정교와 이슬람 그리고 가톨릭이 뒤엉키면서 더욱 복잡한 양상을 띠었으며, 그래서 내전 중의 최대 격전지가 되고 인명피해도 가장 심하게 발생하였다. 세르비아군이 물러가자 대세르비아에 대항해 대크로아티아를 내세운 크로아티아가 모스타르에 살고 있던 크로아티아계와 합세해 힘이 빠진 보스니아 원주민들을 공격한 것이다. 즉, 대(大)세르비아, 대(大)크로아티아를 내세우는 양 강대국 사이에 끼여 힘없는 보스니아 무슬림 원주민들은 이래저래 당할 수 밖에 없었다. 무슬림 원주민들은 9개월 동안 크로아티아군에 포위되어 '인종청소'를 당했으며, 이 과정에서 무려 3천여 명이 학살되었다. 가톨릭 지역에 있던 무슬림들은 모두 강 건너 동쪽 이슬람 지역으로 추방되었고, 양측은 네레트바 강을 마주보고 대치하였다. 격렬한 전투에서 다리(스타리 모스트)를 누가 장악하느냐가 승부의 관건이 되었으며, 그러던 와중에 어느 날 다리가 폭파된 것이다. 전쟁의 공포와 폭격, 학살에도 냉정함을 잃지 않던 모스타르 사람들은 스타리 모스트가 무너져 내릴 때 처음으로 오열하였으며, 이 소식을 전해들은 사라예보 사람들 또한 봉쇄당한 채 있으면서도 애도의 날을 지정해 함께 슬퍼하였다.

어렵게 전쟁이 끝나고 평화가 찾아오자 종교와 문화 연결의 상징물이자 세계에서 가장 아름다운 다리로 알려진 스타리 모스트를 복원해야 한다는 소리가 세계 각국에서 높아졌으며, 1997년 나토 평화유지군이 강에서 부서진 다리의 조각들을 찾아내면서 재건축이 시작되어, 마침내 8년에 걸친 공사 끝에 2004년 7월 스타리 모스트는 예전의 모습을 되찾았다. 다리가 완벽하게 재건축되자 당시 세계 각국의 정상들과 유명인사들이 대거 참석해 스타리 모스트 재건의 의미, 즉 '평화 공존'을 세계에 알렸다. 그러므로 다리 주변에는 곳곳에 평화와 공존의

잊지 말자, 93년!

의미를 알리며 '93년을 잊지 말자는 표석이 눈에 띄인다.

2005년 스타리 모스트와 다리 주변의 구시가지 전체가 유네스코 세계문화유산으로 지정되었으며, 분열의 상흔에서 평화의 상징이 된 스타리 모스트를 보기 위하여 유럽 전역은 물론 세계 각국에서 하루에도 수천명이 넘는 관광객이 몰리는 바람에, 성수기 때는 다리 위에 사람들로 인산인해를 이루어 앞으로 나아가기가 어려울 정도이다. 특히, 매년 여름에는 다리 위에서 네레트바강 아래로 뛰어내리는 번지점프 축제가 열린다.

평화와 공존의 스타리 모스트

7장
낭만과 야만의 크로아티아

크로아티아는 세계에서 가장 아름답다고 하는 아드리아해와 고대 로마의 문화유산, 그리고 아름답고 풍요로운 자연환경을 갖고 있는 낭만의 나라이다. 전 세계에서 패션모델을 가장 많이 배출할 정도로 키 크고 잘생긴 젊은 남녀들이 아름다운 아르리아해의 쪽빛 바다 위에서 요트와 낭만을 즐긴다. 그런데, 이처럼 아름다운 낭만을 지닌 나라에 전쟁과 야만이 함께 공존하였다. 낭만과 야만이 교차하는 크로아티아를 찾아 역사-문화 기행을 떠난다.

모스타르 → 두브로브니크 → 스플리트 → 플리트비체 → 자그레브

크로아티아

9세기 초 크로아티아

7세기 초 크로아티아 지역에는 아바르족과 함께 남슬라브족이 거주하였다. 남슬라브족의 일파인 크로아티아인들은 아바르족 지배에 대항한 싸움에서 승리한 이후 현재의 크로아티아 지역에 거주하게 된다. 9세기 초 달마티아 해안 지역의 크로아티아인들은 달마티아 군주의 지배를 받았으며, 내륙지역의 크로아티아인들은 프랑크 왕국의 지배를 받았고, 이스트라 반도 지역의 크로아티아인들은 바다 건너 베네치아(베니스) 공국의 지배를 받았다.

이처럼 이민족의 지배를 받아오던 크로아티아인들이 독립적 국가 형태를 갖추기 시작한 것은 중세 크로아티아 군주 트르피미르 1세(재위: 815~864) 시대에 들어와서이며, 그는 크로아티아 내륙과 해안을 위협하던 비잔틴 제국 및 불가리아 제국과의 전쟁에서 크게 승리한 후, 스스로를 '크로아티아의 군주'라 칭하였다. 그 후 '군주'의 칭호에서 '왕'의 칭호를 받으며 중세 크로아티아 왕국의 터전을 닦은 인물은 토미슬라브(Tomislav)왕이였다. 그는 크로아티아 지역을 항상 노리는 헝가리 마자르족을 크게 물리쳤으며, 달마티아 해안지역을 벗어나 내륙인 파노니아 지역의 크로아티아인들도 병합해 나아갔고, 로마 가톨릭 교회 세력을 위협해 오던 훈족은 물론 불가리아와의 전투에서도 크게 승리하였다. 또한 토미슬라브는 비잔틴 제국의 힘이 약화된 틈을 타서 달마티아 지역의 통치권을 획득함으로써, 마침내 925년 로마 교황의 인정 아래 크로아티아 왕국의 왕위에 오른다. 그러므로 크로아티아의 수도 자그레브 중앙 기차역에 내리면 제일 먼저 마주치는 기념물이 바로 건너편 광장에 자리잡은 토미슬라브 국왕의 동상이다.

토미슬라브 왕

토미슬라브 이후 크레시미르 4세(재위: 1058~1075), 즈보니미르(재위: 1075~1089)를 거치며 중세 크로아티아 왕국은 현 크로아티아 해안과 내륙에 걸친 거대한 왕국을 거느린 강성한 국가로 성장한다. 하지만 그 후 12세기 말 무렵, 토착 귀족 세력이 출현하여 주변의 국제정세를 이용한 자신들만의 막대한 이익을 도모하면서 정국은 혼란스러웠으며, 마침내 1415년부터는 오스만 투르크의 침입과 뒤이은 간접지배가 시작되었다. 1463년 그동안 오스만 투르크의 침입으로부터 방패막이 역할을 해주었던 보스니아 왕조가 무너지고, 1526년에는 크로아티아 및 헝가리, 오스트리아 연합군이 모하치 전투에서 오스만 군대에 의해 대패(大敗) 당하자, 믿었던 헝가리마저 크로아티아의 보호막이 되어주지 못하였다. 다급해진 크로아티아 귀족들은 하는 수 없이 훗날 신성 로마 제국의 황제가 되는 페르디난드 1세(1503~1564)에게 자신들의 왕이 되어 줄 것을 강력히 요청하였으며, 1588년 슬라보니아 지방의 크로아티아인들까지 연합한 통일된 군대를 조직하여 오스만 투르크 군에 대항하였다. 그 결과 1683년의 제2차 비엔나 전투에서 오스만 투르크 군이 오스트리아 합스부르크 연합 군대에 의해 패배 당할 때, 크로아티아군도 결정적인 한 몫을 하게 되며, 오스만군이 물러간 후 크로아티아에도 잠시 평화가 찾아오게 된다. 하지만 그 후 '일리리아주'라는 명칭으로 오스트리아 합스부르크 제국의 지배를 받게 되며, 1867년 합스부르크 제국이 오스트리아-헝가리 이중제국으로 바뀌게 된 이후에는 헝가리의 직접통치를 받게 된다.

헝가리의 통치

그러나, 헝가리의 지나친 마자르화 정책은 헝가리에 대한 크로아티아인들의 강한 저항을 낳게 되었으며, 이러한 헝가리에 대한 크로아티아인들의 저항은 크로아티아 귀족들이 중심이 되어 일으킨 '일리리아 민족 운동(일리리즘 운동)'으로 확대되었고, 훗날 이 운동은 남슬라브족 통합운동으로 발전하게 된다. '일리리즘 운동'이란 남슬라브족을 일리리아인의 후예라고 생각한 데서 붙여진 이름이다. 당시 크로아티아인들은 크로아티아 땅에 살고있는 세르비아계 주민들도 자신들과 같은 일리리아인의 후예들이므로, 이들을 포용해 언어와 인종의 유사성에 기인한 남슬라브족 국가를 수립하자는 것이 일리리즘 운동이였다. 사실 세르비아어나 크로아티아어나 언어적으로 같은 세르보-크로아티아어에 속한다. 그러므로 일리리즘 운동은 처음에 크로아티아 귀족들이 중심이 되어 같은 일리리아 후손들이 같은 언어(세르보-크로아티아어)를 사용하자는 언어적 운동이였다. 그러나 당시 크로아티아를 지배하던 오스트리아 제국과 헝가리는 남슬라브 민족 세력이 하나로 뭉치는 것을 경계하고 탄압하였으며, 결국 일리리즘 운동은 실패로 돌아가고, 외세의 지배에서 벗어나려는 크로아티아인들의 욕구는 크로아티아인으로만 구성된 단일민족국가를 수립하려는 배타적 민족주의를 불러일으키게 되는데, 이것이 훗날 '우스타샤'라는 극단적 민족주의 세력으로 자라나게 되는 것이다. 결국 크로아티아에서 우스타샤 같은 극단적 민족주의 세력이 자라난 것은 오스트리아 제국과 헝가리의 억압적인 지배가 낳은 결과라고 볼 수 있다.

오스트리아와 헝가리의 지배 속에서 제1차 세계대전(1914~1918년)이 일어났고, 전쟁이 끝난 후 윌슨의 민족자결주의 원칙에 따라 드디어 최초의 남슬라브족 통합국가인 '세르비아-크로아티아-슬로베니아 왕국'이 탄생된다. 하지만, 크로아티아인들의 입장에서는 크로아티아가 중심이 된 것이 아니라 **세르비아 왕조**가 중심이 되어 세운 왕국이였다. 이러한 불만은 세르비아 왕조가 왕국의 이름을 **'유고슬라비아 왕국'**(1929년)으로 개명하자 더욱 더 고조되었으며, 마침내 1934년 유고슬라비아 국왕 알렉산드르 1세는 프랑스 마르세유에서 **크로아티아계**에 의해 암살당한다. 유고슬라비아 왕국은 위기를 타개하기 위한 일환으로 크로아티아인들을 포용하려는 정책을 구사하였고, 1939년 당시 세르비아의 수상 쯔베트코비치와 크로아티아 농민당 당수 마체크 사이의 협정에 의하여 보스니아 일부 지역에 대한 **크로아티아의 자치권**이 크게 확대되었다. 약소 민족 **보스니아계**의 입장에서 보면 자신들의 의사와 아무 상관없이 하루 아침에 크로아티아의 영토가 되어버린 셈이다.

이러는 와중에 드디어 제2차 세계대전(1939~1945)이 발발하고, **유고슬라비아 왕국**은 이탈리아 파시스트와 독일의 나치 수중에 들어간다. 나치의 **히틀러**는 크로아티아의 민족주의 세력을 교묘히 이용하려는 계획을 세웠다. 즉, 크로아티아 내에 자신들의 꼭두각시 정권을 세우고 병참기지를 만듦으로써 발칸 전체로의 전쟁을 지휘하고자 하였다. 크로아티아는 실제로 나치에 협력함으로써 전쟁 후에 자신들의 크로아티아 민족국가를 세울 수 있을 것이라고 굳게 믿었다. 마침내 크로아티아 극우 민족주의 세력인 **'우스타샤'**의 최고 지도자로서 이탈리아 파시즘의 추종자였던 **안테 파벨리치**(1889~1959)가 등장한다.

히틀러와 파벨리치

교활한 **히틀러**는 크로아티아의 숙원이던 독립을 약속하고 **우스타**

샤를 내세워 발칸 지역을 공략하였다. 원래 우스타샤는 세르비아 주도의 유고슬라비아 왕국에서 독립해 가톨릭에 기반을 둔 순수한 크로아티아 민족국가의 수립을 목표로 1929년에 설립되었다. 즉, '봉기(uprising)'을 뜻하는 우스타샤의 목표는 크로아티아에서 이민족을 축출하고 크로아티아계 주민이 거주하는 보스니아를 접수하여 대(大)크로아티아(Gre at Croatia)를 건설하는 것이었다. 이를 위해 나치의 꼭두각시로 전락한 우스타샤는 나치가 저지른 유대인 학살 만행을 도와주며 그대로 배워 크로아티아판 홀로코스트(Holocaust)를 자행하였다. 크로아티아 내 이민족에 대한 탄압에 앞장섰으며, 특히 세르비아계 주민에게 정교를 버리고 가톨릭으로 개종할 것을 강요하고, 이를 거부하면 가차 없이 학살하였다. 우스타샤는 세르비아계의 1/3은 추방하고, 1/3은 가톨릭으로 개종시키며, 개종을 거부하는 1/3은 아예 죽여버린다는 무시무시한 전략까지 세웠다. 나치에게서 배운 데로 각지에 수용소를 세워 이민족을 감금하고 무자비하게 학살함으로써, 정교도, 무슬림, 유대인, 집시 등 수십만 명이 죽임을 당하였다. 즉, 나치의 대학살인 홀로코스트를 도와주며 살인을 연습한 우스타샤는 가스실 등에서 이민족들을 집단적으로 그리고 조용히 살육했던 것이다. 얼마나 많은 사람들이 죽임을 당하였는지 아직까지 정확한 통계가 밝혀지지 않고 있으며, 특히 크로아티아 내 세르비아계 주민 약 50만 명이 집단적으로 학살당한 것으로 알려진다. 이러한 우스타샤의 학살에 대한 트라우마(trauma)로 세르비아는 피의 복수를 다짐하였으며, 이것이 결국 50년 뒤 유고내전(1991~1995)에서 세르비아가 수십만 명의 크로아티아, 보스니아 주민들을 학살하는 피의 악순환을 낳게 된 것이다. 학살의 규모나 잔학상으로 보아 크로아티아가 자행한 만행이 50년 뒤 세르비아가 저지른 인종청소 못지 않았다. 크로아티아는 세르비아인의 눈을 파고

손을 자르는 등 참혹한 살인을 저지른 것이다. 하지만 세상에 더 알려진 것은 세르비아의 학살이다. 기독교와 서구 중심의 역사가 가톨릭의 만행은 감추고 다른 종교의 학살만 강조해온 배경이라고 볼 수 있다. 즉, 크로아티아는 가톨릭이였으며 세르비아는 정교였고, 공교롭게도 정교를 믿는 곳은 주로 러시아를 위시로 한 사회주의 공산국가들이였다.

결국, 발칸 반도에서 일어난 피의 보복과 악순환은 처음에 우스타샤, 즉 크로아티아가 먼저 촉발한 것이다. 이렇게 볼 때 세르비아 입장에서는 자신들이 행한 보복만이 잔인하게 부각되는 것에 억울해 한다. 그러나, 더욱 더 억울한 것은 보스니아의 무슬림들이다. 이들은 크로아티아와 세르비아에 끼여 한편에서는 가톨릭에게 그리고 나중에는 정교에게 집단학살 당하는 비참한 운명의 길을 걸어야 했다.

하지만, 제2차 세계대전 중에 크로아티아에는 우스타샤만 있었던 게 아니라 '티토'라는 세기의 영웅이 있었다. 사실 그는 크로아티아인 아버지와 슬로베니아인 어머니 사이에서 태어났지만, 크로아티아 출신의 진정한 유고슬라비아인으로 자리매김한다. 그는 우스타샤가 나치에 협력하여 나치의 꼭두각시 노릇을 할 때, 인민해방군을 조직하여 나치에 적극 대항하였다. 티토가 이끄는 인민해방군의 빨치산 부대는 소련의 지원을 받으며 나치를 물리침으로써, 전후 통일된 발칸의 유일한 독립국가 유고슬라비아를 건국할 수 있었다. 그리고 티토는 비록 소련의 지원을 받아 나치를 물리치고 유고슬라비아를 건국하였지만, 우스타샤와 달리 유고슬라비아를 소련의 꼭두각시로 전락시키지 않았다. 그는 철저히 중립을 지키면서 제3세계 비동맹 노선을 성공적으로 이끌어 유고슬라비아를 강력한 중앙집권국가로 발전시켰다. 그러므로 분열과 전쟁의 아픔을 겪은 발칸의 여러 나라 유고인들은 지금도 항시 티토의 사회주의 시대가 좋았음을 이야기하며 사라진 영웅 티토에 대한 향수에 젖어있다.

앞서 살펴보았듯이, 티토가 사망한 후 유고슬라비아는 차례차례 분열되면서 내전으로 치닫게 된다. 제일 먼저 슬로베니아가 10일 전쟁으로 독립하였고, 이어서 크로아티아, 보스니아가 독립을 선언하자 무려 4년에 걸친 유고내전(1991~1995)으로 치달았다. 크로아티아 내전은 1991년 크로아티아가 연방으로부터의 독립을 선언하자, 세르비아가 크로아티아 내 세르비아계 주민들을 보호한다는 명목으로 군사공격을 감행하면서 시작되었다. 1991년 6월 세르비아군은 천해의 요새 두브로브니크를 봉쇄하고 7개월 동안 공격을 가하였다. 지진도 견디고 오스트리아와 오스만 제국의 침략도 견디며, 제1·2차 세계대전도 견뎠던 아름다운 천년고도 두브로브니크가 절체절명의 위기를 맞은 것이다. 아드리아 해의 진주, 두브로브니크!

(1) 아드리아해의 진주 두브로브니크

세상에서 가장 아름다운 바다로 불리는 아드리아해, 그 아드리아해의 진주(Pearl of the Adriatic)로 불리는 두브로브니크로 가는 길은 예사롭지 않았다. 모스타르에서 두브로브니크 까지는 버스로 약 4시간 가량 걸리지만, 보스니아와 크로아티아의 국경을 3번이나 반복해 넘어가야 했다. 똑같은 여권을 꺼내고 또 꺼내는 불편함도 불편함이지만, 삼엄한 군경의 경계 눈초리는 여행객에게 편안함을 주지 못한다. 이렇게 된 데에는 네움(Neum)이 보스니아 땅이기 때문이였다.

모스타르 → 두브로브니크

보스니아의 입장에서는 어떻게든 아드리아해로 진출할 수 있는 숨통을 트기 위하여도 네움 지역을 차지하여야 했고, 크로아티아 입장에서는 눈엣가시 같은 이 지역을 내주지 않기 위하여 치열한 전투를 벌였다. 네움 남쪽 지역은 천혜의 항구인 두브로브니크 뿐만 아니라, 당시에 '하얀 금'으로 불리는 귀하디 귀한 소금을 생산하는 '스톤(Stone)' 지역이 있어 더더욱 영토 쟁탈전이 치열하였다. 예로부터 스톤 지역은

아드리아해의 진주 — 두브로브니크

소금생산으로 부(富)를 쌓았고, 외부의 공격에서 염전을 지키기 위하여 성을 쌓고 도시를 건설하였으며, 당시 이 지역을 관할하였던 두브로브니크 공화국은 염전과 소금을 지키기 위해 '소금법'을 제정할 정도였다. 당시 제일 중요한 소금 뿐만이 아니라, "진정한 낙원을 원한다면 두브로브니크로 가라"는 버나드 쇼의 말처럼 아드리아해의 달마티아(Dalmatia) 해변은 경치가 아름답기로 유명하였으며, 그 중에서도 두브로브니크는 세계에서 가장 아름다운 바다 아드리아해의 매력을 가장 잘 느낄 수 있는 '아드리아해의 진주'로 불리운다.

이처럼 누브로브니크로 가는 길은 오른쪽은 아드리아해가, 왼쪽은 알프스 산맥의 험준한 돌산이고 돌산 너머에는 이슬람을 믿는 보스니아가 있다. 즉, 두브로브니크는 적대국들에 완전히 포위된 채 섬처럼 고립되어 있는 것이다. 앞에는 망망대해, 뒤에는 농사는커녕 마실 물조차 나지 않는 척박한 돌산, 그리고 사방에는 이교도의 적대국들, 그나마 배가 드나들 수 있는 포구를 가진 두브로브니크 사람들이 생존을 위해 선택한 유일한 길은 해상무역이었다. 그러므로 두브로브니크는 일찍이 이탈리아와 발칸반도 사이에서, 더 멀리는 터키와 서유럽을 잇는 지중해의 기점에서 해상무역으로 이름을 날렸다. 두브로브니크는 9세기부터 발칸과 이탈리아의 무역 중심지로 떠오르며 막강한 부(富)를 축적했으며, 11~13세기에는 금·은의 수출항으로 크게 번영하였다. 15세기에는 서유럽과 아시아를 잇는 중개무역으로 부(富)를 축적해 당시 베니스에 버금가는 도시국가로 성장한다. 십자군 전쟁 뒤 두브로브니크는 베네치아(베니스) 군주의 통치(1205~1358) 아래 있다가 그 후 **헝가리-크로아티아 왕국**의 일부가 되었다. 1667년 대지진으로 인구의 1/5이 사망하고 아름답고 화려했던 많은 건물들이 파괴되는 수난을 겪었지만, 대대적인 복원사업을 지속해 아름다운 고딕 양식 건축물, 르네상스와 바로크 양식 수도원, 궁전 및 분수가 잘 보존되었다. 그 후 **두브로브니크**는 계속 **크로아티아**령이였으며, 크로아티아는 앞서 살펴보았듯이 1867년 오스트리아-헝가리 이중제국에 합병되었다가, 1918년 세르비아-크로아티아-슬로베니아 왕국에 편입되었으며, 1945년부터는 유고슬라비아 연방의 일부가 되었다. 그리고 크로아티아 내전(1991~1995)이 발발하였을 때, 두브로브니크는 세르비아-몬테네그로의 신유고 연방군에 의해 7개월 동안 봉쇄당한다. **두브로브니크 봉쇄**는 1667년의 대지진 이후 가장 큰 시련이였다. 세르비아군은 1991년 6월 몬테네그로와 보스니아를 통해 동쪽으로 진격해 두브로브니크를 에워싸고 맹폭격을 가함으로써 수많은 주민들을 살상하였다.

크로아티아 내전 --- 두브로브니크 봉쇄

두브로브니크가 봉쇄되어 세계적인 문화 유산이 파괴되는 것을 안타까워한 유럽의 지성들이 인간띠를 만들어 방패막이를 하였지만 세르비아의 공습은 계속되어 70%의 고성 건물이 훼손되고, 그 중 9개의 건물은 완전히 붕괴되고 말았다. 1994년 두브로브니크는 유네스코(UNESCO)에 의해 세계문화유산에 지정되었으며, 1999년부터 도시 복원작업이 본격적으로 시작되어 성채, 왕궁, 수도원, 교회 등 역사적인 기념물 가운데 가장 크게 손상된 건물들이 복원되었고, 다시 옛 명성을 되찾을 만큼 아름다운 해안 도시로 거듭나고 있다.

버스 ⇒ 두브로브니크 ⇐ 공항

두브로브니크로 가는 길은 앞에서 기술한 바와 같이 버스를 타고 아드리아 해안길을 따라 내려가는 방법도 있지만, 크로아티아의 수도 자그레브나 오스트리아의 수도 비엔나 등지에서 비행기를 타고 두브로브니크 공항에 직접 내리는 방법도 있다. 두 경우 모두 버스 터미널과 공항에서 두브로브니크 성(城)이 있는 구시가지까지는 각각 버스로

두브로브니크 성의 해자

약 20~30분 가량이 소요된다.

두브로브니크 성(城)은 언뜻 보기에도 매우 단단하게 지어져 있다. 12세기부터 수백 년에 걸쳐 지어진 성벽은 높이 25m, 두께가 무려 6m로 세계에서 가장 단단한 성(城) 가운데 하나로 유명하다. 실제로 1806년 나폴레옹 군대에게 점령당하기 전까지는 한 번도 적에게 성문을 내어준 적이 없었던 요새 중의 요새로 알려져 있다. 특히, 적의 침입을 막기 위하여 북쪽 성벽 밑을 빙빙 돌려가며 파서 해자(垓字)를 만듦으로써, 멀리서 보면 마치 바다 위에 떠있는 섬같이 보인다.

그러므로 두브로브니크 성(城)을 아드리아해 쪽에서 바라보면 다음과 같은 지도의 모습이 된다.

두브로브니크 구시가지 관광 지도

두브로브니크 구시가지 관광은 대부분 필레 게이트(Pile Gate)를 통하여 성(城) 안으로 입성함으로써 시작된다. 고대 그리스어로 '필레(Pile)'는 Gate란 뜻을 지닌다. 필레 게이트는 구시가지 서쪽에서 성(城) 안으로 들어가는 출입문으로서, 아치형의 안쪽 문과 바깥쪽 문으로 이루어진 고딕양식의 석조 건축물이다.

필레 게이트

1472년에 건축된 필레 게이트 안쪽의 아치 모양 문 위에는 중세도시 두브로브니크의 수호 성인(聖人)인 성 블라이세(St. Braise) 상(像)이 조각되어 있다. 필레 게이트를 통과하여 계단 아래쪽으로 내려가면 오른쪽에 돔 형태의 지붕에 16면체의 오노프리오 분수대(Onofrio's Fountain)가 보인다.

오노프리오 분수대

'오노프리오의 샘'이라고도 불리는 것은 15세기 중엽 두브로브니크의 통치자인 수도원장이 이탈리아 유명 건축가 '오노프리오'를 시켜 주민 모두가 쓸 수 있는 분수대를 짓게 한 데서 유래되었다. 이전에 성(城)이 만들어진 초기에는 12km나 떨어진 샘에서 물을 길어와야 했다. 그러므로 12km 떨어진 우물로부터 지하 3m의 수로를 설치하여 연결시킨 오노프리오 분수대는 크로아티아 최초의 수도인 것이다. 앞에는 바다, 뒤에는 척박한 돌산으로 둘러싸여 식수가 귀했던 두브로브니크 주민들에게 있어 오노프리오 분수는 생명수나 다름없었다. 빗물을 저장해 식수로 사용하던 시절에 샘물과 연결한 지하수로를 건설하여 주민들에게 식수를 제공한 당시 수도원장의 애민정신이 유난히 빛나 보인다. 실제로 두브로브니크는 상수도 뿐만이 아니라, 당시 유럽에서 가장 인도주의가 발달하고 공공복지가 잘 된 도시국가였다. 즉, 유럽에서 가장 먼저 노예제를 폐지한 곳도 두브로브니크이며, 유럽에서 가장 오래된 보험법을 만든 곳도 두브로브니크인 것이다. 그러므로 오노프리오 분수대 맞은편에는 당시 두브로브니크의 인도주의와 공공복지를 주도하였던 프란체스코 수도원이 자리잡고 있다.

프란체스코 수도원

당시 프란체스코 수도원은 주민들을 위해 막대한 돈을 들여 오노프리오 분수대를 설치하였을 뿐만 아니라, 성벽을 건축할 때도 주민들을 강제 동원하지 않고 임금을 지불하였다. 당시는 신분사회가 엄연한 중세 시대였다. 또한 1307년에 프란체스코 수도원의 수도사들은 주민들을 위한 의료서비스를 시작하였으며, 1317년에 만든 약국은 유럽 최초의 약국으로서 지금까지도 운영되고 있다. 당시 허브와 식물약재를 이용해 약을 지었으며, 그 당시 사용하였던 정교한 약제기구들이 원상태 그대로 전시되어 있다. 한편, 수도원 옆의 좁은 계단으로 올라가면 성벽 위의 길을 따라 성(城) 전체를 조망할 수 있는 성벽투어 코스가 있다.

성벽 투어

두브로니크 관광의 백미라 할 수 있는 성벽투어는 25m 높이의 성벽 위에서 아드리아해와 어울어진 수려한 경관을 바라보며 성벽 위의 길을 따라 성(城) 전체를 한 바퀴 도는 것이다. 눈부시게 푸른 하늘과 끝없이 펼쳐지는 아드리아해의 아름다운 바다빛을 감상하며, 오렌지빛 지붕들을 든든하게 감싸고 있는 웅장한 성벽 위의 길을 오르락 내리락 걷다 보면 어느새 성 전체를 한 바퀴 돌게 된다. 두브로브니크 성벽은 13세기에서 16세기 사이에 건설되었으며 아직도 원상태 그대로 보

두브로브니크 성벽 길

존되어 있어 관광객들의 찬사를 받는다. 길이는 기존의 2km에서 오늘날 더 확장되어 약 5km에 달하며, 성벽의 두께는 보통 4~6m에서 가장 두꺼운 곳은 거의 7m에 달한다. 특히, 도시 내부 쪽 가장 높은 전망 탑 위에서 바라보는 아드리아해와 성 전체의 전망은 두브로브니크 방문의 최고 추억이 될 수 있을 것이다.

오노프리오 분수대와 프란체스코 수도원이 있는 곳에서 반대편 방향의 시계탑까지 곧게 뻗은 길이 바로 두브로브니크 성(城)의 중앙 대로(大路)라 할 수 있는 스트라둔 거리(플라차 거리)이다.

스트라둔 거리

대리석으로 깔려져 있는 스트라둔 대로를 따라 시계탑이 있는 곳까지 다가가면 지금까지 걸어온 길 보다 조금 더 넓은 루자 광장(Luza Square)이 나온다. 루자 광장 중앙에는 '올란도의 기둥'이라 불리는 프랑스 기사 롤랑의 조각상이 있다.

루자 광장의 '올란도의 기둥' == '롤랑의 조각상

롤랑은 우리에게도 '롤랑의 노래'로서 잘 알려진 프랑스 기사(Knight)이며, 롤랑은 이탈리아어식 표기로 '올란도'라고 부른다. 롤랑은 8~9세기 서유럽의 대부분을 통치했던 프랑크 왕국의 황제 카를 대제의 조카로서, 778년 무슬림과의 스페인 전투에서 위기에 처한 삼촌 카를대제를 구하고 자신은 장렬히 진사한 기사 중의 기사이다. 이와 같이 이슬람에 맞서 용감히 싸운 의리의 기사 롤랑을 기리는 '롤랑의 노래'는 당시 두브로브니크에까지 전해졌으며, 항시 이슬람 세력에 대한 공포와 두려움에 떨고 있던 두브로브니크는 이슬람으로부터 영원히 보호받기를 원하는 간절한 뜻에서 루자 광장 한 가운데에 롤랑, 즉 올란도의 기둥을 세운 것이다. 올란도의 기둥에 조각된 롤랑의 팔꿈치부터 손끝까지의 길이는 정확히 51.2cm인데, 당시 중세 상인들은 이를 '두브로브니크의 팔꿈치'라 부르며 여기에 물건을 갖다 대고 길이를 정확히 확인하였다. 또한 조각상 아래 육각형 모양 받침대의 한 변의 길이도 정확히 51.2cm로서, 누구나 이곳에서 길이를 확인하게 해 부정행위를 방지하였다. 즉, 중세 두브로브니크 공화국은 '자유'를 도시의 모토로 정하였을 뿐만 아니라 '정직'을 목숨처럼 소중하게 여김으로써 당시 해상무역의 중심에 설 수 있었다.

성 블라이세 성당

롤랑이 이슬람의 위협으로부터 두브로브니크를 지켜주듯이, 성(聖) 블라이세는 바다 건너 베니스 공국의 기습을 제일 먼저 알림으로써 도시를 위기에서 구출한 두브로브니크의 수호신이다. 그러므로 롤랑의 기둥 뒤에는 성 블라이세 성당(Church of St. Blaise)이 자리하고 있다.

두브로브니크 시민들로부터 가장 사랑받는 성당인 성 블라이세 성당은 1368년에 건립되어 도시의 수호성인으로 추앙받는 성 블라이세에게 헌납되었으며, 성당 입구 위에는 성 블라이세의 조각상이 새겨져 있다. 성당은 1667년 대지진 때 파괴되었었으나 1717년에 다시 복구되어, 오늘날 두브로브니크 도시의 랜드마크로서 매년 성당 정면 계단에서는 주요 행사의 오프닝이 개최된다.

한편, 성 블라이세 성당 맞은편에는 커다란 직사각형 형태의 건물로서 우아한 아케이드와 기다란 고딕 양식의 창문이 특징인 스폰자 궁전(Sponza Palace)이 있다.

스폰자 궁전

스폰자 궁전은 원래 해상무역 중심 도시국가 라구사공화국(Ragusa Republic)의 모든 무역을 취급하는 세관으로 1522년에 지어졌다. 중앙 홀은 예전에 많은 무역인들이 모이는 장소로 이용되었고 한쪽 부속건물에는 14세기 국립소폐국이 들어섰으며, 그 밖에도 은행, 귀중품 창고, 무기고 등이 있었다. 궁전에 새겨진 "우리는 속이지도 속지도 않는다. 상품을 재는 것은 신이 나를 재는 것과 같다"는 글귀가, 척박한 돌섬에서 오로지 정직과 신의를 바탕으로 당시 해상무역의 중심이 된 두브로브니크의 저력을 함축적으로 보여준다. 스폰자 궁전은 1층은 르네상스 양식으로, 2층은 후기 고딕 양식으로, 3층은 다시 르네상스 양식으로 독특하게 지어졌으며, 당시 항구를 드나드는 모든 상인들에게서 관세를 받는 두브로브니크 경제의 중심센터였다. 두브로브니크에서도 가장 아름다운 건물 중의 하나로 꼽히는 스폰자 궁전은 1667년의 대지진 때에도 손상을 입지 않은 채 본모습 그대로 보존되고 있다. 현재 매년 두브로브니크 여름축제의 개막식이 궁전 앞에서 열리며 중앙홀은 미술관으로 이용되고 있다. 그리고 스폰자 궁전 옆에 맞닿은 건물에 높이 솟은 시계탑이 보인다.

시계탑

35m 높이의 시계탑 꼭대기는 왕관 모양으로 디자인 되었고, 시계는 태양이 이글거리는 모양으로 쉽게 시간을 알 수 있도록 디자인 되었으며, 매시간 마다 정확하게 종소리가 울려퍼진다. 그리고 시계탑 옆의 플로체 문(Ploce Gate)을 지나 성문 밖으로 나가면 선착장이 나온다.

선착장

시계탑 건물 옆에 나란히 위치한 렉터 궁전은 예전 중세시대 총독(렉터)의 관저였다.

렉터 궁전은 성(城) 입구에 오노프리오 분수대를 설치한 오노프리오가 처음 고딕양식으로 건축하였다. 그 후 화약폭발로 인해 르네상스 양식으로 복구 되었다가, 1667년 대지진으로 바로크 양식으로 고쳐짐으로써, 총 3가지의 건축양식이 오묘하게 섞여있다. 내부는 그 시절 렉터의 집무실, 무기고, 지하감옥 등으로 되어있고, 렉터는 라구사 시대의 최고 통치자인 총독으로서 임기는 1개월로 40세 이상의 귀족이 돌아가면서 맡았다. 렉터 궁전 근처에는 두브로브니크에서 가장 크고 웅장한 두브로브니크 대성당이 위치해 있다.

렉터 궁전

두브로브니크 대성당

두브로브니크 대성당은 일명 '성모승천대성당'이라고도 불린다. 로마네스크 양식으로 지어졌지만 대지진의 피해로 바로크 양식으로 재건축되었으며, 돔 모양의 지붕이 아름다운 건물 내부에는 성(聖) 블라이세 유물을 비롯하여, 금으로 만든 100여개의 보석, 은 세공품 등을 포함한 많은 보물들이 보관되어 있다. 성당 외부는 고급스러운 회색으로 되어 있고 성인들의 조각상으로 장식되어 있으며, 내부는 밝고 바람이 잘 통하도록 디자인 되어 있다.

도미니코 수도원(Dominican Monastery)은 도시 성벽의 북동쪽에 위치해 있으며, 동아드리아 해안 지역에서 가장 큰 고딕양식의 건축물로서 1225년에 건축하여 15세기에 완공되었다. 긴 건축기간으로 인하여 각 시대를 대표하는 여러 건축양식을 한눈에 볼 수 있는 건축학적으로도 매우 중요한 건물이다. 또한 바다와 도시를 모두 조망할 수 있는 지리적 요충지에 위치함으로써 두브로브니크 도시 방어에 매우 중요한 역할을 해왔다.

도미니코 수도원

(2) 로마제국의 유산 스플리트

두브로브니크에서 아드리아 해변의 아슬아슬한 절벽 위를 4시간 정도 달리면 크로아티아의 제2의 도시이며 아드리아 연안에서 가장 번화한 도시 스플리트(Split)에 도착한다. 스플리트는 '달마티아의 황홀한 꽃'이라 불릴 만큼 환상적인 풍경을 자랑하며, 세계에서 가장 아름다운 바다로 알려진 아드리아해를 끼고 있는 달마티아 해변 지역은 예로부터 수려한 경관으로 유명하다.

두브로브니크 ⇒ 스플리트

달마티안 해안 지역

달마티안

그런데, 하늘에서 이 달마티아 해안을 내려다보면 섬들이 마치 큰 점 작은 점처럼 여기 저기 점점이 흩어져 있는 모양새를 이루고 있다. 그러므로 이 지역의 토착 개를 가리켜 '달마티안'(Dalmatian)이라고 부른다.

스플리트를 비롯한 중부 달마티아 지방이 고향인 달마티안은 근대 이후로 그 독특한 생김새와 우아함으로 인해 유럽인들의 사랑을 독차지 하게 되었으며, 특히 영국과 프랑스 등 귀족 사회의 주요 애완견으로 자리 잡게 되었다. 이처럼 아드리아해를 따라 크로아티아의 해안선을 길게 형성하고 있는 달마티아 지방은, 해안지대와 내륙지대 사이를 가르는 험준한 산악지대로 인해 근대시대 이전까지만 해도 양 지역 간의 교류가 그리 활발하지 못하였었다. 오히려 해안지대는 바다 건너 베네치아(베니스) 공국 등 이탈리아의 영향력 하에서 그 문화적 영향을 받았다. 그러므로 그 이전 로마 시대에는 당연히 로마의 영향력 하에 있었으며, 로마 황제 디오클레티아누스는 황위를 콘스탄티누스에게 물려주고, 자신의 고향인 이 곳 스플리트에 궁전을 짓고 말년을 보낸다. 그는 황위를 스스로 물려준 최초의 황제로서 남은 여생이나마 징시와 전쟁에서 빗어나 고향 스플리드에서 편히 지내고자 하였다. 그러므로 로마 제국에서 사신을 보내 로마로 돌아와 정치적 문제를 해결해달라고 요구하였을 때, 황제는 자신이 손수 가꾼 정원을 보여주며 이 곳 스플리트의 궁전을 절대 떠날 수 없다고 단호히 거절하였다. 이처럼 황제는 궁전을 짓고 정원을 가꾸는 일에 마지막 온 힘을 기울였다. 디오클레티아누스 궁전은 293년에 공사가 시작되어 305년 황제 퇴임에 정확히 맞춰 완공되었다. 사방 200m 남짓 정사각형 모양의 요새처럼 지어진 디오클레티아누스 궁전은 남쪽 벽면이 바다를 향하도록 되어 있고, 성문 밖에는 작은 항구를 만들어 선박들이 정박할 수 있도록 설계되었다.

디오클레티아누스 궁전의 상상 조감도

하지만, 현재는 남문 성벽 밖을 메운 뒤 야자수가 즐비한 바닷가 산책로가 만들어지고, 여러 카페들이 도열한 리바(Riva) 거리가 조성되어 휴양지의 이미지를 물씬 풍긴다.

디오클레티아누스 궁전

스플리트 지도

위의 지도는 아드리아해에서 디오클레티아누스 궁전을 바라본 지도이며, 아래의 사진은 반대로 아드리아해를 바라보고 언덕 위에서 궁전을 바라본 조경이다.

스플리트 전경

이처럼 스플리트는 아드리아해 연안에 디오클레티아누스 궁전이 건축되면서 생겨난 고대 로마의 도시이다. 하지만 황제가 죽고 난 후 궁전은 오랫동안 빈 채로 방치되다가, 7세기경 외부의 침략자에 쫓긴 인근 사람들이 견고한 성벽으로 만들어진 이곳 궁전을 발견하고 들어와 살기 시작하면서 궁전은 주민들의 주거지가 되고 식당과 온갖 잡화점이 되었으며, 황제의 묘 자리 위에는 황제가 그토록 박해를 가했던 그리스도교의 대성당이 들어서고, 성당의 이름도 황제의 이름이 아닌 기독교 성인(도미니우스)의 이름이 붙여졌다. 즉, 황제의 궁전에 황제와 신하는 없고 시민들만 사는 '서민형 궁전'이 된 것이다.

1979년 유네스코 세계문화유산으로 지정된 디오클레티아누스 궁전은 사방 4개의 정문(동문, 서문, 남문, 북문)에서부터 이어진 길이 정 중앙에서 만나며, 중앙에 16개의 대리석 기둥으로 둘러싸인 열주광장을 중심으로 광장 주위에는 디오클레누스의 묘가 있는 성 도미니우스(돔니우스) 대성당, 황제의 아파트, 쥬피터 신전 등이 빙 둘러 서있다. 궁전으로 들어가는 4개의 문 가운데, 버스나 기차로 도착한 관광객이 제일 먼저 당도하게 되는 문은 '실버 게이트'라고 불리는 동문이다.

동문

동문을 지나 궁전 안으로 들어가면 양 옆에 열주식 대리석 기둥으로 둘러 쳐진 조금 넓은 공간이 나오는데 바로 열주광장(Peristil)이라 불리는 곳이다. 광장이라고 하기에는 일반적인 광장에 비해 협소해 보이지만, 사방이 200m에 불과한 궁전을 감안할 때 궁전 안에서는 가장 넓은 장소이다. 디오클레티아누스 황제가 회의를 하거나 행사를 열 때 사용되었던 이 곳 열주광장에서는 지금도 관광객을 위한 공연과 여러 가지 행사가 열린다.

열주광장

열주광장 왼편에는 성 도미니우스(돔니우스) 성당과 종탑으로 올라가는 문이 있으며, 가운데 위쪽 계단은 황제의 아파트로 올라가게 되어 있고, 가운데 아래쪽 문은 계단 아래 지하로 내려가 지하궁전을 통해 남문을 거쳐 바깥쪽 리바거리로 나가게 되어있으며, 광장 오른편에는 쥬피터 신전으로 올라가가게 연결되어 있다.

서기 305년에 은퇴한 디오클레티아누스 황제는 이 곳 작은 요새와 같은 궁전으로 거처를 옮긴 후 여생을 보내다가 316년 이 궁전 안에

성 돔니우스 대성당

있는 팔각형의 영묘 안에서 영원히 잠든다. 그 후 7세기 경 황제의 영묘 위에는 황제 재위 시절 기독교 박해 때에 순교당한 성 돔니우스에게 봉헌된 성 돔니우스 대성당(Cathedral of St. Domnius)이 건축된다. 즉, 황제에 의해서 박해 받았던 기독교가 황제에게서 황위를 물려받은 콘스탄티누스 황제에 의해 공인됨으로써, 황제의 묘는 기독교 성당으로 바뀌고 그 명칭마저 순교당한 기독교 성인의 이름을 따서 붙이는 역사의 아이러니라 아니 할 수 없다.

성 돔니우스 대성당은 기독교 교회 건축과 고대 로마 건축의 매력적인 조합으로서, 팔각형의 평면 설계와 로마식 기둥, 아치 등은 황제와 황후를 새긴 부조 장식과 함께 원래의 위치에 그대로 서 있다. 팔각형 구조 건물은 장식이 화려한 24개의 원주기둥으로 떠받쳐져 있고, 내부는 로마네스크와 베네치아 고딕 양식으로 장식되었다. 성당 입구 왼쪽에는 13세기에 제작된 6각형의 석조 설교단이 있으며, 12세기와 16세기에 걸쳐 성당과 열주랑 사이의 좁은 부지 위에 높이 60m의 종탑이 건설되었다.

성 돔니우스 대성당 종탑 오르기

스핑크스

성 돔니우스 성당의 종탑은 로마네스크 양식으로 디자인 되었고, 맨 꼭대기는 고딕-르네상스 양식으로 장식되었으며, 꼭대기에서 아름다운 궁전 및 스플리트의 경치를 조망할 수 있다. 디오클레티아누스 황제는 자신이 말년을 보낼 궁전 건축에 엄청난 애정을 쏟아 부었다. 그는 그리스에서 대리석 등의 건축자재를 들여왔으며, 멀리 이집트에서 스핑크스를 공수해 오기까지 하였다. 그리고는 쥬피터 신전을 세우고 신전 앞에 스핑크스를 두어 신전을 지키게 하였다.

로마 제국에서 기독교를 박해한 마지막 황제였던 디오클레티아누스 황제는 자신의 궁전 안에 여러 신전(神殿)들을 세웠다. 특히, 열주광장을 사이에 두고 황제의 영묘(성 돔니우스 성당) 맞은 편에 위치한 쥬피터 신전은 디오클레티아누스가 자신을 '쥬피터의 아들'이라 칭하며 섬겼던 신전이었다.

쥬피터 신전

당시 로마 시대에 쥬피터(제우스)는 그리스신화에 나오는 최고의 신(神)이였으며, 따라서 디오클레티아누스는 로마 황제로서 자신을 쥬피터의 아들이라 칭하였다. 그러나 쥬피터 신전은 황제가 죽고 난 후 황제가 그토록 잔인하게 박해하였던 기독교인들에 의해 신을 모시는 신전이 아닌 그리스도를 섬기는 세례당으로 바뀌었다.

알현대기실

황제의 아파트 및 정원

열주광장 가운데의 윗 계단을 따라 올라가면, 신하들이 황제와의 면담을 위해 대기하였던 장소로서, 천장에 커다란 구멍이 뚫려있는 돔 형태의 지붕으로 된 황제 알현 대기실이 나오며, 대기실을 통과하면 황제가 거처했던 황제의 아파트 및 황제의 정원이 폐허처럼 남아있다. 그리고 다시 열주광장 가운데의 아래쪽 문 아래 계단을 따라 지하로 내려가면 지하궁전이 나온다.

지하궁전

리바거리

지하궁전에는 옛 유적지와 함께 여러 가지 기념품 및 특산물을 파는 각종 쇼핑 상가가 들어서 있다. 지하궁전을 통과하여 남문을 거쳐 밖으로 나오면 해안과 인접한 리바(Riva)거리가 나온다.

리바거리는 스플리트의 상징으로서 야자수가 높이 솟아있고 카페들이 즐비해서 휴양지의 이미지를 물씬 풍긴다. 디오클레티아누스 궁전의 3면은 육지에, 한면은 바다를 향해있는데, 원래 궁이 지어질 때만해도 남쪽문은 바다와 접한 요새같은 모습이었지만, 현재는 성벽 밖을 메운 뒤에 그 위에 리바거리가 조성된 것이다. 아드리아 해안을 끼고 리바거리를 따라 서쪽으로 내려가면 스플리트의 언덕이라 할 수 있는 마리얀 언덕으로 올라가는 길이 나온다.

마리얀 언덕길

마리얀 언덕길은 약간의 경사진 비탈길과 수십개의 계단으로 이어지면서 멀리 아드리아해를 끼고 있어 경치가 매우 아름다우며, 산의 정상에서는 스플리트 시내를 한눈에 조망할 수 있다.

스플리트 시내와 마리얀 언덕

한편, '황금의 문'이라 불리는 북문을 지나 성 밖으로 나오면 크로아티아의 종교 지도자 그레고리우스 닌(Nin) 대주교의 동상이 나온다. 10세기 초 닌 주교는 당시 보수적이던 로마 교황청을 상대로, 크로아티아인들이 모국어로 예배를 볼 수 있게끔 강력한 투쟁을 벌였다. 현재까지도 크로아티아인들의 많은 사랑과 존경을 받는 동상의 왼쪽 엄지발가락을 만지면 행운이 온다는 속설이 있어 그 부분만 닳아서 반들거린다.

북문

그레고리우스 닌 동상

(3) 마법의 숲 플리트비체와 수도 자그레브

플리트비체는 스플리트에서 자그레브 가는 중간쯤에 있으며, 크로아티아와 보스니아의 경계 지점에 위치해 있다. 크로아티아 내전 당시 세르비아계가 장악하였었지만, 전쟁이 보스니아로 확대되어 세르비아의 전력이 분산되자, 1995년 크로아티아가 다시 탈환하였다.

스플리트 ⇒ 플리트비체 ⇒ 자그레브

플리트비체는 1949년에 국립공원으로 지정되어 크로아티아 및 발칸유럽에서 가장 크고 오래된 국립공원이며, 유럽에서도 가장 아름다운 호수 공원 중의 하나로 손꼽힌다. 플리트비체는 본래 1개의 커다란 호수였었는데, 오랜 기간 동안의 석회석 침하 작용으로인해 모두 16개의 크고 작은 계단식 호수가 생겨나게 되었다. 플리트비체 호수 공원은 크게 북쪽 낮은 지역의 하부 호수(Lower Lakes)와 남쪽 고지대의 상부 호수(Upper Lakes)로 나뉘는데, 그 가운데에 코즈악 호수(Lake Kozjak)가 있어 상부와 하부 호수 사이를 연결시켜 주며, 오직 이 곳에서만 배를 운행하고 배는 환경오염을 막기 위하여 전기로만 움직인다.

그러므로 남쪽 스플리트 쪽에서 플리트비체에 당도하면 먼저 상부 호수, 그 다음 코즈약 호수, 하부 호수 순서로 공원을 만나게 된다.

플리트비체 호수공원 지도

플리트비체에 있는 16개의 호수 가운데 상부 호수 쪽에 위치한 해발 636m의 프로슈찬스코 호수가 제일 높으며, 이 곳에서 흘러내린 물이 하부 호수의 해발 130m 코라나강까지 끊임없이 다양한 폭포를 형성하며 이어져 흐른다.

플리트비체의 다양한 폭포

이와 같이 플리트비체에는 크고 작은 다양한 폭포들이 약 100여개 있으며 같은 모양의 폭포는 하나도 없이 제각기 아름다운 자태를 뽐낸다. 플리트비체 호수 공원에는 1번과 2번, 2개의 출입구가 있고, 출입구와 4개(St 1 ~ St 4)의 정류장 사이를 셔틀버스가 연결시켜 주며, 호숫가를 따라 20km에 달하는 탐방로가 마련되어 있다.

그러므로, 코즈악 호수를 왕복하는 배와 출입구의 선택에 따라 A코스에서 H코스에 이르는 다양한 시간대(2시간~8시간)의 여러 가지 산책 코스가 있다.

플리트비체 호수는 예전에 접근하기가 어려워 '악마의 정원'이라고도 불렸다. 오랜 세월이 흘렀지만 전혀 훼손되지 않은 태초의 모습을 고스란히 간직하고 있다. 깊은 산속 울창한 천연림으로 둘러싸인 16개의 호수와 92개의 폭포가 끊임없이 계단처럼 흘러내리며 장관을 이룬다. 폭포의 물이 떨어지는 곳에는 빛의 움직임에 따라 색을 달리하는 에메랄드빛 호수가 있으며, 수정처럼 맑은 호수 속에는 숲과 하늘이 담겨져 있다.

플리트비체

플리트비체에서 자그레브까지는 버스로 약 2시간 반 정도 걸린다. 크로아티아의 수도 자그레브는 중부유럽 교통의 요충지로서 예로부터 동과 서로 향하는 여행자의 기착지였으며 유럽과 아시아를 잇는 가교였다. 자그레브는 1세기경 고대로마 시대에 발칸반도 내륙의 방어 및 요새를 위한 도시였으나, 아드리아 해안의 두브로브니크, 스플리트, 자다르 등의 해양도시 국가에 비하여 낙후된 채 방치되었었다. '자그레브(Zag reb)'라는 명칭도, 중세 시대 메마른 지역이였던 이곳을 지나던 영주가 기사들의 목마름을 해결하기 위해 땅을 파내어 우물을 발견해 냈다는 뜻에서 유래되었으며, 실제 크로아티아어로 '자그라비티(zagrabiti)'는 '움푹 퍼내다'란 뜻을 지니고 있다. 이처럼 낙후된 지역의 단순한 요새에 불과하였던 자그레브가 실질적인 도시 면모를 갖추기 시작한 것은, 공교롭게도 중세 크로아티아 왕국이 멸망한 후 헝가리의 지배력이 강화된 시기부터이다. 당시 중부 유럽의 강력한 가톨릭 국가였던 헝가리는 1102년 크로아티아의 왕위 계승권을 장악한 후, 자그레브를 발칸의 대표적인 가톨릭 도시로 만들고자 로마 가톨릭 성직자들의 숙소와 함께 자그레브 대성당을 짓는다.

자그레브 시내와 자그레브 대성당

이처럼 자그레브 대성당은 자그레브 시내에서 쉽게 볼 수 있을 정도로 우뚝 솟아 있으며, 자그레브 시의 자랑이자 상징물이 되었다. 한편, 이러한 헝가리의 지배로부터 벗어나 크로아티아의 독립을 추진하면서 자그레브는 근대적 도시로 발전하였고 크로아티아의 중심이 되었다. 그러므로 당시 19세기 초 헝가리로부터의 독립전쟁을 성공적으로 이끈 옐라치치 장군의 동상이 그의 이름을 딴 옐라치치 광장에 세워져 있다.

옐라치치 광장은 자그레브 시민들의 만남의 장소이며, 구시가지 관광의 중심이다. 즉, 자그레브 중앙역 앞에 위치한 크로아티아의 국부 토미슬라브 국왕의 동상에서 이곳 크로아티아 독립의 영웅 옐라치치 장군의 동상까지 이어지는 구시가지가 자그레브 관광의 중심을 이루며, 그 중 옐라치치 광장은 구시가지 관광의 출발점인 것이다.

옐라치치 광장

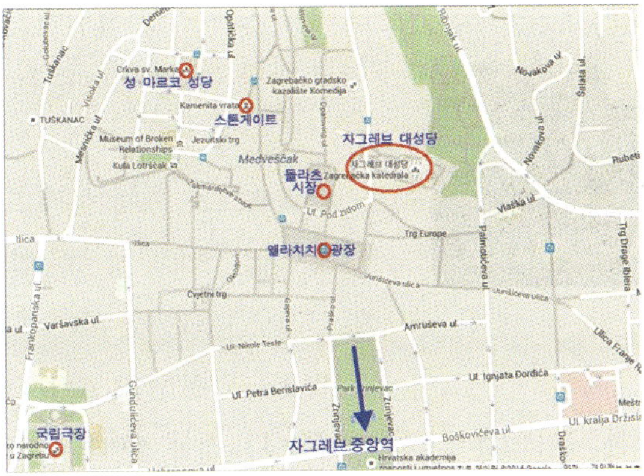

자그레브 구시가지 지도

자그레브 대성당(Zagreb Cathedral)은 옐라치치 광장에서 도보로 5~10분 거리에 있다. 1093년에 헝가리 왕인 라디슬라스(Ladislas)가 건설을 시작하여 1102년에 완공했고 1217년에 성모마리아에게 헌정되었다. 그러므로 성당 앞 광장에는 성모 마리아의 황금상이 우뚝 서 있다.

자그레브 대성당은 높이가 77m, 넓이가 46m로서 두 개의 첨탑이 하늘을 찌를 듯이 높이 솟아 있으며 북쪽 탑이 105m, 남쪽 탑이 104m나 된다. 탑의 모양이 서로 달라 여행객들이 탑을 보고 방향을 설정하였을 정도로 우뚝 솟은 탑은 멀리서도 잘 보인다. 한편, 자그레브 대성당

성모 마리아 상

자그레브 대성당

돌락 시장

과 옐라치치 광장 사이에는 자그레브에서 가장 큰 돌라츠(돌락) 시장이 있다.

자그레브는 한때 성곽 도시였으며 13세기에는 5개의 성문이 있었다. 하지만 1731년 대화재를 겪은 후 지금은 하나의 성문 만이 남아 있다. 사람들은 이 성문을 '스톤 게이트(돌의 문)'이라 부른다. 스톤 게이트라 불리는 성문에 가면 아기 예수를 안고 있는 성모마리아 그림을 만날 수 있는데 당시 화재에서 살아남은 유일한 재산이다. 당시 온 도시가 불에 탔음에도 성모 마리아와 예수 그림이 놓여있던 스톤 게이트만이 무사하였던 것이다. 그 후 사람들은 이곳에 제단을 만들어 놓고 기적을 바라며 감사의 기도를 올린다. 사람들은 불에 타지 않은 성모마리아 그림을 신성하게 여겨 성지순례를 할 때는 반드시 이곳을 찾는다.

스톤 게이트

스톤 게이트를 지나 언덕길을 올라가면 자그레브에서 가장 오래된 성당인 성 마르코 성당(St. Mark Church)이 눈에 보인다. 13세기에 지어진 성 마르코 성당은 크로아티아의 수도 자그레브에서 가장 오래된 구역인 그라데츠(Gradec) 구역의 중심부에 위치하고 있다. 빨강, 파랑, 흰색의 아름다운 체크무늬 바탕의 지붕으로 유명한 성 마르코 성당은 자그레브를 대표하는 건물 중의 하나로서 지붕의 왼쪽에는 크로아티아 문장이, 오른쪽에는 자그레브 시 문장이 모자이크로 장식되어 있는 것이 특징이다. 이처럼 예쁜 모자이크 지붕을 올린 교회로서 유명한 성 마르코 성당은, 후기 고딕양식과 로마네스크 양식이 혼합된 빼어난 외관을 자랑하고 있어, 수많은 내외국 관광객들의 칭송을 받는 관광 명소이다.

성 마르코 성당

8장
발칸 유럽의 알프스 슬로베니아

알프스 산맥은 유럽의 중부에 있는 산맥으로, 동쪽의 오스트리아와 슬로베니아에서 시작해서 이탈리아와 스위스, 리히텐슈타인, 독일을 거쳐 서쪽의 프랑스에까지 이른다. 그러므로, 알프스 산맥이 시작하는 동쪽 자락에 위치한 슬로베니아를 가리켜 흔히들 '발칸의 알프스'라고 부른다. 즉, 슬로베니아는 아드리아해에 접해있는 일부지역을 제외하곤, 국토의 절반 이상이 내륙에 위치한 해발 557m 이상의 삼림지대

자그레브 ⇒ 류블랴나

로서, 유럽 대륙에서 핀란드, 스웨덴에 이어 세 번째로 가장 많은 숲을 보유한 국가인 것이다. 또한, 라틴, 게르만, 슬라브 문화의 접경 지역에 위치한 **슬로베니아**는 지금도 이탈리아, 오스트리아, 헝가리, 크로아티아 등과 국경을 맞대고 있다. 같은 유고슬라비아 연방에 속하였던 크로아티아의 수도 **자그레브**에서 슬로베니아의 수도 **류블랴나**까지는 버스로 약 2시간 반 정도 걸리며, 기차는 이 보다 1시간 가량 더 빠르다.

(1) 슬로베니아 공화국

슬로베니아는 지리적으로 라틴, 게르만, 슬라브 문화가 만나는 지점에 자리 잡고 있어서, 천년 가까이 이탈리아, 오스트리아, 헝가리, 크로아티아 등 주변 나라의 영향을 받았다. 기원전 15년에 로마 제국은 이곳에 '에모나(Emona)'라는 도시를 건설하였으나, 에모나는 500년 동안 유지되다가 훈족에 의해 멸망하였으며, 6세기 경에는 이곳에 슬라브족인 슬로베니아인이 정착하기 시작하였다. 즉, 오늘날의 '슬로베니아'라는 명칭은 슬라브족의 일파인 '슬로베니아인'에서 유래된 것이다. 하지만, 경계 지점에 위치한 약세 민족은 항상 외세의 지배를 벗어날 수 없었다. 745년 슬로베니아인들은 프랑크 왕국의 통치 하에 들어가게 되며, 당시 카롤링거(Carolingian) 왕조의 카를 대제 때 로마 가톨릭을 받아들이게 된다. 즉, 오늘날 슬로베니아인의 절대 다수가 가톨릭 교도인 것은 그때의 영향인 것이다. 그 후 9세기 무렵 슬로베니아는 자연스레 신성로마제국의 지배 하에 편입되었고, 14세기 무렵에는 오스트리아 합스부르크 제국의 지배를 받으면서 서유럽 문화권에 편입되었다. 한편, 나폴레옹 제국 시대에는 나폴레옹이 세운 일리리아 속주(1809~1816)로 편입되었으며, 이 때 류블랴나는 일리리아 속주의 수도가 된다. 나폴레옹의 지배기간은 짧았지만 나폴레옹의 통치 하에서 슬로베니아는 교육, 행정, 법률체계 등을 서유럽 체제로 발전시킬 수 있는 기틀을 마련하며, 무엇보다도 슬로베니아어가 공용어로 채택됨으로써 민족의식이 발전할 수 있는 기반을 다지게 된다. 특히, 나폴레옹의 통치 시기인 1810년에 세워진 류블랴나 대학교는 슬로베니아에서 가장 오래된 대학교가 되었다. 나폴레옹군이 물러간 후 슬로베니아는 다시 합스부르크 제국의 지배와 오스트리아-헝가리 이중제국의 지배 아래 놓이게 되며, 오스트리아-헝가리 이중제국이 해체되고 난 후에는 세르비아-크로아티아-슬로베니아 왕국과 이어서 유고슬라비아 왕국에 속하게 된다. 그 후 제2차 세계대전 중에 슬로베니아의 상당 지역은 독일에 의해 합병되었으며, 일부 지역은 이탈리아와 오스트리아의 지배 하에 다시 들어가게 된다. 1945년 제2차 세계대전이 끝나고 슬로베니아는 티토가 이끄는 사회주의 유고슬라비아 연방(6개 공화국) 중의 하나로서 슬로베니아 공화국이 된다. 즉, 천년이 넘게 이민족의 점령과 지배를 받아오다가, 마침내 남슬라브족 유일의 독립국가인 유고슬라비아 연방 속의 슬로베니아 공화국이 된 것이다.

슬로베니아 공화국이 슬로베니아 독립국가가 된 것은 1991년 10일간의 전쟁을 치루고나서 부터이다. 당시 슬로베니아의 초대 대통령이었던 밀란 쿠찬은 1991년 6월 25일 슬로베니아의 유고슬라비아 연방 탈퇴를 선언하며, 탈퇴 선언 직후 슬로베니아 시민군과 유고 연방군 사이에 교전이 벌어져 10일 간의 내전이 발생하였다. 10일 간의 내전

유고슬라비아 연방 — 슬로베니아 공화국

은 유고내전 가운데 가장 짧게 끝난 내전으로서, 슬로베니아는 마침내 유고슬라비아 연방으로부터 탈퇴하여 명실상부한 독립국가가 되었으며, 1992년에 EU와 유엔에 가입하였고, 마침내 2004년에 EU의 정회원국으로 확정됨으로써, 유고 연방에 속했던 나라들 가운데 가장 높은 경제성장을 이루어 나아가고 있다.

(2) 수도 류블랴나

슬로베니아의 수도인 류블랴나는 국가의 주요 기관이 있는 도시라기보다는 유럽의 소박하고 사랑스런 소도시를 연상케 한다. 원래 '류블랴나'라는 명칭 속에 '사랑스런' 뜻이 포함되어 있으며, 같은 슬라브어권인 러시아어에서도 '사랑한다'는 말을 '류블류'라고 한다. 또한, 라틴어로도 류블랴나를 에모나(Emona)라고 부르며, 실제로 로마 시대에 도시 에모나가 건설되었었고, 지금도 도시 곳곳에는 로마 시대의 유물들이 남아있다. 류블랴나는 11세기에 류블랴나강을 끼고 있는 높은 언덕 위에 견고한 성을 쌓아 요새를 만듦으로써 건설되었다. 그러므로 언덕 위의 류블랴나 성(城)에 오르면 류블랴나 시(市)가 한 눈에 보인다.

류블랴나 구시가지 관광의 중심에는 프레세렌 광장과 프레세렌 동상이 있다. 프란체 프레세렌(France Preseren: 1800~1849)은 슬로베니아의

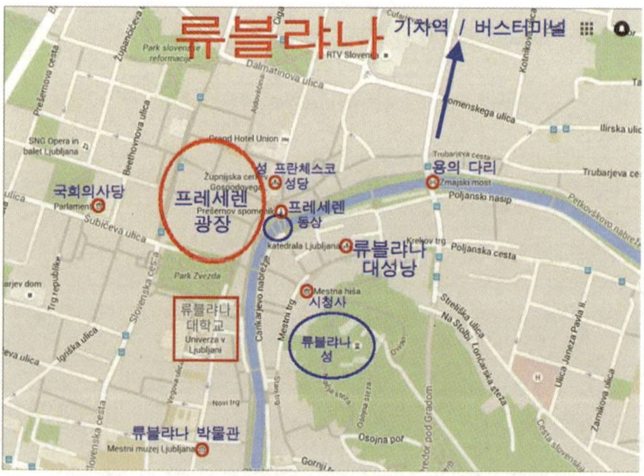

류블랴나 구시가지 지도

유명한 민족시인이며 독립투사로서 슬로베니아인들의 가장 많은 사랑과 존경을 받는 민족영웅이다. 그가 어느 정도로 슬로베니아인들의 추앙을 받는지는, 그가 쓴 시(詩) '축배'가 그대로 슬로베니아 국가의 가사로 쓰이고 있는 것으로도 알 수 있다. 그러므로 프레세렌의 청동상이 있는 구시가지 중심 광장을 프레세렌 광장(프레세레노브 광장)이라 부른다.

프레세렌 광장 / 프레세레노브 광장

프레세렌 동상

그런데, 프레세렌(프레세레노브) 광장에는 프레세렌의 애달픈 사랑 이야기가 숨어있다. 그의 청동상을 자세히 들여다보면 그의 눈동자가 항상 광장 건너편의 어딘가를 쳐다보고 있는 것을 발견할 수 있는데, 그의 시선이 향하는 곳을 따라 가 보면 역시 한 여인이 창문 밖을 내다보고 있다.

율리야 부조상

여인은 프레셰렌이 죽을 때까지 짝사랑하였던 '율리야'라는 상류층 여인이다. 시인이 되기 전 변호사였던 프레셰렌은 1834년, 부유한 상인의 딸 율리아를 사교모임에서 처음 만나 사랑에 빠진다. 하지만, 소심했던 프레셰렌은 자신의 사랑을 고백하지도 못하고 마음 속에만 간직하다가, 그녀와의 사랑은 영원히 이루어질 수 없다는 것을 깨닫고 정식 결혼을 하지 않은 채 살아간다. 그리고 1849년 49세의 나이로 사망하며 그는 단 한순간도 그녀를 잊지 못했다고 말한다. 그러므로, 상류층인 율리아와의 신분차를 극복하지 못하고 끝내 사랑을 이루지 못한 프레셰렌이 죽어서 동상이 되어 그녀가 살았던 집인 노란 건물을 항상 바라다 보고 있는 것이다. 이처럼 프레셰렌은 슬로베니아에서 가장 사랑받는 시성(詩聖)으로서 '국민의 아버지'로 추앙받고 있다. 한편, 프레셰렌의 동상 뒤편에 보이는 약간 붉은 빛의 건물은 류블랴나에서 두 번째로 큰 성 프란체스코 성당이다.

프레셰렌 광장에서 제일 눈에 띄는 붉은색 성당인 성 프란체스코 성당은 바로크 양식으로 지어졌으며, 1층은 이오니아식 기둥으로, 2층은 코린트식 기둥으로 장식되어 있고, 지붕 꼭대기에는 아기 예수를 안고 있는 성모마리아 상이 조각되어 있다. 한편, 프레셰렌 광장 옆에는 류블랴나 강을 가로지르며 3개의 다리가 나란히 놓여 있는 다리가

성 프란체스코 성당

눈에 띄이는데, 일명 '트리플 다리'라고 불리우는 트로모스토브예(Tromosto vje) 다리이다. 원래, '트리'는 '3'을 가르키고 '모스트'는 '다리'라는 뜻이다.

트로모스토브예 == '트리플 다리'

트리플 다리에서 류블랴나 강 옆의 제방길을 따라 위쪽으로 조금 올라가면 또 하나의 멋진 용의 다리(Zmajski most)를 만난다. 4마리의 늠름한 용이 다리의 각 귀퉁이에 앉아 입을 크게 벌리고 있는 것이 매우 인상적이다.

용의 다리

류블랴나의 건국신화에 보면, 그리스 왕자 아존이 류블랴나에서 용을 만나 용을 물리쳐 성에 가두고, 그 승리를 기념해 다리를 만들었다고 전해진다. 따라서 그때부터 용은 류블랴나의 상징이 되었으며, 길이 33.34m의 이 다리는 류블랴나가 오스트리아-헝가리 이중제국의 통치 아래 있던 1901년에 건설되었고, 따라서 당시의 이름은 오스트리아 황제 프란츠 요세프 1세 기념 다리였다. 이처럼 오랜 전설과 역사를 지닌 용의 다리 밑을 아름다운 류블랴나 강이 유유히 흐른다.

류블랴나 강

류블랴나 강에서는 작은 유람선을 타고 강을 따라 류블랴나 구시가를 둘러볼 수도 있으며, 조그만 보트를 타고 다리 밑을 통과하며 보트놀이를 즐길 수도 있다. 특히, 류블리나 강변에 위치한 아름다운 아치형의 아케이드는 도시를 더욱 더 고풍스럽게 만드는데, 이 역시 트리플 다리를 설계한 플레츠닉의 작품으로서, 현재 이곳은 여러 가지 카페 및 수산시장으로 이용되고 있다.

류블랴나 강변의 아케이드

아케이드 너머로 초록색의 둥근 돔과 두 개의 종탑이 보이는 고색찬란한 성당이 바로 류블랴나에서 가장 큰 류블랴나 대성당으로서, 원래의 명칭은 성 니콜라스 대성당이다.

류블랴나 대성당 == 성 니콜라스 대성당

성 니콜라스 대성당(류블랴나 대성당)은 성 니콜라스에게 바쳐진 성당으로서, 무엇보다도 니콜라스의 생애를 담은 천정화가 보는이로 하여금 시선을 멈추게 한다.

13세기 중반 성 니콜라스를 기리기 위해 지어진 성 니콜라스 대성당은 류블랴나를 대표하는 성당으로서, 성당 정면에는 정문과 측문, 2개의 문이 있다. 특히, '슬로베니아 문'으로 불리는 정문은 1996년 교황 요한 바오로 2세 방문을 기념하여 새롭게 만들어진 청동문으로서, 1000년 이상을 내려온 슬로베니아 가톨릭의 역사를 그리고 있다.

천정화 '니콜라스의 생애'

성 니콜라스 대성당 정문

정문의 손잡이 부분

슬로베니아 문에는 먼저 슬로베니아 땅에 처음 가톨릭을 가져온 로마인들의 유골 위에 슬로베니아를 상징하는 보리수가 자라고, 그 주변으로 가톨릭을 전파한 여러 성인과 수도사의 모습, 이 땅을 지켰던 기사들, 낫과 쟁기를 들었던 농민의 반란, 투르크족의 침략, 기독교 개혁을 알리는 성경을 든 손이 있으며, 문 상단 오른쪽의 수많은 백성은 슬로베니아의 독립을, 왼쪽에 손이 묶여 있는 사람들은 두 번의 세계대전을 나타낸다. 상단 가운데 창틀에서 내려다보고 있는 인물은 교황 요한 바오로 2세로, 슬로베니아의 독립을 제일 처음 인정해준 바티칸 시국에 대한 감사가 담겨져 있다. 특히, 문의 손잡이 부분은 사람들이 수없이 드나들며 만짐으로써 반들반들해져 있는데, 해골 모양의 손잡이를 처음 만져보는 관광객은 등골이 오싹할 정도로 입체감이 넘쳐난다. 또한, 정문 오른편 쪽에는 '류블랴나 문'이라고 불리는 측문도 있는데, 여기에는 20세기 6명의 주교가 예수를 바라보는 모습이 역시 입체감 있게 생생히 표현되어 있다.

성 니콜라스 대성당 측문

류블랴나 시청사

성 니콜라스 대성당에서 언덕 위의 류블랴나 성 쪽을 바라보며 언덕길을 조금 더 올라가면 왼편에 류블랴나 시청사가 나온다.

류블랴나 시청사는 류블랴나 도시 최초의 건물로서 1464년에 세워졌으며 1718년 재건되어져 류블랴냐의 역사를 고스란히 담고 있다. 시청 앞 메스티니 광장에는 이탈리아 조각가가 1751년에 만든 분수대가 있다.

시청 앞 분수대

류블랴나 성은 언덕 위에 요새로 지워져 류블랴나 구시가지에서 위로 쳐다 보인다. 류블랴나 시청사에서 언덕길을 따라 도보로 올라갈 수도 있으며, 케이블카(푸니쿨라)를 타고 올라갈 수도 있다.

류블랴나 성

류블랴나 성은 11세기에 요새로 처음 지어졌으며 지금의 모습은 15세기에 갖춰진 것이다. 류블랴나의 하이라이트라고 할 수 있는 류블랴나 성은 성 안에서 류블랴나 시내를 360도 파노라마로 전망할 수 있는 탑이 있다. 성(城)은 현재 관광지로 개발되어 각종 전시회와 이벤트 장소로 애용되고 있으며, 특히 지하 예배당은 결혼식 장소로도 인기가 많다.

류블랴나 성

(3) 블레드 호수

류블랴나에서 54km 떨어져 버스로 약 1시간 반 정도 걸리는 블레드 호수는 슬로베니아 북서부에 위치해 있으며, 맑고 푸른 호수를 빗대어 흔히들 슬로베니아의 '푸른 눈동자'라고 부른다.

류블랴나 ⇒ 블레드 호수

이처럼 블레드(Bled) 호수를 푸른 눈동자라고 하는 것은, 실제로 맑고 푸른 호수 한 가운데에 눈동자와도 같이 작은 섬이 하나 있기 때문이다.

블레드 호수 == '푸른 눈동자'

블레드 호수의 블레드 섬, 성모 마리아 교회

그림같이 아름다운 호수 한 가운데에 작은 섬 하나! 그리고 이 블레드 섬 안의 조그마한 교회에서는 연일 '소원의 종소리'가 울려퍼진다. 슬로베니아인들이 결혼식을 올리고 싶어 하는 장소, 제1순위가 바로 이 곳의 교회(성모 마리아 교회)인 것으로 알려져 있다.

이처럼 블레드 호수는 율리안(Julian) 알프스의 빙하가 녹아 형성된 빙하호(氷河湖)로서 해발 500m에 위치해 있으며 세상에서 가장 아름다운 호수로 알려진다. 블레드 섬의 성모 마리아 교회는 15세기에 지어졌으며, 교회 내부는 1470년에 제작된 고딕 양식의 프레스코화로 장식되어 있고, 아름다운 바로크 양식의 가구들이 잘 보존되어 있다. 블레드 섬에 가기 위해서는 베니스의 곤돌라와 유사한 플렌타(Plenta)라 불리는 나무배를 타야한다. 블레드 호수에는 모터 보트가 철저하게 금지되어 있기 때문이다. 플렌타는 아주 오래전부터 내려오는 전통이라 아무나 운행할 수 없으며, 플렌타의 뱃사공은 오로지 아버지와 아들, 남성 직계가족에게만 대물림되는 귀한 직업이다. 남자 뱃사공이 서서 노를 저어 주노라면, 노가 물을 만나 일으키는 공기방울 소리만이 적요하게 들려오는 가운데, 어느새 그림같이 아름다운 블레드 섬에 도착한다. 블레드 호수 양쪽 폭이 2킬로미터를 넘지 않기에 호수 선착장에서 출발해 블레드 섬까지는 10분 남짓이면 충분히 도착할 수 있

성모 마리아 교회

플렌타

으며, 섬에 도착하면 제일 먼저 99개의 돌계단이 반기듯이 바로 붙어 있다.

이 곳 성모 마리아 교회에서 결혼식을 올리기 위해서는 신랑이 신부를 안고 99개의 계단을 올라가야 하며, 신부는 신랑이 마지막 계단을 밟을 때까지 한 마디도 말하면 안되고 절대 침묵을 지켜야 한다는 불문율이 전해져 내려오고 있다. 즉, 사랑해! 혹은 파이팅! 따위의 응원도 절대 용납되지 않는다는 것이다. 오로지 블레드 섬에서만 벌어지는 흥미로운 결혼식 오프닝 풍습이다. 돌계단을 정복하고 나면 평평하고 아담한 정원이 나타나며, 이내 17세기 바로크 양식으로 건설된 성모 마리아 교회가 보인다. 이 섬에 교회가 존재한 건 9세기부터이며, 독특한 위치에 반한 유럽의 그리스도교 신자들은 중세시대에도 줄을 지어 성지순례처럼 이곳을 찾아왔었다. 그리고 한 가지 더 흥미로운 것은, 교회 안에 있는 밧줄을 힘껏 당기면 종이 울리게 되어 있다. 예로부터 종소리가 3번 크게 울리면 소원이 이루어진다는 이야기가 전해 오면서, 지금도 이곳을 찾는 관광객이 연실 줄을 잡아 당기는 바람에 교회 종소리가 끊이지 않고 울려 퍼진다.

사실, 블레드 섬은 슬로베니아에서 하나 밖에 없는 유일한 섬이다. 사면이 이웃나라, 이탈리아, 오스트리아, 헝가리, 크로아티아 등으로 둘러싸여 있고, 오로지 코페르(Koper) 항구만이 아드리아해에 인접해 있는 내륙국가 슬로베니아로서는 아주 귀중한 섬인 것이다. 그러므로, 슬로베니아인들은 평생에 한 두 번은 꼭 이곳 블레드 섬을 방문하고 싶어한다. 한편, 블레드 호수에는 수면으로부터 100미터 수직상승한 아찔한 절벽 위에 요새와 같이 걸쳐져 있는 블레드 성이 있다.

블레드 성

블레드에 사람이 살기 시작한 건 기원전 9~5세기 경인 것으로 알려지며, 7세기 경부터 슬라브족이 호숫가에 모여들며 정착하기 시작하였다. 블레드 성이 건설된 것은 그로부터 약 300년 뒤인 10세기 경이며, 당시 독일 황제였던 하인리히 2세가 성(城)을 지어 남부 티롤지방의 주교에게 선물하였다.

블레드 성

블레드 성 내부

성 위에서 바라본 블레드 마을

블레드 호수, 성, 섬, 교회

성 위에서 바라본 섬, 교회

블레드 성(城)은 성벽, 해자, 타워 그리고 테라스까지 갖춘 전형적인 중세시대 요새의 모습이며, 현재 내부에는 박물관과 와이너리, 레스토랑 등이 자리하고 있다. 멀리서 바라보는 절벽 위의 블레드 성 자체도 멋지며, 성 꼭대기의 돌담 너머로 굽어보는 율리안 알프스에 둘러싸인 블레드 호수 또한 장관을 이룬다.

이처럼 아름다운 절경의 블레드 호수는 예로부터 유럽인들이 자주 찾는 휴양지였으며, 로얄 패밀리들의 안식처였다. 유고슬라비아 시대에는 당시의 막강한 권력자 티토의 별장이 이곳 블레드 호수가에 있었다. 지금은 호텔로 개조되어 사용되고 있으나, 당시에는 세계 각국의 정상들과 유명인사들이 회담과 만찬을 즐겼던 곳이다. 특히, 김일성은 이곳 티토의 별장에 반하여 일정을 넘겨가며 머물렀다는 일화가 있다. 티토는 당시 김일성과의 유대가 아주 돈독하였으며, 따라서 티토가

1980년 사망하였을 때 김일성이 직접 장례식에 참석할 정도로 친분을 과시했다. 티토가 사망한 후 유고슬라비아는 분열되고 경제가 위축되자 세르비아에선 티토시대에 대한 향수 바람이 불었다. 그러나, 북한에선 김일성이 1994년에 사망하였지만 아직도 '영원한 주석'으로 불리며 북한을 통치하고 있다. 티토는 후계자 없이 사망한데 반해, 김일성은 조선왕조의 세자처럼 후계자를 미리 정해 권력누수를 방지하였다. 그러므로, 티토 사망 후에 벌어진 티토 격하운동이나 스탈린 사망 후의 스탈린 격하운동과 같은 김일성 격하운동이 북한에선 벌어지지 않았으며, '김일성-김정일-김정은'으로 이어지는 세습체제가 지속되고 있다.

블레드 호수에서 다시 류블랴나를 거쳐 자그레브 공항으로 간다. 자그레브 공항은 자그레브 시 동남쪽에 위치해 있으며, 시외버스터미널에서 공항 버스로 약 30분 정도 걸린다. 자그레브 공항에서 두브로브니크 공항까지는 약 1시간 정도의 비행거리이다. 그리고 두브로브니크에서 몬테네그로!!

자그레브 공항 ⇒ 두브로브니크 공항

9장
신비로운 매력의 나라 몬테네그로

몬테네그로(Montenegro)는 발칸유럽의 남동부에 위치한 인구 70여 만명의 작은 국가이다. 이탈리아어로 '검은 산(Mon te Nero)'이란 뜻이며, 여기서의 검은 산은 몬테네그로인들이 오스만 투르크의 침략에 맞서기 위하여 피신하였던 '민족의 성산' 로브첸(Lovcen)산을 가리키는 것으로 알려진다. 실제로 로브첸 산의 정상에서는 몬테네그로 국토의 대부분이 보일 정도로, 검은 산(로브첸 산)은 몬테네그로인들의 마음 속에 중심을 이루는 민족의 영산(靈山)으로 자리매김하고 있다. 그도 그럴것이, 오스만 투르크의 침략에 이웃나라들(비잔틴 제국, 세르비아, 보스니아, 헤르체고비나)이 모두 차례차례 멸망을 당하던 와중에도, 이곳 로브첸 산 속 깊숙한 험지(체티네)로 수도를 옮겨 투르크에 대항한 몬테네그로는 깊은 계곡과 험준한 산악의 지리적 이점을 최대한 이용

로브첸 산

검은 산의 니에고쉬 묘

하여 자신들의 왕국을 무사히 잘 지켜냈던 것이다. 그러므로, 로브첸 산의 정상에는 몬테네그로 왕조의 설립자이자 유명한 시인(詩人)인 니에고쉬(1813~1851)의 묘가 있다.

한편, 몬테네그로를 이태리어로 '검은 산'이라 부른 것은, 과거 베네치아(베니스) 공국의 통치를 받던 시절, 돌 투성이인 산이 너무 깊어서, 옆에 위치한 디나르 알프스 산맥에 가려 조금이라도 그늘이 지기만 하면, 산이 아주 까맣게 보이는 데서 붙여진 이름이기도 하다. 실제로, 몬테네그로에는 그늘지고 어두운 돌산이 유난히 많은 것을 볼 수 있다. 하지만, 이렇게 쓸모없어 보이는 돌 투성이의 산들로 이루어진(전 국토의 60%가 1000m 이상에 위치한) 산악지역이지만, 아울러 세계에서 가장 아름다운 아드리아 해안과 코토르 만(灣), 그리고 유럽에서 가장 큰 호수인 스카다르 호(湖)를 끼고 있어 새로운 관광지로 부상하고 있다.

몬테네그로

이와같이, 몬테네그로는 보스니아, 세르비아, 코소보, 알바니아와 국경을 맞대고 있으며, 남부 일대는 아드리아해 연안에 접해있다. 즉, 높은 산맥에 이은 검은 산들, 아름다운 바다 아드리아 해, 그리고 바다에 인접한 코토르 만과 큰 호수(스카다르 호)가 서로 어우러져 절경을 이루고 있는 것이다. 그러므로, 영국의 유명한 시인 바이런이 몬테네그로의 절경을 두고 "땅과 물의 가장 아름다운 만남"이라고 표현했던 것처럼, 몬테네그로는 주위 국가들에 비해 작은 나라이지만, 국가가 지닌 풍부한 자연 환경, 그리고 오랜 역사와 문화 등에서 우러나는 고색찬란한 경관으로 인해 세계 여러 나라 사람들에게 가장 매력적인 관광지 중의 하나로 떠오르고 있다. 특히, 관광지 가운데 아름다운 아드리아 해에 인접하여 수려한 경관을 자랑하며, 아울러 중세 시대의 오랜 역사적 유물을 그대로 간직하고 있는 중세 도시 코토르와 부드바가 가장 많은 눈길을 끈다.

코토르

부드바

(1) 신–유고 연방

몬테네그로는 유고슬라비아 연방 6개 공화국 가운데 제일 늦은 2006년에 독립한 나라이다. 유고 연방에 속했던 슬로베니아, 크로아티아, 보스니아 등이 내전을 치루며 차례차례 독립해 나갈 때, 몬테네그로는 막강한 세르비아의 힘에 눌려 어쩔 수 없이 신-유고 연방에 묶여 있었다.

세르비아 + 몬테네그로 ⇒ '신-유고연방'

그러므로, 유고내전(1991~1995)이 끝나고도 몬테네그로는 계속 신-유고연방(1992~2002)에 속해 있다가, 2003년 3월 좀 더 느슨한 국가연합 체제인 '세르비아-몬테네그로 연합'으로 변경된 후, 마침내 2006년 국민투표를 통해 정식으로 몬테네그로의 독립이 선언되었다. 하지만, 그동안 몬테네그로는 세르비아와 함께 신-유고연방을 구성하여 유고

내전과 보스니아 내전을 치름으로써, 내전이 끝난 후에도 세르비아와 함께 미국 등 서방세계로부터 경제 제재와 금수조치를 받아야 했다. 이처럼 몬테네그로가 독립하기 전까지 이웃 세르비아와 함께 연방 또는 연합을 구성하면서 항상 하나로 묶여 있었던 데에는 그만한 역사적 이유가 있다. 역사에 따르면 몬테네그로인은 세르비아인의 한 일파로 분류된다. 즉, 6세기~9세기에 걸쳐 슬라브족이 남쪽으로 이동할 때, 세르비아에 정착하였던 남슬라브족(세르비아인)의 일파가 더 남하하여 지금의 몬테네그로 지역에 정착함으로써 몬테네그로인이 된 것이다. 그러므로 지금도 몬테네그로에는 몬테네그로인이 45%, 세르비아인이 30% 정도나 살며, 이들은 모두 같은 종교인 정교를 믿는다. 즉, 세르비아가 볼 때 몬테네그로는 같은 민족에 같은 나라였던 것이다. 하지만, 거슬러 올라가면 몬테네그로도 몬테네그로 나름의 역사를 지니고 있다. 즉, 6~9세기에 걸쳐 남쪽으로 남하한 남슬라브족은 9세기 경 비잔틴 제국의 영향 하에서 지금의 몬테네그로 지역에 최초로

세르비아 중세 왕국 ⇒ 대 세르비아 제국

두클랴 공국을 세운다. 당시 공국의 영토는 현재의 몬테네그로 지역 대부분을 차지하면서 남쪽으로는 남부 아드리아 해안까지 그리고 서쪽으로는 현재의 헤르체고비나 지방까지 포함하고 있었다. **두클랴 공국**은 당시 비잔틴 제국과의 전투에 승리하면서 로마 교황으로부터 독립 왕국의 지위를 인정받으며 번성해 나아갔으나, 1166년에 **세르비아 중세 왕국**에 의해 멸망한다.

앞서 살펴보았듯이, 세르비아 중세 왕국은 승승장구하며 **두샨 황제**(1308~1355) 시절, 발칸 반도의 대부분을 아우르는 **대(大)세르비아 제국**(1169~1371)으로 번성하였다. 당시 세르비아 제국은 몬테네그로는 물론이며, 영토를 도나우 강에서 코린트 만까지, 그리스 중부에서 마케도니아, 그리고 아드리아 해에서 이오니아 해에 이르기까지 넓혀 나아갔다. 하지만 두샨 황제가 죽고 난 후 쇠약해진 **세르비아 제국**은 1389년 **코소보**에서 벌어진 **오스만 터키 제국**과의 전투에서 패하였으며, 세르비아를 도와 코소보 전투에 함께 참가하였던 몬테네그로 왕국(발쉬치 왕조) 역시 몰락하고 만다. 그 후 몬테네그로 지역에는 앞서의 **두클**

몬테네그로 왕국 ＝ '제타공국'

라 공국을 계승하여 제타 공국의 쯔르노예비치 왕조(1427~1516)가 들어선다. 제타공국은 1482년 수도를 스카다르 호수 인근의 쟈블략에서 로브첸 산 속 깊숙한 체티네로 옮기며 오스만 터키에 효과적으로 대항하였다.

즉, 제타 공국은 로브첸 산의 험준한 산지와 깊은 제타 협곡을 효과적으로 잘 이용하여 오스만 터키의 침략을 막아낸 것이다. 그러므로, 당시 오스만 터키의 계속된 공격에 1453년 비잔틴 제국이 망하고, 이어 1459년 세르비아가 점령당하였으며, 1463년에는 보스니아가 그리고 1483년에 헤르체고비나 공국이 붕괴되었음에도 불구하고, 제타공국(쯔르노예비치 왕조)의 몬테네그로는 독립을 견고히 유지해 나아갈 수 있었다. 이처럼 오스만 터키의 강력한 견제 속에서도 자신들의 왕국을 유지해 온 몬테네그로는 니에고쉬(페트로비치 니에고쉬: 1813~1851) 시기에 들어와 보다 강력한 국가와 왕조의 기틀을 마련한다. 그의 통치시기인 1842년에 몬테네그로 왕조는 당시 이웃 보스니아를 지배하던 오스트리아로부터 정식으로 국경을 인정 받는다. 특히, 니콜라이 1세(1841~1921) 시대에 몬테네그로는 여러 차례의 전투에서 오스만 터키의 공격을 잘 막아내며, 1878년 제타 협곡을 둘러싼 대규모 전투에서 대승을 거둠으로써 몬테네그로의 자주권을 보다 공고히 하였다. 그의 통치기에 몬테네그로는 주위의 모든 국가들로부터 정식적인 독립국가로 인정받게 되며, 당시 몬테네그로 왕국의 국기에는 '니콜라이'의 이니셜 'HI(라틴어로는 NI)'가 가운데에 새겨져 있었다.

몬테네그로 왕국 국기

니콜라이 1세 통치기에 몬테네

그로는 수도 체티네를 중심으로 비약적인 경제적, 사회적 발전을 이룬다. 러시아군의 지도 아래 근대식 군대가 창설되었으며, 오스트리아의 원조 아래 수도 체티네에서 코토르까지 최초의 근대식 도로가 설립되었고, 아드리아해의 바르에서 출발하는 철도가 개설되어 이탈리아를 비롯한 많은 국가들의 투자를 유도하였다. 하지만, 1912년과 1913년에 치른 제1, 2차 발칸 전쟁에서의 승리에도 불구하고, 이웃 세르비아군의 무력에 의해 1918년 제1차 세계대전 종결 후, 강제로 '세르비아-크로아티아-슬로베니아 왕국' 하에 편입됨으로써, 이후 몬테네그로는 한동안 독립왕국으로서의 지위를 상실하게 된다. 그 후, 세르비아-크로아티아-슬로베니아 왕국은 세르비아 중심의 유고슬라비아 왕국(1929)으로 바뀌었고, 제2차 세계대전 중에 몬테네그로는 대부분 이탈리아에 점령당하였으며, 전쟁이 끝난 후에는 티토가 이끄는 유고슬라비아 연방에 속하였다. 그리고 티토 사망 후, 앞서 살펴보았듯이, 세르비아와 신-유고 연방을 결성하여 유고내전, 보스니아 내전을 치루며 혹독한 시련을 겪은 후 겨우 2006년이 되어서야 독립하였다.

(2) 중세도시 코토르와 부드바

몬테네그로에는 고대 및 중세 시대를 거치며 바다(아드리아해) 건너 로마를 비롯하여 베네치아(베니스) 공국 그리고 동쪽의 비잔틴 제국 등의 영향을 받으며 성장한 아름다운 아드리아해 연안의 중세도시 코토르와 부드바가 있다.

두브로브니크 → 코토르 → 부드바 → 체티네(로브첸 국립공원)
→ 포드고리차

코토르는 중세 세르비아 제국의 네만야 왕가에 의해 지어진 성벽으로 둘러싸여 있으며, 앞으로는 푸른 아드리아 해가 펼쳐져 있고, 뒤로는 깎아지른 듯한 로브첸 산이 병풍처럼 둘러 싸고 있는 아름다운 항구도시이다. 작은 해안마을 코토르가 번창하기 시작한 것은 세르비아 제국 지배 시절 대표적인 항구도시로 자리매김하면서부터이며, 세르비아 제국에서 생산된 풍부한 광물이 코토르 항구를 통해 수출되면서 거대 자금이 유입되었고, 당시 여러 분야 직공들의 길드가 생겨났으

며, 선원들의 다양한 모임이 결성되었다. 이러한 경제적인 풍요로움은 예술과 교육에 막대한 영향을 미치게 되었고, 코토르가 문화적으로 크게 발전할 수 있는 계기를 만들었다.

코토르만 ⇐ 코토르 ⇒ 로브첸산

코토르

이처럼 코토르는 앞에는 아드리아해에서 이어진 코토르만의 바닷가에 접하고, 뒤에는 로브첸산이 병풍처럼 둘러싸며 어두운 그림자를 드리우는 한 폭의 풍경화와 같이 아름답다. 그런데, 본래 코토르에는 세르비아 제국 지배 시기 훨씬 이전인 기원전 1세기 고대 로마시대 때부터 바다 건너 로마인들이 정착해 살았었다. 유스티니아누스 1세 때도 이곳에 요새가 건립되었었으며, 이후 6~7세기 경에 남슬라브족이 내려와 거주하였고, 9~10세기에 세르비아 제국의 지배를 받으며 무역항으로 번성하였던 것이다. 11세기에는 불가리아 제국의 통치를 받았으며, 그 후에는 약 400년 동안 베네치아 공국(1420~1797)의 영향력 하에 놓여 있었다. 그러므로 코토르에는 고대 로마 및 베네치아 등의 유적이 아직도 그대로 남아있다. 특히, 오랜 기간 동안 베네치아의 지배와 영향력을 받았던 역사적 경험과 그 당시 지어진 베네치아 풍의 건축 양식들은 코토르 구시가지 전체를 중요한 역사적 박물관이 되게 만들었다. 비록 1979년의 대지진을 겪었지만 이후 수차례의 정밀한 복원과정을 거치면서, 코토르에는 르네상스, 로마네스크 그리고 바로크 양식 등을 지닌 다양한 건축물들이 있어, 중세의 흔적들과 그 당시의 모습들을 그대로 느껴볼 수 있다. 특히, 도시 뒤로 디나르 산맥을 따라 도시를 빙 둘러 감싸고 있는 길이 4.5km, 높이 20m의 거대한 코토르 성곽은 세계사적으로도 매우 높은 가치를 지닌 유산이다.

이처럼 코토르는 지정학적으로 중요한 전략 지역에 자리한 까닭에 근대에 들어와서도 오스트리아, 프랑스 그리고 러시아의 지배를 번갈아 받아가면서 외세의 침략과 위협 하에 놓여 있어야 했다. 제1차 세계대전 기간에는 오스트리아-헝가리 이중 제국의 해군 기지로 활용되었으며, 제2차 세계대전 기간 동안에는 이탈리아의 지배 하로 들어갔고, 전쟁 뒤엔 유고연방 내 몬테네그로 공화국의 도시로 편입되게 된 것이다.

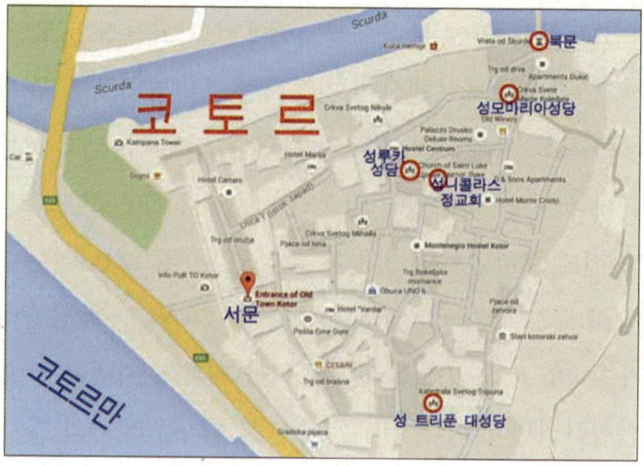

코토르 구시가지 지도

코토르는 다른 도시에 비하여 규모도 작은 편이고 건축물도 탁월하게 세계적 가치를 지닌 것은 아니지만, 조그만 지역 내에 다양한 시대의 건축물이 밀집되어 있으며, 주변 자연경관과 조화를 잘 이루고 있다는 점에서, 중세 유럽문화의 전형적인 모습을 간직한 독특한 성격과 가치를 지니고 있다.

코토르는 크게 신시가지와 구시가지로 나뉜다. 서쪽에는 코토르 연안이 펼쳐지고, 동쪽에는 절벽이 마을의 경계를 이룬다. 높은 산으로 둘러싸인 복잡한 해안선 때문에 코토르의 아드리아해는 바다가 아닌 호수처럼 보인다. 견고한 성벽이 이어지는 구시가지는 중세 도시 모습을 그대로 간직하고 있다. 비잔틴 시대부터 쌓기 시작한 성벽 안쪽으로는 도시가 가장 번창했던 시기인 12~15세기 무렵의 풍경이 고스란히 남아 있다.

코토르 관광의 시작은 보통 서문에서부터 시작된다. 서문은 구시가지 성곽 안으로 들어가는 입구로서 '정문' 또는 '바다문'이라고도 불린다. 16세기 전반기에 베네치아 풍의 르네상스 스타일로 지어진 건축 양식을 띠고 있다. 그러므로 성벽 끝에는 베네치아(베니스)를 상징하는 날개 달린 사자상의 부조가 붙어있다. 서문을 통과하여 성(城) 안으로 들어가면 바로 시계탑이 보인다. 시계탑 밑에는 예전에 죄수들을 묶어 두었던 죄수대도 눈에 띄인다.

서문

시계탑

코토르 구시가지에서 볼 수 있는 최고의 건축물 중 하나는 아드리아해상에서 가장 대표될 만한 기념비 중의 하나인 성 트리푼 대성당이다.

성 트리푼 대성당

성 트리푼 대성당은 코토르의 상징처럼 중요한 건축물로서, 2개의 아치형 종루가 우뚝 솟은 로마네스크 양식의 외관이 인상적이며, 왼편 종루에는 숫자 809, 오른 쪽 종루에는 숫자 2009가 크게 쓰여져 있다.

코토르의 수호신으로 불리는 순교자 **성 트리푼**을 기리기 위해 809년에 처음 지어진 후, 화재로 소실되어 1166년에 다시 재건되었으며, 그 후에도 여러 차례의 화재와 지진 등을 겪으며 증개축 되었지만, 높은 종탑의 위용과 성당의 자태로부터 압도하는 힘이 느껴진다. **성 트리푼 대성당**은 발칸 유럽을 통틀어 가장 오래된 교회로서 로마 양식 뿐만 아니라 바로크, 고딕 등의 양식을 반영하고 있으며, 14세기 프레스코화 및 유명 화가들의 성화, 그리고 금으로 만든 성유물(聖遺物) 등이 보존되어 있다.

성 니콜라스 정교회

구시가지 동편 끝자락에는 같은 광장 내에 2개의 교회가 서로 마주 보고 있다. 하나는 **성 니콜라스 정교회**이며 또 하나는 **성 루카 성당**이다. 화재로 소실되어 1902년에 다시 네오 비잔틴 양식으로 지어진 **성 니콜라스 정교회**는 대단히 정교하게 건축되어 동방정교 교회 건축의 좋은 본보기가 되고 있으며, 맞은 편의 **성 루카 성당** 보다 훨씬 규모가 커서 중요한 행사는 주로 이곳에서 열린다.

사실 우리말 번역에 있어서 '교회'와 '성당'은 차이가 있어 보이지만, 당시의 코토르 주민들에게 있어서는 하나의 '교회(Church)'였을 뿐이다. 즉, 하나의 그리스도를 믿는 종교 의식의 건물이, 코토르가 비잔틴 및 불가리아, 러시아 등의 영향 하에 있을 때는 동방교회 즉 정교회 식으로 지어졌고, 반면 코토르가 로마 및 베네치아, 오스트리아 등의 영향을 받을 때는 서방교회 즉 로마 가톨릭 식의 건물로 지어진 것이다. 그러므로 지워질 때는 성당으로 지어졌지만 그 후 정교회 신자들이 많아 정교회 예배를 드리기도 한다.

성 루카 성당

성 루카 성당은 1195년 마브로 영주에 의해 건축된 작지만 매우 의미심장한 교회이다. 즉, 17세기 중반까지는 가톨릭 성당이었으나, 이후 정교회 교인들이 많이 늘어나면서 정교회 건물로 바뀐 것이다. 그리고 오래전부터 가끔씩 가톨릭과 정교회 예배가 동시에 진행되는데, 그 이유는 성 루카 성당이 코토르의 종교적 관용과 화합을 상징하는 좋은 본보기가 되고 있기 때문이다. 성 루카 성당은 로마와 비잔틴 건축 양식을 모두 갖추고 있으며, 교회 내부에 가톨릭과 정교회 제단을 모두 두고 있어 조화로운 공존을 상징하는 건물이 되었다. 또한 성 루카 성당은 코토르에서 유일하게 지진의 피해를 거의 입지 않고 본래의 모습을 가장 잘 간직한 교회로도 유명하며, 12세기에 만들어진 가톨릭 제단이 그대로 남아 있다. 오늘날 남아있는 성화는 대부분 17세기

성 루카 성당 내부 — 가톨릭과 정교회 제단

에 그린 것으로, 황제의 그림과 예수 그리스도, 그리고 황제, 황후가 함께 그려진 성화 등의 프레스코화가 보존되어 있다. 1930년대까지 장례와 매장을 교회 안에서 진행하여, 교회 내부 바닥은 코토르 시민의 무덤으로 이루어져 있다.

한편, 코토르에는 가문의 이름을 딴 수많은 궁전들이 있다. 특히, 피마 궁전(Palace Pima)은 고딕 양식에 바로크 요소가 가미된 건물로서, 코토르에서 가장 아름다운 궁전으로 꼽힌다. 16세기부터 18세기까지 코토르에 살았던 Pima가문이 거주했던 곳이다

피마 궁전

코토르는 오스만 터키의 침입을 막아냈을 정도로 견고한 성곽으로 둘러싸인 천연의 요새였다. 그러므로 북문 쪽 성모 마리아 성당 주위의 골목 계단을 이용하여 성곽 위로 올라가 코토르 시내를 내려다 볼 수 있다.

코토르 성곽

성곽 위에서

로브첸 산 위에서

코토르에서 부드바까지는 23km로 바로 가면 약 30분 정도 밖에 안 걸리지만, 로브첸산의 수려한 경치를 감상하며 체티네를 경유하여 가려면 약 2~3시간이 족히 걸리는 여정이다. 시간적 여유가 충분하고 험한 산길의 경험이 유(有)한 관광객이나 가이드를 동행할 수 있다면, 후회없이 로브첸의 매력에 빠질 수 있을 것이다.

코토르 ⇒ 부드바

부드바(Budva, Будва)는 아드리아 해 연안에 위치한 2500년의 오랜 역사를 지닌 중세도시이다. 전설에 따르면 그리스 신화 속의 카드모스(Cadmus)에 의해 도시가 최초로 형성된 것으로 전해진다. 로마제국이 동·서로 양분되던 시기 동쪽과 서쪽의 권력이 서로 대치되었던 곳이었으며, 15~18세기 베네치아 공화국에 의해 거의 400년 동안이나 통치를 받았다. 이러한 연유로 19세기 초반까지도 대부분의 사람들이 베네치아 공화국의 언어를 사용하였다. 이후 오스트리아, 프랑스, 러시아, 유고슬라비아 연방 등의 통치를 받는 격동기를 겪은 후, 현재의 몬테네그로 도시가 되었다. 1979년 지진으로 도시 대부분이 파괴되었으나 8년에 걸친 재건 공사를 통해 이제 재해의 흔적은 거의 찾아볼 수 없게 복구되었다. 부드바의 구시가지에는 작은 섬을 연결해 만든 15세기 무렵의 자그마한 고성(古城)이 자리하고 있다. 부드바 고성은 중세시대 아드리아 해를 지나는 선박들을 감시하고 부드바를 방어하기 위하여 건립되었다. 성(城) 안에는 7세기에 세워진 성 이반 교회를 비롯하여 9세기에 세워진 성 마리 교회, 그리고 19세기에 건립된 성 삼위일체 교회가 있다.

부드바

부드바 구시가지 — 부드바 고성

부드바 고성

성 이반 교회

성 삼위일체 교회

성 삼위일체 교회는 이름에 걸맞게 종탑 위에 매달려 있는 3개의 종이 이색적이다. 부드바가 베네치아 공국의 지배를 받은 영향으로 로마네스크 양식과 비잔틴 양식이 혼재되어 있다. 자세히 보면 벽에 금이 가 있는 것이 보이는 데, 이것은 1979년 4월 25일에 발생한 지진의 흔적이다. 하지만, 부드바는 이제 지진의 상처를 말끔히 극복하고 아드리아 해안의 가장 오래된 중세도시로서의 면모를 갖추었을 뿐만 아니라, 유럽 및 세계 각국 관광객의 호평을 받는 관광도시로 급부상하고 있다.

성 마리 교회

교회 옆의 해변가

성벽 위에서 바라본 부드바

부드바에서 남동쪽으로 약 6km 정도 떨어진 곳에는 정말로 그림 엽서에나 나올 것 같이 아름다운 섬 하나가 있다. 예전에는 섬 이었지만 현재는 좁은 지협을 통해 본토와 연결되어 있다. 스베티 스테판(Sveti Stefan)은 이미 15세기에 어촌이 형성되었으며 1950년대에 마을 주민들이 떠난 뒤부터는 고급 호텔들이 들어서면서 섬 전체가 리조트로 변하였다. 자그마한 섬 전체가 호텔이자, 객실인 스베티 스테판 섬 안으로 들어가면, 좁은 중세 골목길을 따라 깨끗하고 세련되게 펼쳐져 있는 정원수와 각종 장식물들이 눈길을 끌며, 에메랄드 빛 아드리아해를 내려다보면서 노천 수영장에서 수영을 즐길 수도 있다.

스베티 스테판

(3) 옛 도읍지 체티네와 현 수도 포드고리차

체티네는 몬테네그로 왕국이 15세기 오스만 터키의 침입을 피해 **로브첸산**으로 숨어 들면서 세워진 역사 도시이다. 1918년 몬테네그로가 유고연방의 일원으로 합병되기 전까지 독립 몬테네그로 왕국의 수도였으며, 현재도 몬테네그로의 대통령 관저가 이곳에 있을 정도로 '명예수도'의 역할을 하고 있다. 하지만, 예전의 몬테네그로인들이 결사항전의 의지를 다졌던 중심지는 세월이 흘러 쓸쓸한 옛 도읍지로 변해갔으며, 1910년 몬테네그로 왕국의 수도(首都)였을 때도 세계에서 가장 인구가 적은 수도(당시 5,895명)로 알려졌다. 그러나, 옛 도읍지 **체티네는 로브첸산**(**로브첸 국립공원**)과 더불어 여전히 몬테네그로인들의 영적 중심지로서의 명예수도이며 문화적, 종교적으로도 몬테네그로에서 가장 중요한 위치에 있다.

체티네 마을 전경

체티네 마을 광장

이반 세르노비치 수도원

포드고리차 시가지 지도

포드고리차는 6~7세기 경 슬라브족들이 몬테네그로 땅에 정착하기 시작한 이래 1326년 '고리차(Gorica)'라 불리는 언덕 아래를 따라 모여 살면서 생겨났다. 그러므로 도시 이름 '포드고리차'는 세르비아어로 '고리차 언덕 아래'라는 뜻이다. 4세기 동안 지배하였던 오스만의 영향으로 곳곳에 여러 모스크들이 남아있으며, 제2차 세계대전 때는 70여 차례 이상의 폭격을 받아 도시가 많이 손상되었었으나, 전후 유고연방의 도시로서 유고연방의 창립자인 '티토'의 이름을 따 '티토그라드'(1945~1991)라 불리면서 몬테네그로 공화국의 수도가 되었다. 포드고리차는 현재 몬테네그로의 정치, 행정의 중심지로서 현대적 유럽 도시로 발전하고 있는 중이며, 중심 구역 뒤편에 자리한 구시가지에는 다른 유럽의 도시와 같이 중세 건물들이 보존되어 있다.

돌 시계탑

중세 시가지 건물 중 가장 유명한 것은 구시가지 중앙에 높이 솟아 있는 '돌 시계탑(Sat-kula)'으로 현재 포드고리차의 상징물처럼 사랑받고 있다.

모라차 강의 블라자 다리

리브니차 강의 오래된 다리

포드고리차 구시가지는 크게 2개의 강, 즉 모라차 강과 리브니차 강이 만나는 교착점을 중심으로 형성되어 있다. 리브니차 강은 모라차 강에 비해 매우 작은 하천 같이 보이며, 리브니차 강을 건너는 매우 오래된 다리(Old Ribnica River Bridge)가 있다. 포드고리차에서 가장 오래된 이 다리는 중세시대 때 오스만 지배 시절에 놓여진 다리로서 다리를 건너면 당시 무기고, 화약고로 쓰였던 무너진 데페도겐 성벽이 보인다.

스타로도간스카 모스크

포드고리차 또한 오스만 투르크의 지배하에 있었으며 따라서 곳곳에 이슬람 모스크가 남아 있다.

이슬람 지배 이전에 동쪽 비잔틴이 가까웠던 포드고리차에는 여러 개의 정교회가 들어섰으며, 그 중 가장 오래된 정교회로서 성 조지 교회가 남아 있고, 가장 큰 정교회로서 예수 부활 교회가 있다.

성 조지 교회

예수 부활 교회

10장
알렉산더 제국의 신화 마케도니아

마케도니아는 그리스 북부에 있다. 고대 그리스 시대에 이곳 마케도니아 지방에서 알렉산더 대왕이 태어났다. 그러므로 알렉산더는 그리스인이며 마케도니아인이다. 하지만 2000년이 지난 지금 그리스와 마케도니아는 각각 알렉산더 제국의 신화를 놓고 서로 자기 것이라고 주장한다.

마케도니아와 그리스

(1) 그리스인의 마케도니아

본래 **마케도니아**(Macedonia)는 그리스 본토의 북쪽 변방에 위치한 조그만 **폴리스**(Polis) 가운데 하나였다. 산과 섬이 많은 자연환경으로 통일된 국가를 이루지 못한 **그리스**에서는 지역별로 **도시국가** 형태의 정치공동체로서 수많은 폴리스가 있었으며, 그 중에 하나가 북부 변방에 위치한 **마케도니아 폴리스**였다. 당시 잘 알려진 **아테네**, **스파르타**, **테베**와 같은 폴리스 이외에도 그리스 본토에만 100여 개의 폴리스가 있었으며 식민지까지 합치면 1000여 개가 넘는 폴리스들이 존재하였다. 이들 폴리스들은 동쪽의 **페르시아 제국**이 트라키아, 마케도니아를 차례차례 점령하며 쳐들어 오자, **아테네**를 중심으로 힘을 합쳐 **페르시아 전쟁**(BC 492~448년)을 치루며 페르시아 대군을 물리친다.

그리스 — 페르시아 전쟁

페르시아 대군을 물리친 후, 그리스의 패권을 놓고 **아테네**와 **스파르타**가 경쟁하였다. 아테네는 민주정치를 하며 해군이 강한 반면에, 스파르타는 과두정치를 하며 최강의 육군을 자랑하였다. 특히 **스파르타**는 **펠로폰네소스 반도** 남동부의 평야지대에 위치함으로써 산지에 위치한 다른 폴리스들과 달리 자급자족이 가능하여 폐쇄적 사회체제를 유지하였으며, 엄격한 '스파르타식' 군사교육으로 강력한 군대를 보유하였다. **아테네**는 **델로스 동맹**을 만들어 폴리스들을 규합하며 세(勢)를 과시하였으며, 이에 **스파르타**는 **펠로폰네소스 동맹**으로 폴리스들을 규합하며 이에 대항하였다. 결국 아테네를 중심으로 한 델로스 동맹과 스파르타를 중심으로 한 펠로폰네소스 동맹 사이에 약 30년간에 걸친 **펠로폰네소스 전쟁**(BC 431~404년)이 벌어진다.

펠로폰네소스 전쟁

펠로폰네소스 전쟁의 오랜 기간 동안 그리스의 폴리스들은 쇠약해져 갔으며, 전쟁에서 승리한 **스파르타**나 패배한 **아테네** 모두 예전의 영화에서 점점 멀어져 갔으나, 북쪽 변방에 위치한 **마케도니아 폴리스**는 점점 세력을 키우며 **마케도니아 왕국**으로 발전해 갔다. 원래 고대 마케도니아인들은 그리스 본토에서 멀리 떨어진 주변 세력으로서 그리스의 지식과 사회, 문화의 영향을 받으며 성장하였다. 즉, 같은 그리스인의 세계에 속하였지만 마케도니아인은 항상 변방인의 취급을 받아왔다. 본래 '마케도니아'라는 말도 그리스어로 '키가 큰 사람'이란 뜻을 가진 마케드노스(Μακεδνός)에서 따온 것으로 후대에 이 지역의 종족과 지명을 가리키는 말로 정착되었다. 당시 마케도니아인들은 왕국을 수립하기 이전 마케도니아 지역에서 작은 연합부족의 형태로 흩어져 살고 있었는데, 필립 2세(BC 382~336년) 시기에 들어와 독립왕국의 기틀을 마련하고 발전의 토대를 이루어 나아간다. 필립 2세는 펠로폰네소스 전쟁 이후 그리스 도시국가들의 분열된 상황을 이용해 그리스의 영향권에서 벗어나 마케도니아 내 부족들을 단결시켜 나아갔고, 이후 성공적인 군사 활동을 전개해 발칸반도 남부의 대부분 지역을 차지하기 시작한다.

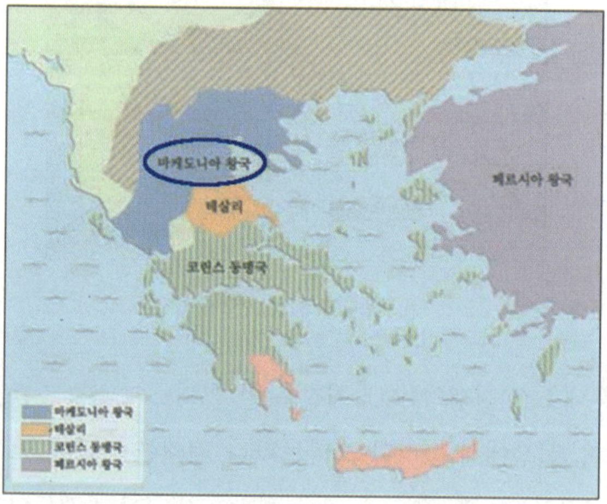

마케도니아 왕국

사실, 필립 2세가 마케도니아의 왕이 되었을 때 마케도니아는 아테네와 스파르타 등의 기라성 같은 그리스 도시국가들에 비하여 초라하기 짝이 없는 곳이었다. 하지만, 탁월한 전술가이자 용맹한 전사인 필립 2세는 무기를 개선하고 전술을 개발하여 수많은 전쟁을 승리로 이끌어 나아갔으며, 그 과정에서 한쪽 눈을 잃기까지 하였다. 필립 2세는 오랜 펠로폰네소스 전쟁으로 약화된 아테네, 스파르타, 테베, 트라키아 등의 그리스 도시국가들을 차례차례 점령하며 마침내 그리스 전체를 석권하기에 이른다. 즉, 변두리 촌 동네의 마케도니아가 그리스 폴리스들의 중심축인 아테네, 스파르타 등을 제압하며 중앙무대에 등장하여 마침내 그리스 전체 도시국가들의 맹주가 된 것이다. 그리고 BC 356년 필립 2세와 올림피아스(Olympias) 사이에서 후대의 알렉산더 대왕(大王)이 될 아들 알렉산드로스(Alexandros)가 태어난다. 알렉산드로스의 나이 20세인 BC 336년 부왕 필립 2세는 근위병의 칼에 갑작스런 죽음을 맞이함으로써, 유일한 계승자였던 알렉산드로스가 그리스(헬라스) 전체를 지배하는 헬라의 왕위에 오른다. 본래, '헬라스'(Hellas)는 '그리스'를 성경에서 부르는 이름이며, '헬라'는 동쪽으로 에게 해, 남쪽으로 지중해, 서쪽으로 아드리아 해와 이오니아 해, 그리고 북쪽으로 올림푸스 산지에 이르는 지역을 가리킨다. '헬라'의 어원은 그리스 전설적 영웅 헬렌(Hellen)에서 왔으며, 그는 테살리아를 세웠다고 전해지며, 헬렌이 건설한 도시에 사는 사람들을 헬레네스(Hellenes)라고 불렀다. 그 후, '그리스'라는 이름은 로마시대 로마인들이 그 당시 '헬라'라 불렸던 지방의 사람들을 처음 만나 '그리스'라고 부른데서 붙여졌다. 즉, 헬라는 '그리스인이 사는 곳'이라는 뜻의 어원이 되었으며, 소아시아, 에페수스, 펠로폰네소스 반도와 북 그리스 전체를 말한다. 또한, 그리스가 패망한 후에도 알렉산더가 지배한 영토 역시 '헬라'라고 부름으로써, 알렉산더 제국의 전 영토에 퍼진 헬라 문화를 가리켜 '헬레니즘'이라 부르며, 헬라의 한자음 표기를 따라 희랍(希臘)이라고 부름으로써, 헬라 제국 즉 알렉산더 제국에서 사용되던 언어인 헬라어를 가리켜 희랍어라고도 부른다.

부왕의 갑작스런 죽음으로 20세의 젊은 나이에 헬라의 왕위에 오른 알렉산더(재위 BC 336~323)는 헬라의 영토에 만족하지 않고 죽을 때까지 정벌을 계속함으로써, 유럽과 아시아 그리고 아프리카에 걸친 광활한 대(大)제국을 건설한다. 알렉산더 대왕(大王)은 발칸 반도를 장악한 후 마케도니아인과 그리스 원정대를 이끌고 이집트 정벌에 나섰으며, 계속하여 소아시아의 페르시아를 정벌하고 그 세력이 인도의 인더스 강 유역에까지 이르는 거대한 알렉산더 대제국을 이루어 나아갔다.

알렉산더 제국

알렉산더 대제는 직접 정복 전쟁에 나서면서 정복하는 곳마다 헬라 사상과 문화를 퍼뜨려 헬레니즘을 형성하기에 이른다. 그는 정복지의 관습과 제도를 인정하고 융화 정책을 폈기 때문에, 그리스 문화가 확산되면서도 각 지역의 문화와 융합되어 새로운 문화가 탄생할 수 있었다. 그러므로 헬라의 종교는 수많은 신(神)들로 특징지워지며, 알렉산더는 정복지의 관습과 문화를 배척하지 않고 그대로 받아들임으로써 그리스 문화와 동방문화가 융합된 헬레니즘 문화를 탄생시켰다. 이처럼 헬레니즘은 그리스 사상과 문화가 알렉산더 대제가 정복한 이집트 및 동방문화 등과 합한 것을 말하며, 이는 유대 민족만의 구원 사상에 바탕을 둔 헤브라이즘과 대비된다. 헬레니즘 시대는 기원전 330년경부터 이집트가 로마에 정복당하는 기원전 30년에 이르는 약 300년의 시기를 말하며, 이는 분명 시대의 영웅 알렉산더(알렉산드로스)에서 비롯되었다. 알렉산더 사후(死後) 알렉산더 제국은 분할되고 로마에 점령당해 역사의 뒤안길로 사라졌지만, 헬레니즘은 로마 제국의 토양이 된 것은 물론, 이후 비잔틴 세계, 이슬람 세계, 서유럽 세계에도 공통의 유산으로 영향을 미쳤다. 역사가에 따라서는 헬레니즘 시대를 그리스 문화의 쇠퇴기로 보기도 하지만, 오히려 그리스 문화의 융합적 보편화와 확산의 시기로 평가하는 시각이 많다.

(2) 슬라브인의 마케도니아

알렉산더 제국이 무너진 후 마케도니아 지방은 동로마(비잔틴) 제국의 지배 하에 들어갔으며 상당수의 주민들은 로마의 국교인 그리스도교를 믿기 시작하였다. 그 후 AD 6세기 경부터 마케도니아 지역에 북쪽으로부터 슬라브인들이 대거 이주해 오기 시작하였다. 마케도니아로 이주한 슬라브인(남슬라브족)들은 점차 발칸유럽에 새로운 정착촌을 건설하여 갔으며, 이에 마케도니아 지역에 세력을 확대하려는 비잔틴 제국과 빈번히 충돌하였다. 그 후 904년 마케도니아는 당시 발칸유럽의 새로운 맹주로 떠오른 제1불가리아 제국(681~1018)의 지배 하에 들어가게 된다.

불가리아 제국 — 비잔틴 제국의 지배

하지만, 제1불가리아 제국은 1014년 클레이돈(Kleidon) 전투에서 비잔틴 제국에 대패 당하고 1018년 멸망함으로써 마케도니아는 다시 비잔틴 제국의 지배 하에 들어간다. 그 후 13세기경 세르비아의 두샨 황제는 대(大)세르비아 제국을 이루며 발칸 반도를 지배하게 되며, 이에 마케도니아 역시 대세르비아 제국의 지배를 받게 된다. 세르비아는 특히 고대 그리스 문화와 유적이 남아있고 발칸 슬라브인들에게 그리스도교 성지로 일컬어지는 마케도니아 지역에 많은 관심을 보였다.

세르비아 제국의 지배

그러므로 1346년 현 마케도니아의 수도인 스코프예에서 '세르비아-보스니아-그리스'의 왕으로 추대된 두샨은 제국의 수도를 현재 마케도니아 서남부에 위치한 '오흐리드'로 정하고 정복사업을 계속해 나아간다. 두샨의 세르비아 제국은 계속된 정복사업을 통해 국경을 북으로는 헝가리, 남으로는 비잔틴 제국에 이르기까지 넓혀 나갔으나, 두샨 황제 사후(死後) 세르비아는 계속된 국론 분열로 세력이 약화되었으며, 이후 마리짜 강 전투에서 세르비아를 중심으로 한 그리스도교 연합군이 오스만 터키 군에게 패배 당함으로써 마케도니아는 다시 오스만 제국의 손아귀에 넘어가게 된다. 이처럼 알렉산더의 신화를 낳고 한때 제국을 이루었던 마케도니아는 알렉산더 사후, 비잔틴 제국, 제1 불가리아 제국, 다시 비잔틴 제국, 세르비아 제국, 오스만 제국으로 계속되는 외세의 지배 하에 있어야 했다. 그 후 오스만 터키의 마케도니아 지배는 19세기까지 계속되었으며, 1878년 베를린 조약에 의해 주변의 세르비아, 불가리아, 그리스가 독립을 하였음에도 마케도니아는 독립하지 못하고 터키의 지배를 계속 받아야 했다. 이에 1902년에 마케도니아 혁명위원회를 중심으로 펼쳐진 대대적인 폭동은 터키의 무자비한 진압에도 불구하고 1903년 마케도니아 전 지역으로 확산되어 나아갔으며, 이후 터키는 서구 열강들의 요구를 받아들여 마케도니아를 5개 지역으로 나눈 후 영국, 프랑스, 이탈리아, 오스트리아, 러시아 군대가 해당 지역의 치안을 담당하는데 동의하게 된다. 열강들 가운데 특히 러시아는 이 발칸 지역에 사는 같은 민족(슬라브족)의 보호를 명목으로 불가리아, 세르비아, 그리스, 몬테네그로 사이에 발칸동맹(Balkan League)을 맺도록 지원하였다.

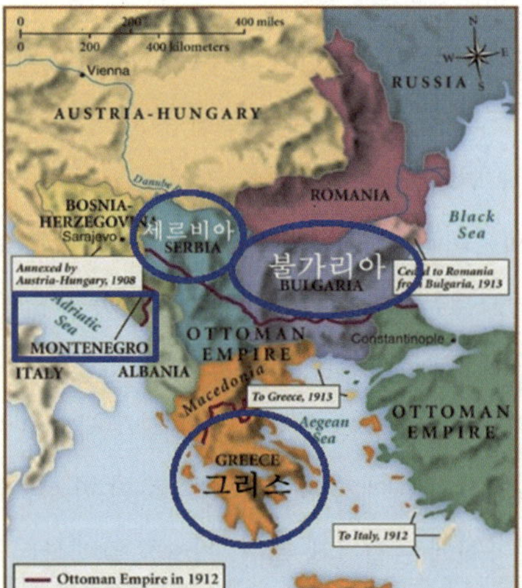

발칸동맹 4개국

1912~1913년 발칸전쟁의 결과

본래 러시아는 동쪽으로 이동해 간 동슬라브족의 일파이며, 남쪽으로 이동해 간 남슬라브족들이 세르비아, 불가리아, 그리스, 몬테네그로, 마케도니아 등지에 흩어져 살고 있었던 것이다. 무튼, 오스만 터키의 지배를 받던 남슬라브족들이 모두 독립을 하였으나 유일하게 마케도니아만이 계속하여 터키의 지배를 받고 있었다. 1912년 러시아의 지원을 받은 발칸동맹국들은 제1차 발칸전쟁을 일으켜 발칸반도에서 오스만 터키의 지배를 몰아내는 데 성공한다. 즉 투르크는 콘스탄티노플 주변 지역을 제외하고, 유럽 대륙에 있는 영토 전부와 크레타 섬을 발칸동맹 제국에 할양하였다.

하지만, 1913년 발칸동맹국들 사이에 마케도니아 지역을 두고 서로 더 많은 영토를 차지하려는 제2차 발칸전쟁이 일어난다. 불가리아가 먼저 세르비아와 그리스를 공격함으로써 일어난 이 전쟁에서 불가리아는 연전연패 함으로써, 오히려 도브루자를 루마니아에게 할양하고,

마케도니아를 그리스와 세르비아에게 할양하였으며, 카바라 일대를 그리스에 넘겨주어야 했다. 이로써 불가리아는 제1차 발칸전쟁을 통해 획득한 영토를 모두 잃게 되어 세르비아를 원망하게 되고 러시아와도 사이가 멀어졌으며, 이것이 원인이 되어 제1차 세계대전에서는 독일-오스트리아 측에 가담하게 된다.

제1차 세계대전(1914~1918)이 끝난 후에도 마케도니아는 독립하지 못하고 여전히 세르비아가 주도하는 세르비아-크로아티아-슬로베니아 왕국(유고슬라비아 왕국)에 편입되었으며, 세르비아의 동화정책과 이주로 인해 정체성 상실의 위기를 맞이해야만 했다. 하지만 제2차 세계대전(1939~1945)이 끝난 후 유고슬라비아연방을 주도하였던 티토는 마케도니아에 대한 영토적 야심을 드러내고 있던 불가리아를 견제하기 위하여 마케도니아 언어의 독자성과 역사 교육을 인정해 주었고, 마케도니아 정교회가 세르비아 정교회로부터 분리 독립되도록 지원해 준다.

1980년 5월 티토의 사망 후 본격화된 유고연방 붕괴과정에서 마케도니아는 독립을 추진하였고, 마침내 1991년 9월 국민투표를 통해 마케도니아는 그토록 원하던 독립을 선포하게 된다.

하지만 이번에는 '마케도니아' 국명을 놓고 그리스가 마케도니아에 대한 자신들의 역사적 정체성을 주장하며 강력 반발하고 나섰다. 그리스는 반대 이유에서 고대 마케도니아인은 민족적으로 고대 그리스인의 후예이자 북부 그리스인의 일파며, 언어적으로도 '마케도니아'란 용어는 그리스어에서 유래한 말이라고 주장했다. 그리고 만약 '마케도니아'란 명칭을 그리스 밖에서 사용할 경우 이에 따른 모든 역사적 유산과 자산들을 상실할 수 있다며 반발했다.

반면 마케도니아인들은 '마케도니아'란 명칭은 어느 한 국가만이 독점할 수 있는 명칭이 아니며, 사회주의 시절부터 공화국 명칭으로 계속 사용해왔고 그리스가 주장하는 마케도니아 지방 즉, '에게 마케도니아' 또는 '피린 마케도니아(Pirin Macedonia)' 지방과는 무관한 명칭이라며 반발했다. 양국 간에 심각한 외교 분쟁과 더불어 국경에서의 긴장이 고조되어 갔으며, 마침내 미국의 지원과 중재 속에 UN은 1993년 8월 '구 유고슬라비아의 마케도니아 공화국'이란 이름으로 마케도니아 국가 등록을 승인하게 된다.

하지만 그리스는 이에 강력 반발하며 마케도니아와의 모든 외교관계 단절과 마케도니아로 향하는 모든 물품의 데살로니카 항구 수출입 봉쇄를 단행함으로써 양국간의 긴장은 최고조에 달하였으나, 국제사회의 계속된 중재와 압력 속에 1995년 9월 양국 외무장관은 결국 관계 정상화에 합의하게 된다. 하지만 양국 정상화 속에서도 가장 첨예하게 대립되던 마케도니아 국가 명칭 사용 건에 대해서는 UN 사무총장의 감독 하에 계속 협상해 나아간다라고만 명시함으로써, 이를 둘러싼 양국 간의 분쟁은 그대로 남아있으며 그 갈등은 현재까지 지속되고 있다.

마케도니아-데살로니카 항구-그리스

(3) 마케도니아의 예루살렘 스코페

몬테네그로의 수도 포드고리차에서 마케도니아의 수도 스코페(Skopje, Скопje)로 가기 위해선 코소보의 수도 프리슈티나를 거쳐서 간다.

포드고리차 → 프리슈티나 → 스코페

코소보는 앞서의 세르비아 편에서 살펴 보았듯이, 14세기 초 발칸반도의 대부분을 차지하였던 두샨(1308~1355)황제의 대세르비아제국 시절 제국의 중심이였다. 비록 코소보 전투에서 오스만 투르크에 패배하여 수세기 동안 오스만의 지배를 받았지만 세르비아 민족에게 있어서 코소보는 민족의 성지이며 세르비아 정교의 중심으로서 가장 오래된 사원인 그라차니차 수도원이 그대로 남아있는 곳이다. 오스만 투르크의 지배 시절 코소보에는 같은 회교도인 이웃 알바니아계가 대거 유입되었으며, 따라서 코소보 주민의 대다수(80%)는 이슬람을 믿는 알바니아 사람들이고, 정교를 믿는 세르비아인들은 20%에 불과하다. 즉

20%의 세르비아계가 80%의 알바니아계를 지배하는 형식이였다. 남슬라브족의 중심을 자처하며 유고슬라비아 연방(6개국)의 주축을 이루었던 세르비아는 연방이 하나 둘 씩 해체되면서 마지막 남은 몬테네그로마저 신-유고연방(세르비아-몬테네그로)에서 독립해 나간 상태에서, 코소보마저 독립을 요구하며 세르비아로부터 떨어져 나가려 하자 도저히 그대로 묵과할 수 없었던 것이다. 마침내 1998년 '인종청소'로 불려지는 대량학살의 코보보 사태가 발생한다.

코소보

포드고리차에서 코소보의 수도 프리슈티나까지의 여정은 험난하다. 야간 운행 버스로 도중에 국경 검색대를 통과하여야 하며 정확치 않은 운행 시간으로 8시간~10시간은 실히 걸리는 대중하기 힘든 교통 수단이다. 저녁에 타서 다음날 새벽까지 달리는 야간 운행 버스의 고충을 좀 덜기 위해서는 포드고리차에서 약 2시간 정도 걸리는 해안 도시 울치니를 경유하는 것이 그나마 좀 용이하다. 울치니에서 코소보의 프리즈렌을 거쳐 수도 프리슈티나에 도착한다.

프리슈티나 공용 버스 터미널

프리슈티나에 도착하면 제일 먼저 눈에 뜨이는 특이한 현상이 전 미국 대통령(빌 클린턴)의 동상이다. 그도 그럴것이 1998~1999년의 코소보 사태를 해결해 준 것이 미국을 위시로 한 NATO 연합군이였으며, 당시 미국 대통령이였던 빌 클린턴에 대한 코소보 국민들의 고마움은 이루 말할 수 없었던 것이다.

빌 클린턴 동상

그러므로, 고마움의 표시로 2009년에 동상이 세워졌으며, 동상 앞으로 지나가는 프리슈티나에서 제일 넓은 도로의 이름 또한 '빌 클린턴 대로(Bill Clinton Boulevard)이다.

하지만, 코소보는 1998~99년 민족간 갈등으로 인한 내전을 치른 후 2008년 독립을 선포하고 111개 UN회원국의 인정을 받았으나, 세르비아는 아직까지 코소보의 독립을 인정하지 않고 있으며, 2013년 브뤼셀에서의 양국관계정상화에 대한 합의에도 불구하고 세르비아-코소보 국경은 여전히 막혀 있는 모양새이다. 그러므로 세르비아에서 코소보로 넘어갈 때는 직접 통과하지 못하고 이웃 마케도니아를 거쳐 우회하여 가야하는 어려움이 있다.

프리슈티나의 렌드마크는 청소년 스포츠 궁전(Palace of Youth and Sports) 앞의 기념물 "NEW BORN"이다.

NEW BORN

프리슈티나 광장에 설치된 이 기념물은 2008년 2월에 코소보가 세르비아로부터 독립한 것을 기념하기 위하여 만든 것이다. 코소보의 전체 면적은 10,908㎢으로서 우리나라 경상남도의 크기와 비슷하며, 인구는 약 200만명으로 그 중 80~90%가 알바니아계의 무슬림으로서, 약 20만명이 수도 프리슈티나에 산다.

공동묘지

프리슈티나 곳곳에 산재한 마을 공동묘지에는 코소보 사태 때 희생된 영령들이 잠들어 있는 모습을 발견할 수 있다.

한편, 코소보의 프리슈티나에는 같은 알바니아계 출신인 마더 테레사 수녀의 이름을 딴 마더 테레사 성당이 있다.

마더 테레사 성당

프리슈티나 시장 거리

마더 테레사 수녀(1910~1997)는 본래 오스만 투르크의 지배 시기인 1910년 당시, 코소보 주에 속했던 지금의 스코페에서 태어났다. 그러므로 스코페에도 마더 테레사 성당이 존재한다. 수녀의 아버지는 아르메니아계이고 어머니가 알바니아계인 것으로 알려지며, 따라서 같은 알바니아계가 주류를 이루는 이 곳 코소보의 수도 프리슈티나에 그녀의 이름을 딴 성당이 존재하는 것이다. 1979년 노벨 평화상을 받은 전 세계적인 인물을 두고 코소보는 같은 알바니아계임을 내세우고 마케도니아는 출생지(스코페)를 내세우는 형국이다.

코소보 사태가 발생했을 때 마케도니아는 NATO 군을 직간접으로 지원하였으며, 약 36만여 명의 코소보 난민들을 수용하기도 하였다. 그러므로 코소보와 마케도니아는 사이가 좋으며 프리슈티나에서 스코페로 가는 약 2시간 반 가량의 버스는 1시간 간격으로 비교적 자주 있는 편이다. 앞서 살펴 보았듯이, 400여년 동안 오스만의 지배를 받다가 제1차, 2차 발칸전쟁에서 세르비아와 그리스에 의해 나뉘어져 점령당하고, 제1차, 2차 세계대전이 끝난 후에는 유고연방에 속해 있다가 유고연방이 해체되고서야 겨우 독립하였지만, 그리스의 방해로 나라 이름 조차 자유로히 사용하지 못하는 마케도니아로서는 같은 슬라브 민족인 세르비아, 러시아 보다 자신의 독립을 도와 준 NATO가 더 가깝고 고마웠다. 그러므로 코소보 사태가 발생했을 때 세르비아와 러시아의 비난에도 불구하고 NATO를 도왔으며, NATO의 요청을 받아들여 코소보 난민도 수용하게 된 것이다. 즉, 자신들과 같은 슬라브족도 아닌 알바니아계이며, 자신들의 종교인 정교와 적대적인 이슬람교를 믿는 코소보 난민들을 NATO의 요청에 따라 그대로 받아들인 것이다.

마케도니아 — 스코페, 오흐리드 호수

1991년 독립한 마케도니아는 유럽 동남부 발칸반도 내륙북부의 가장 중앙에 위치하고 있는 산악국가로서, 바다와 접하지 않는 내륙국가라는 특징을 지니고 있으며, 북쪽으로는 세르비아 본토와 코소보, 동쪽으로는 불가리아, 남쪽으로는 그리스, 서쪽으로는 알바니아와 국경을 접하고 있다. 마케도니아의 인구는 약 206만명 정도로서 수도인 스코페(스코쁘예)에 약 51만명이 거주하고 있으며, 주요 도시로는 프리레프(Prilep), 비톨라(Bitola), 오흐리드(Ohrid) 등이 있다.

앞서 살펴보았듯이, '마케도니아'라는 국호를 놓고 그리스와 마케도니아가 서로 자기 것이라고 주장하는 이유는, 고대 그리스 시대 북부 변방의 조그만 폴리스로 시작한 마케도니아 폴리스가 마케도니아 왕국으로 발전하여 마침내 알렉산더 제국을 이룩하였던 역사적 사실에서 비롯된다. 알렉산더 제국(BC334~301)의 발판을 이루었던 마케도니아 왕국 필립II세(알렉산더의 아버지)의 원정에 대한 비문 기록 등이 현재의 마케도니아 비톨라, 오흐리드 등지와 일치하는 것으로 밝혀진다. 하지만, 알렉산더 제국의 영화는 신화처럼 사라졌으며, 로마제국이 거쳐간 이후 5-6세기에서 9세기에는 그리스인들이 살던 이 곳 마케도니아 지방에 북쪽으로부터 슬라브족(남슬라브족)이 대거 유입되었다. 즉, 현재의 마케도니아 지역에 사는 마케도니아인들은 엄격히 말하자면 그리스인들의 후예가 아니라 주로 슬라브족의 후예들인 것이다. 하지만, 숱한 외세의 지배(비잔틴, 오스만, 세르비아, 그리스, 불가리아 등) 속에서 이제 겨우 벗어난 마케도니아(1991년 독립)는 다시 그 옛날의 신화와도 같았던 마케도니아 왕국(필립II세)과 알렉산더 제국의 영광을 그리워하며 찬란한 부흥을 꿈꾼다. 그러므로 이웃 그리스와 분쟁을 일으키면서까지 국호 '마케도니아'를 고집하며, 수도 스코페에는 '2014 스코페 프로젝트'에 따라, 알렉산더 대왕의 아버지인 필립II세 스타디움 건설, 알렉산더 대왕 공항 재건, 알렉산더 대왕 동상 건립 등 역사적인 인물들의 이름을 딴 여러 건축물의 제작에 온 힘을 기울이고 있다.

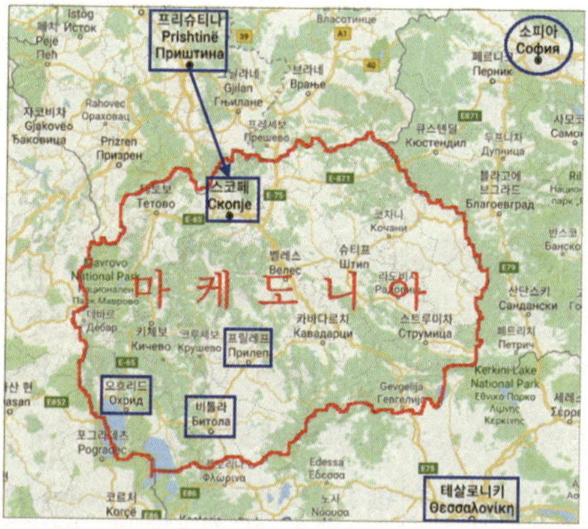

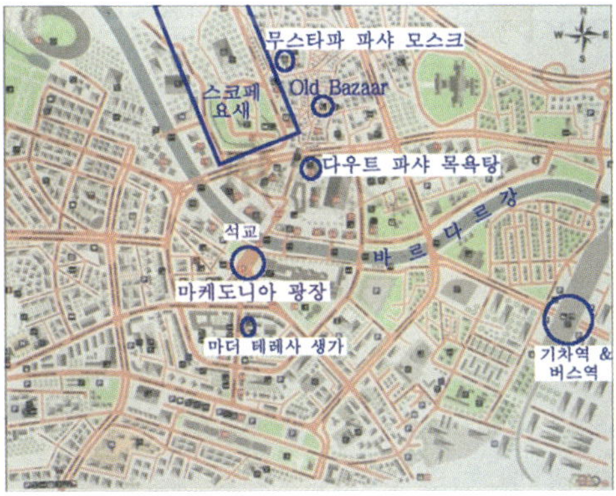

스코페 도시 지도

이처럼 고대 마케도니아 왕국과 알렉산더 제국의 영광을 되살리려는 마케도니아의 수도 스코페(스코쁘예)는 마케도니아의 '예루살렘'이라 불리운다. 본래, 스코페: 'Skopje'는 그리스어 'episcopus(watcher, observer)'에서 유래된 그리스어 'Skoupoi'를 어원으로 본다. 로마시대에는 원래 높은 곳에 축조된 요새였기에 이런 이름이 붙은 것이고 당시에는 '스쿠피(Skupi)'로 불려졌다.

스코페는 마케도니아의 수도로서 바르다르 강 연안의 스코페 분지에 위치해 있으며, 바르다르 강을 경계로 동방시장(Old Bazaar)이 있는 구시가지와 중앙광장(마케도니아 광장)이 있는 신시가지로 나뉘어지고, 그 사이를 오스만 지배 시절에 건설된 유명한 터키식 아치형 돌다리(석교)가 이어준다. 1963년 대지진으로 도시의 80% 이상이 파괴되었지만, 아직 도시 곳곳에는 고대문명의 흔적이 많아 남아있다. 도시의 역사를 보면, 이곳은 기원전 3,600년 전부터 사람이 살았으며, 고대 로마 시대에 시내가 내려다 보이는 스코페 보드노(Vodno) 산에 요새(칼레: Kale)를 만들면서 도시가 형성되었는데, 칼레 성벽의 재료가 석회암

이고 거기에 씌여진 라틴어로 볼 때, 이 성벽은 518년 지진으로 무너진 고대 로마 도시 스쿠피의 유적을 기반으로 유스티니아누스 1세때 건축한 것으로 알려진다. 이 지역 출신으로 유명한 황제 유스티니아누스 1세는 535년 스코페를 제국의 주요 제1도시 가운데 하나로 정한다는 법률을 통과시켰고, 이후 스코페는 비잔틴 제국의 주요 정치, 상업 도시로 성장하게 되었다. 또한 스코페가 역사적으로 유명한 것은, 14세기 대(大)세르비아 제국 시절 두샨 황제는 당시 불가리아 정교회의 지도력 하에 있던 마케도니아 오흐리드 정교 교구를 세르비아 정교회인 페치(코소보 서부에 위치) 대교구 하에 편입시켰으며, 이어 1346년 정교 부활절에 이곳 스코페(스코프예)를 제국의 수도로 정하고, 그 스스로 '그리스, 세르비아, 보스니아의 왕이자 황제'로서의 대관식을 치른 것이다.

터키식 아치형 석교

스코페에서 가장 눈에 뜨이는 터키식 아치형 석교(1451~1469년)는 술탄 메흐메드 2세(1432~1481년)의 지시에 의해 건설된 것으로 구시가지와 신시가지를 연결시켜 준다. 석교는 이전 로마가 지은 다리 위에 터키식 건축 공법에 따라 다시 재건설된 독특한 건축 기법으로서 학자들 사이에 중세 문화의 역사적 기념비라 불리운다. 하지만 500여 년이나 이어져 온 터키의 지배 기간 동안 이 다리 위에서 수많은 사람들이 처형됨으로써 마케도니아인들에겐 비극과 아픔의 다리라 할 수 있다. 즉, 터키 제국은 마케도니아에서 민란이나 혁명이 발생할 경우, 이 석교 위에서 참가자들을 처형해 바르다르 강 위로 시체를 던져 버림으로써 고기밥이 되게 하였던 것이다.

아치형 석교를 건너면 스코페의 중심인 마케도니아 광장이 눈에 뜨이며, 그 한가운데에 마케도니아 부흥의 상징인 거대한 알렉산더 대왕의 동상이 하늘을 찌를 듯이 높이 솟아 있다.

마케도니아 광장 --- 알렉산더 대왕 동상

오랜 세월 동안 외세와 이웃에 짓눌려 왔던 마케도니아로서는 한때 그리스를 제패하고 동서양을 잇는 대제국(알렉산더 제국)을 건설하였던 옛 영화에 대한 열정을 그대로 잠재워 둘 수 없었다. 마케도니아 광장의 한 가운데에 세계에서 가장 큰 알렉산더 대왕의 동상을 세웠으며, 하늘 높이 우뚝 솟은 대왕의 동상을 위시로 광장 주위에는 알렉산더 대왕의 아버지 필립 2세의 동상 등 수많은 역사적 인물들과 장군들의 동상이 즐비하게 도열되어 있다. 또한 광장 맞은 편에는 파리의 개선문을 본 딴 어마어마한 크기의 스코페 개선문이 세워져 있으며, 그곳을 향해 각종 퍼레이드 행사가 열린다.

스코페 개선문

한편, 스코페에는 앞서의 코소보에서와 같이 마더 테레사 수녀의 생가(生家)가 기념관으로 꾸며져 있다.

마더 테레사 수녀 기념관

기념관의 2층에는 노벨 평화 수상자(1979년) 마더 테레사 수녀의 출생과 가계도, 생활기구들이 전시되어 있고, 3층에는 예배당이 위치해 있다. 마케도니아 광장에서 멀리 높다란히 보이는 성곽이 스코페 칼레(요새)이다. 6세기 비잔틴 제국 시절에 세워져 오스만 터어키 지배 시절까지 이어져 온 이 요새는 1963년 발칸반도를 강타한 대지진 당시 도시의 80% 가 파괴되었음에도 불구하고, 완전히 무너지지 않아 그 견고성을 입증하고 있다.

스코페 칼레

한편 1466년에 건설된 다우트 파샤 목욕탕(Daut Pasha Hamam)은 한 때 발칸 유럽의 최대 터키탕이었으나, 오늘날에는 비잔틴 양식에 따른 웅장한 내부 인테리어와 여러 아치형 건축물들을 활용한 마케도니아 국립 미술관으로 사용되고 있다.

다우트 파샤 목욕탕

다우트 파샤 목욕탕에서 위쪽으로 조금 더 올라가면 '동방시장'으로 불리는 재래시장(Old Bazaar)이 나온다.

Old Bazaar 입구와 재래시장

또한, 스코페 재래시장(Old Bazaar) 근처에는 마케도니아에서 가장 아름다운 이슬람 건축물로 손꼽히는 무스타파 파샤 모스크(Mustafa Pasha Mosque)가 위치해 있다.

무스타파 파샤 모스크

무스타파 파샤 모스크는 오스만 투르크 제국 제9대 술탄이었던 셀림 1세(Selim I) 시절에 당시 수상이었던 **무스타파 파샤**에 의해 지워졌다. 지어진 후, 잘 보존되어 개축된 적이 없는 것으로도 유명하며, 모스크 옆 무덤에는 무스타파 파샤의 딸이 안치되어 있다.

마케도니아에서 수도 **스코페** 다음으로 한 곳을 꼽는다면 단연 **오흐리드**(Ohrid)를 택한다. 유럽에서 가장 오래된 고대 도시들 중 하나이며, 1979~1980년에 걸쳐 **오흐리드** 도시 전체가 유네스코 문화유산으로, 그리고 **오흐리드 호수**는 유네스코 자연 유산으로 등록되었기 때문이다.

스코페 ⟶>>> 오흐리드, 호수

스코페에서 오흐리드까지는 버스로 약 3시간 이상 걸리는 거리로 험준한 산악길을 따라 달린다. 오흐리드(Ohrid)라는 지명(地名)은 본래 바위를 뜻하는 '흐리드(Hrid)'에서 유래하였으며, 호숫가에서 구시가를 보면 언덕 위로 집이 올라가 있는 모양으로 그 아래는 실제 바위로 이루어졌다. 선사 시대부터 사람들이 거주하기 시작하였고, 알렉산더 대왕의 아버지 필립 2세가 이곳을 지배했었다는 기록도 전해지고 있다. 한때 불가리아의 수도였던 적도 있었으며 당시 왕이었던 사무엘(Tsar Samuel 958~1014)은 이곳에 365개의 교회를 지어 매일 한 교회씩 돌며 기도하러 갔었다는 이야기가 전해질 정도로 곳곳에 숨겨진 교회와 교회 터들이 산재해 있다. 그러므로 지금도 시내와 호수를 한눈에 내려다 볼 수 있는 곳에 그의 이름을 딴 오흐리드 사무엘 요새가 위치해 있다.

오흐리드 사무엘 요새

오흐리드 시내 지도

오흐리드는 9세기 발칸반도의 새로운 지배자로 등장한 슬라브족(남슬라브족)들에게 그리스도교를 전파하는데 있어 가장 중요한 도시로 발전해 갔다. 슬라브족들에게 최초로 문자(키릴 문자)를 만들어준 성 키릴과 메토디우스 형제는 오늘날의 그리스 데살로니카 출신의 불가리아 수도사들이었으며, 이들에게 문자를 배운 제자들인 성 클리멘트와 나움에 의해 최초의 슬라브 대학이자 오흐리드 정교 대교구가 이곳 오흐리드에 수립되어, 당시 3500여명의 마케도니아 슬라브인 제자들에게 최초로 키릴문자에 기초한 그리스도교가 전파되었다. 즉, 슬라브족의 최초 문자인 키릴문자는 무지한 슬라브인들에게 그리스도교 복음을 효과적으로 전달하기 위한 수단으로 수도사들에 의해 만들어지고 전파되었던 것이다. 과거 슬라브민족은 언어는 있었지만 문자가 없어 라틴문자를 차용해 왔었다. 그러므로 슬라브족만의 문자가 필요했으며, 이를 창제한 사람이 키릴형제이고, 그 제자인 성 클레멘트는 키릴문자를 널리 전파시키고 완성시킨다. 오늘날 오흐리드의 수호자로 알려진 성 클레멘트(St. Clement)는 오흐리드에 도착한 후, 성 판텔레이몬에 지시하여 수도원(성 판텔레이몬 수도원)을 짓게 하였으며, 이곳에서 성 나움 수도사와 함께 키릴문자를 가르치고 그리스도교를 전파하는데 전력하였다.

성 판텔레이몬 교회

성 판텔레이몬 교회 와 초기 바실리카 터

성 클레멘트는 이곳 수도원에서 제자들을 가르치고 이곳에 묻혔기에 성 판텔레이몬 교회를 성 클레멘트 교회라고도 부른다. 1295년에 지워졌고 1950년대에 발굴된 성 판텔레이몬(성 클레멘트) 교회에는 11세기~14세기 사이에 세삭된 세계적으로 가장 중요한 비잔틴 양식의 이콘들이 800여 점이나 소장되어 있는 것으로 유명하다. 성 판텔레이몬 교회 위쪽에는 이곳에 그리스도교가 처음 전래되었던 5세기 때 것으로 보이는 초기 그리스도교 바실리카터가 그대로 남아있어 그 역사적 가치가 매우 중요하며 현재도 계속 발굴 중에 있다. 수도원 주변 발굴 작업에서 지하 통로와 지하 묘지, 그리고 베네치아 동전 등이 발견된 것으로 전해진다.

14세기에서 19세기까지 무려 500여 년간 지속된 오스만 투르크의 지배는 이 지역에 보급된 초기 그리스도교 문화와 유적들의 심각한 파손을 가져왔다. 터키는 오흐리드를 점령한 후 마케도니아인들의 성지로 여겨지던 여러 정교 사원들을 파괴하고, 그 자리에 이슬람 모스크를 건설하였던 것이다. 그러므로 오늘날 오흐리드는 '마케도니아의 예루살렘'을 넘어 '발칸반도의 예루살렘'이라고까지 불리운다.

이처럼 오흐리드 내 정교 사원들은 7세기 이후부터 세워진 것으로 세계에서 가장 오래된 사원들이란 평가를 받는다. 이중 붉은 벽돌로 축조되어 문과 창이 모두 아치형인 것이 특징인 성 소피아 교회는 10세기 제1 불가리아 제국 시절에 건축된 것으로 추정되고 있으며, 11세기~13세기 사이에 그려진 비잔틴 양식의 웅장한 프레스코화로 더욱 더 유명하다. 오스만 투르크 통치 시절 모스크로 사용되면서 교회 내부의 프레스코화가 회칠로 덧입혀져 있었는데, 덕분에 11세기~13세기 비잔틴화가 오히려 잘 보존되어 있었던 것이다.

성 소피아 교회

한편, 마케도니아의 오흐리드에는 기원전 200년경에 세워져 유일하게 남아있는 그리스식 고대 극장이 있다.

오흐리드 고대 그리스 극장

우연히 발견된 이 고대 극장에서는 오늘날 오흐리드 여름 축제(Ohrid Summer Festival), 발칸 민속 페스티발 등의 여러 행사와 공연이 열림으로써, 오흐리드의 아름다움과 고대 유적물들의 신비로움을 전 세계에 알리고 있다.

성 키릴과 메토디우스

오흐리드 시내에는 키릴문자의 창시자 성 키릴과 성 메토디우스 형제의 동상이 세워져 있다. 하지만 키릴 형제의 주도권을 두고 같은 슬라브족인 이웃 불가리아와 경쟁을 한다. 키릴 형제는 데살로니카 출신의 불가리아 수도사로서 당시에는 불가리아 제국이 마케도니아 전역을 지배하고 있었기 때문이다. 그러므로 불가리아의 수도 소피아에도 키릴형제의 커다란 동상이 세워져 있다.

오흐리드는 바다와 같은 호수를 끼고 그 옆에 자리하고 있어 항상 아름다운 풍광을 자랑한다. 마케도니아의 호수들 가운데 가장 크고 가장 아름다운 오흐리드 호수는 해발 695m에 위치하고 있으며, 수심이 286m로 유럽에서 가장 깊고, 가장 오래된 호수 가운데 하나이다. 호수의 1/3은 알바니아에 속하며, 주변이 산으로 둘러싸인 마케도니아 쪽은 매우 아름다운 해변과 뛰어난 전망을 보유하고 있어 매년 수많은 관광객들이 찾아온다.

오흐리드 호수

이처럼 아름다운 호수 끝자락 절벽 위에 성 카네오 교회가 그림같이 세워져 있다. 오흐리드 호수를 한 눈에 내려다보는 절벽 위에 세워진 성 카네오 교회는 13세기 때 건축물로서 다양한 중세 프레스코화를 소장하고 있는 것으로 유명하다.

성 카네오 교회

성 카네오 교회는 유명한 영화 '비포 더 레인 (Before The Rain)'의 주무대로 알려져 더욱 더 유명하다. 마케도니아 스코페 출신의 밀코 만체브스키 감독은 영화 속 주인공처럼 사진작가이면서 동시에 작가, 감독, 예술가로 세계적인 호평을 받았으며, 그의 대표작 가운데 하나인 '비포 더 레인'은 1994년 베니스 영화제 황금사자상을 수상할 정도로, 그의 작품성은 세계적으로 크게 인정받았다.

한편, 오흐리드 시내에서 약 29km 정도 떨어져 오흐리드 호수의 남쪽 끝에 위치한 성 나움 수도원(St. Naum Mones try)은 오흐리드를 중심으로 성 나움이 발칸유럽의 여러 슬라브인들에게 그리스도교를 전파해 나가던 905년에 세워진 것으로, 주변의 아름다운 자연 환경과 더불어 마케도니아인들의 휴식처이자 성지로 불리운다. 터키인들에 의해 파괴되고 제1차 세계대전을 거치며 한동안 알바니아 영토에 편입되었다가 다시 마케도니아 지역으로 환원된 성 나움 수도원에는 성 나움의 무덤이 보존되어 있어, 매년 수많은 정교도 순례자들이 이곳을 방문한다. 또한 여기에는 세계에서 가장 유명한 프레스코화 중 하나인 '메토디우스와 그 제자들'이라는 프레스코화가 소장되어 있으며, 성 나움, 성 클레멘트를 비롯하여 세르비아 정교의 창시자인 성 사바의 모습이 그려져 있다.

성 나움 수도원

성 나움 수도원

11장
불가리아 제국의 불가리아

불가리아(Bulgaria, България)는 유럽의 남동부, 발칸반도에 위치하며 북쪽으로는 루마니아, 서쪽에는 세르비아, 마케도니아, 남쪽에는 그리스와 터키를 국경으로 접하고 동쪽으로는 흑해와 천연의 경계를 이루고 있다.

불가리아는 슬라브족(남슬라브족)이 전체 인구의 85% 이상을 차지할 정도로 이웃한 세르비아, 마케도니아와 같은 슬라브 계통의 민족국가이다. 흔히들 '장미와 유산균의 나라'라고 할 정도로 장미로 만든 향수와 고급 화장품이 유명하고 유산균이 풍부한 음식이 발달되어 세계적인 장수 마을이 많은 것으로 알려진 불가리아는 한때 발칸반도를 두 번씩이나 호령할 정도로 제1불가리아 제국(681~1018)과 제2불가리

아 제국(1185~1396)을 이루었던 나라이다. 즉, 발칸반도로 남하한 슬라브족(남슬라브족)들 가운데 세르비아가 이루었던 세르비아 제국(1308~1371)에 버금가는 대제국을 2번이나 이루었던 나라인 것이다.

(1) 불가리아 제국

발칸반도의 남동부에 위치한 현재의 불가리아에는 청동기시대에 들어서면서 '트라키아인'들에 의해 최초로 문명이 발생한 것으로 알려진다. 트라키아(라틴어: Thracia) 또는 트라키(그리스어: Θράκη,, 고대 그리스어로는 트라케), 트라크야(터키어: Trakya), 트라키야(불가리아어: Тракия)는 역사적, 지리적으로 발칸반도의 남동쪽을 부르는 지명이다. 오늘날 트라키아는 불가리아 남부(북부 트라키야), 그리스 북동부(서부 트라키), 유럽쪽의 터키(동부 트라키야)에 걸쳐져 있다.

트라키아의 위치

당시의 트라키아 문명은 주변의 그리스나 소아시아보다 앞선 경제, 사회 문화를 향유하고 있었으나, 잇따른 그리스와 페르시아 등의 침입으로 쇠퇴하기 시작하여 BC 46년에는 로마제국의 속국이 된다. 그 후 395년 로마제국이 동서로 분열되면서 불가리아 지역은 동로마 비잔틴 제국의 일부로 편입되었고, 6세기 이후로는 슬라브족들이 점차 남하하면서(남슬라브족) 이 지역에 들어와 살기 시작하였다. 한편 이 지역에 유입된 또 다른 아시아계통의 원시 불가르족들도 슬라브족과의 통혼에 의해 점차 언어, 관습 등에서 슬라브화 되어 갔다.

마침내 630년 무렵 남슬라브족 일파인 불가리아인들의 종족 사이에 일련의 정치적 연합체가 형성되기 시작하였으며, 681년 당시 동로마 황제 콘스탄틴 4세(652~685, 재위: 668~685)와의 사이에서 불가리아 중세 국가의 성립을 인정하는 협약이 체결됨으로써 제1 불가리아 제국(681~1018)이 탄생된다.

제1불가리아제국 과 비잔틴제국

제1불가리아 제국은 이웃 비잔틴 제국과의 충돌과 교류-협력을 반복하며 영토를 크게 확장시켜 나아갔으며, 864년 보리스 1세 때는 비잔틴 제국으로부터 그리스도교(정교)를 받아들임으로써 상당수의 불가리아인들이 남슬라브족 최초로 그리스도교로 개종하게 된다. 제1불가리아 제국의 기독교 수용은 이후 불가리아 역사에 커다란 영향을 미치는데, 우선 정교 수용 이후 확대된 남슬라브어의 발달과 종교 문화적 공유로 불가리아 내 민족적 다양성을 극복하는 중요 요인으로 작용하게 되며, 같은 종교를 갖게 된 남슬라브인들 사이에 통혼과 통혈을 가능하게 만들었다. 당시 키릴(Cyrill) 형제가 고대 불가리아어를 토대로 발명한 키릴문자는 슬라브족 최초의 문자가 되어 '고대 교회 슬라브어'로 알려지며 여러 슬라브족들에게 기독교 복음을 전파하는 중요 수단으로 사용되었으며, 이후 키릴문자(불가리아 문자)는 러시아, 우크라이나, 벨라루스, 세르비아, 마케도니아 등의 전(全) 슬라브족 국가에서 상용되게 된다.

하지만, 제1불가리아 제국은 1018년 비잔틴 제국의 바실 2세(958~1025, 재위: 976~1025)에 의해 결국 막을 내리게 되고, 이후 오랫동안 불가리아는 비잔틴 제국의 지배하에 놓이게 된다. 바실 2세는 제1불가리아 제국을 지배한 이후, 불가리아인들의 독립 움직임과 귀족들의 연대를 막기 위하여 자치권을 최대한 보장해주려 했으며, 오흐리드 교구의 관할권을 폭넓게 인정해 주는 등의 유화 정책을 추구하였다. 그러나 그가 죽고 난 후, 비잔틴 제국은 내정 혼란이 지속되었으며, 중앙의 감시와 보호가 약해진 틈을 이용해 불가리아 지역 내 토착 귀족들과 비잔틴 제국의 지배자들은 과도한 세금을 징수하고 탄압을 지속하였다. 결국 1185년 이반 아센 1세(재위: 1189~1196)의 주도 하에 대대적인 민중봉기가 일어났으며, 당시 불가리아인들의 종교적 수도였던 투르노보를 중심으로 제2불가리아 제국(1185~1396)이 수립되게 된다. 제2불가리아 제국은 아센왕조의 이반 아센 2세(재위: 1218~1241) 시기에 문화, 경제, 사회적으로 최고의 절정기를 맞게 되는데, 당시 불가리아 영토는 동쪽으로는 흑해, 서쪽으로는 아드리아해, 남쪽으로는 에게해, 그리고 북쪽으로는 드네프르 강에까지 이르렀다.

제2 불가리아 제국

또한 제2 불가리아 제국은 주교 임명권을 일임 받아 비잔틴 제국 및 로마 교황과도 화해하는 한편, 북서쪽의 마자르 족(헝가리)을 몰아내는 등 최대의 번영기를 누린다. 그 결과 당시 제국의 수도였던 투르노보는 1204년 제4차 십자군에 의해 콘스탄티노플이 쇠락의 길을 걷게 되자, 한동안 '제3의 로마'(종교적으로 제1의 로마는 로마, 제2의 로마는 콘스탄티노플)로 불릴 정도로 발칸의 중심 역할을 하였다.

그러나, 이반 아센 2세(1218~1241)가 사망하고 불가리아는 왕위 쟁탈전으로 내분에 휩싸이게 되며 1257년 아센왕조가 붕괴되자 농민들의 생활은 더욱 악화되어 갔으며, 이런 혼란의 와중에 이웃 비잔틴 제국과 헝가리의 잇따른 침입, 그리고 몽고-타타르의 공격은 불가리아의 국력을 더욱 더 쇠락시켰다. 한편, 14세기부터 세르비아와 오스만 터키의 세력이 점점 강성해져 불가리아를 위협하며 새로운 지배세력으로 등장하기 시작하였으며, 마침내 1389년 불가리아는 세르비아와 함께 치렀던 코소보(Kosovo) 전투에서 오스만 터키에 패배하였고, 1393년 3개월간의 포위 공격 끝에 수도 투르노보마저 함락 당함으로써 제2 불가리아 제국은 완전히 멸망하고, 이후 약 500여 년간(~1878년까지) 불가리아는 오스만 터키의 지배 하에 놓이게 된다.

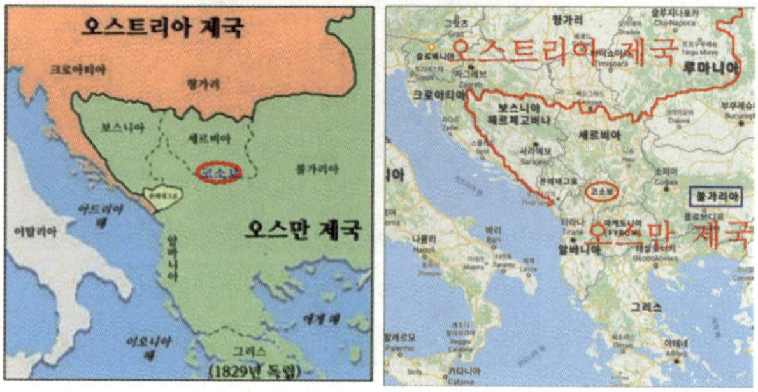

불가리아 — 코소보 전투 — 오스만 제국

1396년에 들어와 오스만 터키는 다뉴브 강 남부의 거의 모든 불가리아 지역을 완전히 장악하는 데 성공하게 된다. 이 시기 동안 불가리아에선 반란을 주도할 수 있는 귀족들은 제거되거나 하층민으로 전락하였고, 농민들은 오스만 터키 지주들의 소작농이나 노예가 되어야 했으며, 교육받은 성직자들은 이웃 나라로 피신함으로써, 한때 발칸의 맹주를 자처하며 종교적, 문화적으로 찬란한 꽃을 피웠던 불가리아는 암흑의 시대를 맞이하게 된다. 이처럼 500여 년간(~1878년까지) 지속된 오스만 터키의 불가리아 지배는 불가리아인들의 고유한 문화와 그리스도교(정교)적 전통을 상당부분 상실케 만들었다. 하지만, 오스만은 제국 내에 편입된 다양한 민족의 종교-문화적 자치성과 고유성을 보장해 주면서, 술탄을 정점으로 결집시키는 '밀레트 제도'(종교자치제)를 통치수단으로 삼음으로써 오랫동안 불가리아를 지배할 수 있었다.

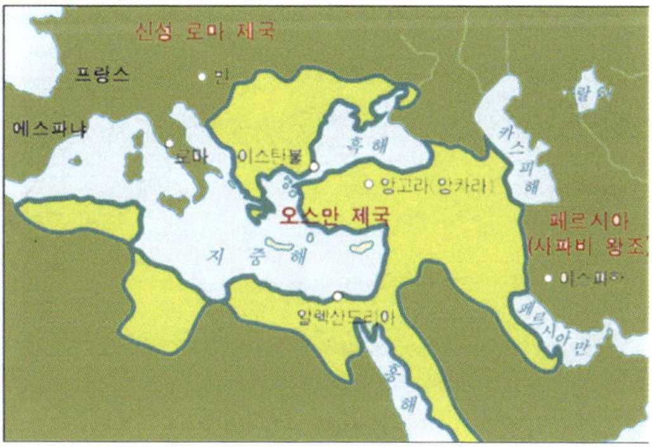

오스만 제국의 영역

오스만 터키의 지배 기간 동안 18세기 계몽주의와 19세기 민족주의의 여파는 불가리아인들에게 독립 민족국가 수립에 대한 열망을 불러일으켰다. 하지만, 계속된 반란과 독립운동은 번번히 실패로 놀아갔으며, 그럴 때마다 수많은 불가리아인들이 잔혹한 방법으로 학살당하였다. 특히, 1876년 불가리아 봉기가 실패로 돌아간 후, 오스만 터키는 약 3만명에 달하는 불가리아인들을 숙청시키는 피의 보복을 단행하였다. 이에 같은 슬라브족인 러시아는 슬라브주의에 따른 형제애를 내세우며 터키와 러·터 전쟁(1877)을 벌인다. 사실 러시아는 명목상 슬라브족의 형제애를 내세웠지만 실은 얼지 않는 항구, 즉 부동항(不凍港)의 영구적 획득이 목표였으며, 이를 위하여 이전에도 크림반도의 세바스토폴 항구를 둘러싸고 터키와 전쟁을 벌였으나, 러시아 세력의 남하를 경계하던 영국, 프랑스 등의 방해로 크리미아전쟁(1854-1856)에서 패배한 적이 있었다.

불가리아 — 러시아

그러므로 러시아는 다시 크림전쟁(1854-1856)의 전철을 밟지 않기 위하여 러·터 전쟁 이전에 먼저 오스트리아와 비밀협정을 맺어, 앞으로 있을지 모를 전쟁에서 중립을 지키며 그 대가로 적당한 시기에 보스니아-헤르체고비나를 병합하고 세르비아, 몬테네그로, 헤르체고비나는 중립지역으로 만드는데 합의하였으며, 영국으로부터는 터키 개혁안의 승인을 받아내는 이른바 런던 의정서를 성립시켰다. 그러나 터키가 이 의정서를 거부하자, 러시아는 전쟁을 일으킬 명분을 다시 얻고 터키에 선전포고함으로써 러·터 전쟁(1877)을 일으킨다.

러·터 전쟁(1877) 초반에 러시아는 일방적인 승리를 거듭하였으며 오스만 터키의 붕괴가 눈앞에 다가오고 있었다. 그러나 터키가 플레브나(Plevna)를 의외로 잘 방어함에 따라 일방적인 승리에 제동이 걸렸으며, 결국 플레브나는 11월에 함락됐으나 터키군이 4개월 동안이나 그곳을 방어해 줌에 따라 향후 오스만 제국의 운명이 40여 년이나 더 연장되는 결과를 낳았다.

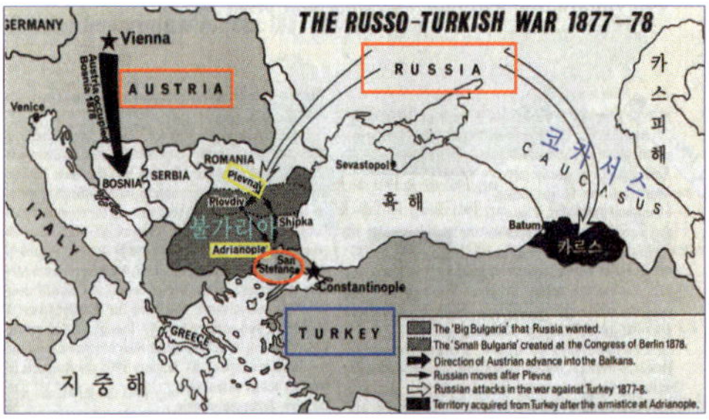

러·터 전쟁, 1877~78

러시아군은 코카서스 전선에서도 승리해 카르스를 수중에 넣었으며, 연말에는 아드리아노플까지 진격하고 다음해 1월 드디어 아드리아노플이 함락되면서 휴전이 성립되게 된다. 전쟁 중에 열강들은 먼저 러시아와 약속한 대로 중립을 지켰다. 그러나 러시아가 계속 승전을 거듭하자 발칸 반도에서 러시아의 절대적인 영향력이 형성되지 않을까 우려하게 되었다. 특히, 플레브나의 방어는 영국의 여론에 큰 영향을 미쳐, 불가리아에서의 잔학상은 망각되고 터키군을 영웅시하는 경향으로 바뀌게 되었다. 즉, 플레브나의 방어로 영국의 여론은 반러시아, 친터키 경향으로 급변하게 된 것이다. 한편, 오스트리아 또한 러시아의 일방적인 승리를 그대로 묵과할 수 없는 일이었다. 또한 러시아군 역시 그들 나름대로 지쳐 있었고 더 이상 전투를 계속해 열강의 개입을 초래할 수도 없는 일이었다. 결국 발칸반도에서의 러시아 세력 강화를 경계하였던 열강들의 압력에 의해 러시아는 아드리아노플 함락 후 수도 콘스탄티노플을 향해 진격하지 못하고 휴전하면서 산 스테파노(San Stefano) 조약(1878)을 체결하게 된다.

산 스테파노 조약으로 러시아는 흑해 동부지역인 카르스, 아르다한(Ardahan), 베이야지드(Bayazid), 바툼(Batum), 그리고 도브루자(Dobrudja) 지방을 획득하게 되었고, 세르비아와 몬테네그로도 어느 정도 영토를 확장하며 루마니아와 함께 완전 독립국가가 되고, 보스니아-헤르체고비나는 오스트리아의 감독을 받는 자치지역으로 되었다. 특히, 불가리아는 산 스테파노 조약으로 흑해로부터 마케도니아를 거쳐 바르다(Varda)를 지나 에게해의 살로니카(Salonica)까지 포함하는 광활한 지역의 대(大)불가리아를 이루게 된다.

산스테파노 조약 — 대불가리아

산스테파노 조약으로 창설된 대(大)불가리아는 러시아 세력 하에 있게 되고, 또한 터키는 다르다넬스 해협을 개방할 것을 약속함으로써, 향후 러시아는 흑해에서 보스포러스 해협과 다르다넬스 해협을 통해 지중해로 나아갈 수 있게 되었다. 이처럼 산스테파노 조약으로 러시아의 발칸 진출이 용이하게 되고 발칸 반도에서의 범(汎)슬라브주의가 크게 진전되자, 발칸에 대한 중대한 이해관계를 가지고 있던 영국과 오스트리아는 강력 반발하며 조약의 전면 개정을 요구하고 나섰다.

결국 베를린 조약(1878)으로 대(大)불가리아는 크게 축소되어 마케도니아는 다시 터키의 영토가 되고, 동부 루멜리아(East Rumelia) 지방 또한 터키 통치 밑에 두되 독립국과 종속국의 중간 정도에 해당되는 법적 지위를 가지며, 축소된 불가리아에는 당분간 러시아 군이 주둔하게 되었다.

베를린 조약 — 불가리아

베를린 조약으로 영국은 동지중해에서 확고한 지위를 갖게 되었고 오스트리아는 보스니아-헤르체고비나를 획득하게 되었지만, 러시아는 도브루자를 다시 루마니아에게 돌려주는 등의 발칸에서의 세력과 영향력이 크게 축소됨으로써, 러시아의 범슬라브주의 운동의 입장에서 볼 때 돌이킬 수 없는 패배가 아닐 수 없었다. 불가리아 또한 영토 상실로 인한 불만이 팽배하였으며 이웃 세르비아에 대한 적대관계는 더욱 심화되었다. 이와 같이 유럽 지역에 속한 터키 제국의 영토는 매우 축소되었지만 이 발칸 지역에 대한 열강의 각축은 계속되었다.

1879년 국민회의에서 차르의 조카인 알렉산더가 러시아의 후광을 업고 불가리아 공으로 선출된다. 하지만 그는 지나친 러시아의 간섭에 반대하고 도리어 반러시아 노선을 취하였다. 당시 불가리아에서는 자유주의 운동이 만연되어 있었고 1884년의 선거로 자유주의자들이 의회에 많이 진출하였다. 이들이 러시아의 간섭에 반대하고 나섰으며 **알렉산더 공**은 이들의 희망에 따라 러시아인 대신들을 추방하고 **동 루멜리아**에서의 자유주의 운동을 허용하였다. 이에 동 루멜리아에서는 불가리아와의 통합운동이 일어났으며 알렉산더가 동 루멜리아의 플로프디프(Plovdiv) 지방을 방문해 환영을 받음으로써 **불가리아 통일**은 자연스럽게 이루어졌다.

이처럼 **불가리아**가 통일되자 이웃 **세르비아**가 제일 먼저 불안을 느끼게 되었다. 불가리아가 **마케도니아** 지방에 침략적인 정책을 취할 것이 분명했기 때문이다. 드디어 1885년 **세르비아**는 **불가리아**를 선제공격 하게 된다. 하지만 세르비아군은 도리어 패퇴하였고 불가리아군이 세르비아 영토로 진입하게 되었다. 이제 세르비아의 운명은 **오스트리아**에 달려 있게 되었다. 결국 오스트리아의 중재로 양국 사이에는 12월 휴전이 성립되었고 1886년 3월 부카레스트 조약이 체결돼 두 나라의 국경은 전쟁 이전의 상태로 환원되었다.

이 사태로 말미암아 **세르비아**와 **불가리아**의 적대관계는 한층 더 심화되었고, 세르비아는 더욱 더 **오스트리아**에 의존하게 된다. 한편 **불가리아**는 러시아의 지원을 받았으나 러시아의 지나친 간섭이 오히려 **반·러 경향**을 불러일으키면서 **친·오 경향**으로 기울게 만들었다. 결국 불가리아 국민회의는 러시아의 압력에 굴복하지 않고 친오스트리아 인사인 페르디난드를 불가리아 공으로 추대함으로써, 불가리아는 오스트리아에 기울며 더욱 더 반러시아적인 노선을 걷게 된다. 이로 말미암아 **러시아**와 **오스트리아**의 관계는 긴장이 계속되었다.

이처럼 발칸반도를 둘러싸고 러시아와 오스트리아 사이의 긴장관계가 지속되는 가운데, 1908년 **오스트리아**가 보스니아-헤르체고비나를 병합하여 발칸반도로의 세력을 확대하려고 하자, 러시아는 강대해진 오스트리아의 발칸반도 진출을 막기 위하여 범슬라브권 발칸 제국의 상호유대 강화와 결속을 꾀하게 되며, 그 결과 1912년 불가리아, 세르비아, 그리스, 몬테네그로 사이에 발칸동맹이 성립된다.

발칸동맹 — 불가리아

원래 러시아는 발칸동맹을 반(反)오스트리아 동맹으로 활용할 의도였으나, 발칸 제국은 그보다도 투르크 제국에 대항하여 발칸반도에 있는 투르크의 영토를 획득하려는 데에 더 큰 목적이 있었다. 그러므로 제1차 발칸전쟁(1912)은 발칸의 4개 나라가 발칸동맹을 맺어 그동안 발칸을 지배해 왔던 오스만 세력을 물리치는 전쟁이였다. 즉, 같은 슬라브족인 러시아 제국의 지원 하에 서로 '발칸동맹'을 맺은 발칸제국은 오스만 투르크 제국에 대항함으로써 제1차 발칸전쟁(1912)이 발발한다. 1912년 10월 발칸동맹국은 유럽 열강의 제지에도 불구하고, 오스만 투르크 영내의 마케도니아, 알바니아의 독립운동을 지원한다는 명목으로 몬테네그로가 먼저 투르크에게 선전포고를 하였으며, 이어서 다른 3국도 투르크와의 전쟁을 시작하였다. 열강들의 예상과 달리 투르크는 패전에 패전을 거듭하였으며, 결국 콘스탄티노플 주변 지역을 제외하고, 유럽 대륙에 남아있던 투르크 영토 전부와 크레타섬을 발칸동맹 제국에 할양하였다.

그러나, 전후 투르크로부터 획득한 영토 배분을 놓고 발칸동맹국들 사이에 이견이 첨예하게 대립되었으며, 마케도니아 지방에 대한 영토 배분을 둘러싸고는 불가리아 왕국과 세르비아 왕국, 그리스 왕국 사이의 대립이 격화되어 결국 제2차 발칸전쟁(1913)이 일어난다. 즉, 제2차 발칸전쟁은 제1차 발칸전쟁으로 획득한 마케도니아 지방에 대한 영토 배분을 두고 불가리아 왕국과 다른 발칸 동맹국 사이에 벌어진 발칸 반도에서의 두 번째 전쟁인 것이다. 불화의 시작은 불가리아 왕국이 마케도니아 지방에서 세르비아 왕국보다 훨씬 넓은 영토를 차지하면서 시작되었으며, 세르비아 왕국은 이에 불만을 품고 그리스 왕국, 루마니아 왕국과 함께 동맹을 맺어 불가리아 왕국에 맞섰다. 결국, 1913년 6월 29일에 불가리아는 마케도니아 지방 전부를 차지할 목적으로 세르비아 왕국과 그리스 왕국에 선전 포고를 함으로써 제2차 발칸전쟁이 시작된다. 제2차 발칸전쟁이 일어나자, 루마니아 왕국 뿐만 아니라 오스만 제국, 몬테네그로 왕국도 세르비아와 그리스 동맹에 가담해 불가리아에 선전 포고를 하였다. 그 결과 불가리아는 연전연패하였고, 마침내 도브루자를 루마니아에게 할양하였으며, 마케도니아를 그리스와 세르비아에게 할양하고, 카발라 일대를 또 그리스에 넘겨주어야 했다. 결국 불가리아는 제1차 발칸전쟁을 통해 획득한 영토를 모두 잃었기 때문에 세르비아를 원망하게 되었고 러시아와도 사이가 멀어졌으며, 이것이 원인이 되어 제1차 세계대전에서 불가리아는 다른 발칸 동맹국들과 달리 독일, 오스트리아 동맹국 편에 가담하게 된다.

제2차 발칸전쟁 — 불가리아

1914년 6월 28일 오스트리아-헝가리 제국의 황태자 프란츠 페르디난트 부부가 보스니아의 사라예보를 방문하는 도중에 세르비아계 민족주의 청년 프린치프에 의해 암살되는 사건이 발생하자, 오스트리아는 곧 세르비아에 선전포고를 하였으며 이어서 독일이 러시아에 선전포고를 하면서 제1차 세계대전(1914~1918)이 발발한다. 독일, 오스트리아의 동맹국 진영과 영국, 프랑스, 러시아의 연합국 진영이 맞서 싸운 제1차 세계대전에서 세르비아를 비롯한 발칸의 슬라브권 나라들은 같은 슬라브족인 러시아의 연합군 편에 섰으나, 세르비아와 적대적이였던 불가리아는 독일, 오스트리아의 동맹국 편에 가담하였다. 하지만, 1918년 독일의 항복으로 제1차 세계대전이 연합국 측의 승리로 돌아가게 되자, 1919년 넬리 조약으로 불가리아는 대전 기간 동안 점령하였던 영토를 모두 빼앗기고 최약소국의 위치로 전락하게 된다.

또한 1939년 9월 독일의 폴란드 침공으로 시작된 제2차 세계대전에서도 불가리아는 독일 편에 서게 된다. 당시 불가리아는 독일 유학파 출신의 필로프 총리 정권이 수립되면서 독일과 긴밀한 관계에 놓이게 되었으며, 1941년 독일은 불가리아를 통과하여 루마니아, 그리스로 진격하려는 작전계획 계획을 세우고 불가리아에 압력을 가한다. 결국, **불가리아**는 1941년 3월 비엔나에서 독일과 동맹조약을 맺고 연합국 측에 선전포고함으로써 제2차 세계대전에 참전하였다. 그러나 전쟁은 연합국의 승리로 끝나게 되고, 패전국이 된 **불가리아**는 전후 소련에 의해 공산화의 길로 들어서게 된다. 즉, **불가리아**는 제1차, 2차 세계대전 기간 동안에 같은 슬라브족인 **러시아-소련** 편에 서지 않고, 반대편인 **오스트리아-독일** 편에 가담하였다가 2번 모두 패전국이 되는 실패를 경험하게 된 것이다.

공산화된 **불가리아**는 구소련의 위성국으로 전락하여 오다가 1989년 베를린 장벽의 붕괴로 상징되는 변화의 물결을 타고 민주화와 개혁을 요구하는 대규모 시위가 발생한다. 결국 35년간 불가리아를 통치해온 **지브코프** 서기장은 실각하고, 1990년 선거에서 권력을 장악한 **불가리아 사회당**은 스스로 탈 사회주의 노선을 천명하며 다당제와 시장경제체제를 도입하는 등의 민주헌정국가의 길을 모색한다. 이후 불가리아의 정치, 경제적 민주화와 계속된 개혁정책은 2001년 이후 경제, 사회적 성숙도를 급속하게 성장시켰으며, 2004년 NATO 가입과 2007년 EU 가입의 계기를 마련해 주었다.

오늘날의 불가리아 영토

(2) 수도 소피아

마케도니아의 수도 스코페에서 불가리아의 수도 소피아까지는 버스로 약 5시간 정도 걸린다.

스코페 ——>>> 소피아

소피아는 터키로부터 해방된 1878년에 불가리아의 수도로 정해졌다. 소피아는 유럽에서도 가장 오래된 도시 가운데 하나로서 BC 7세기 이후 트라키아인에 의해 발전하였고, 고대 로마 시절에는 '세르디카(Serdika)'로 불렸는데, BC 1세기 이전 이 지역에 거주했던 것으로 추정되는 켈트 족의 일파인 '세르디' 부족의 이름에서 유래되었다고 알려진다. 세르디카는 로마 디오클레티아누스 황제 시절 다뉴브 강 아래 새롭게 분리되어 수립된 다치아 지방의 수도로서 크게 번성하였으나, 447년 훈족의 침입으로 완전히 파괴되었고, 6세기 경 비잔틴 제국의 유스티니아누스 1세에 의해 다시 한번 크게 발전하게 된다. 809년 제1 불가리아 제국의 지배 하로 들어간 소피아는 계속해서 슬라브족들의 상업과 무역 도시로서 크게 번성하였으며, 제2 불가리아 제국 시절에도 발칸반도를 대표하는 그리스도교 도시이자 상업, 무역 도시로서 발전하였다. 하지만, 1382년부터 약 500년간 지속된 오스만 터키의 통치 아래에 놓이면서 그리스도교적 도시는 이슬람교 도시로 크게 변모하여, 수많은 정교 사원들이 이슬람 사원으로 변하였고, 터키의 탄압을 피해 반(半) 지하식의 작은 교회들이 만들어지게 되었다. 그러므로 지금도 소피아 시내에는 이 때 만들어진 조그만 반 지하 교회의 흔적이 그대로 남아있다.

성 페트카 지하 교회

땅위로 지붕만 나와 있는 성 페트카 지하 교회는 오스만 투르크 제국 지배 당시인 14세기에 건축된 정교회로서, 당시 오스만 투르크는 종교세만 내면 기독교 신앙을 묵인해 주었지만 이슬람법에 의해 교회 출입구가 지상에서 1M이상 높으면 안되어서 반지하 상태로 지을 수밖에 없었다. 즉, 투르크인들의 눈을 속이기 위해 지하에 지어졌으며, 구 공산당 본부 앞 광장에서 바라보면 지붕만 보이고 지붕 위에 조그만 십자가만 세워져 있는데, 그 마저도 십자가는 나중에 세워진 것이다. 외부는 타일에 덮여 있어 볼품 없으나 내부는 매우 아름답게 꾸며져 있는 지하교회 안에는 서로 다른 3개 시대(15, 17, 19세기)의 프레스코화들이 예수의 출생, 기적, 고통, 십자가에 못박힘, 죽음과 부활 등의 다양한 모습을 잘 나타내 주고 있다.

불가리아의 수도 소피아가 오늘날과 같이 '소피아'로 불리워지기 시작한 것은 14세기 이후부터이다. 그 이전에는 앞서도 말했듯이 '세르디카'로 불리워졌었다. 기록에 의하면 1376년 라구사 공국(오늘날의 크로아티아의 두브로브니크)의 상인들이 이 도시에 자리한 '성 소피아 교회'에서 착안하여 이 도시를 '소피아'란 이름으로 소개하였으며, 제2 불가리아 제국의 쉬쉬만 황제(재위: 1371~1395) 시대에 이 지역이 '소피아'란 이름으로 불렸음을 확인할 수 있다. 한편, 그리스-로마 시대에 '소피아'란 이름의 공주가 중병이 걸렸었는데 공기 좋고 물 맑은 이곳에 와서 병을 치료함으로써 '소피아'란 이름이 부쳐졌다는 이야기도 전해져 온다. 아무튼, '소피아'란 도시명은 '세르디카'와 더불어 일반 민중들에게 혼용되어 오다가 19세기에 들어오면서 보편화되었다. 그러므로 오늘날 소피아 도시 한 가운데에는 커다란 '소피아 여신상'이 높다랗게 세워져 있음을 볼 수 있다.

'소피아' 여신상

독립광장 한 가운데에 높이 세워진 성 소피아 동상은 본래 불가리아 공산 정권 시절에 레닌의 동상이 있었던 자리에 세워졌다. 오늘날 소피아 도시의 수호 성인으로 추앙받는 높이 24미터의 소피아 공주는 오른손에는 승리를 상징하는 월계관을, 그리고 왼손에는 지혜를 상징하는 부엉이를 들고 멀리 시내를 굽어 보고 있다. 실제, 성 소피아(?~137)는 정교회에서 숭상되고 있는 이탈리아 출신의 성녀로서, 137년 로마 제국의 박해 때에 순교하였다. 이후 '하나님의 신성한 지혜로움'을 대표하는 성인으로 추앙되어 고대 이래로 유럽 곳곳에 그녀의 이름을 딴 여러 교회가 설립되게 된다.

소피아

불가리아는 같은 슬라브족인 러시아의 도움으로 500여년 동안의 터키 지배에서 벗어날 수 있었다. 그러므로 수도 소피아에는 **러·터 전쟁**(1877~78)에서 희생된 20여만 명의 러시아군 병사들의 영혼을 기리는 **알렉산드르 네프스키 대성당**이 세워져 있다. '알렉산드르 네프스키' 장군은 13세기 러시아 노브고로드의 공후로서 여러 차례 몽골, 게르만족(스웨덴, 독일 기사단)의 외침을 물리친 러시아-슬라브족의 민족적 영웅이다. **소피아**의 주요 볼거리 가운데 첫 번째로 손꼽히며 소피아를 상징하는 대표적인 건축물인 **알렉산드르 네프스키 대성당**은 네오-비잔틴 양식으로 지어졌으며 1882년부터 40년에 걸쳐 건설되었다. 오늘날 불가리아 정교회의 대교구로서 사용되는 **알렉산드르 네프스키 대성당**은 세계에서 가장 큰 정교 성당 가운데 하나로 손꼽히고 있으며, 약 1만여 명의 신도가 한꺼번에 예배를 볼 수 있을 정도의 대규모 성당이다.

알렉산드르 네프스키 대성당

알렉산드르 네프스키 대성당 바로 근처에는 '소피아'라는 도시 이름이 유래된 성 소피아 교회가 위치해 있다. 이 교회는 6세기경 비잔틴 제국의 황제 유스티니아누스 1세(재위: 527~565)에 의해 세워진 교회로서 터키 지배 시절에는 이슬람교의 모스크로 사용되기도 했으며 1930년에 오늘날과 같은 건물로 복원되었다. 교회의 이름이 '성 소피아 교회' 불리게 된 배경 또한, 당시 유스티니아누스 1세의 지시 아래 수도인 콘스탄티노플(현재의 이스탄불)에 건설된 '하기아 소피아 성당'(~537년 완공)과 비교되어 불리게 된 것으로 추정하고 있다. 교회는 16세기 오스만 터키 지배 시기에 이슬람 사원으로 변모하면서 수많은 프레스코 벽화들이 지워지고 회벽으로 덧칠해졌으며, 19세기에는 커다란 대규모 지진을 두 차례나 겪으면서 건물의 일부가 훼손되었으나, 20세기에 들어와 예전의 모습으로 복원되었다.

성 소피아 교회

성 소피아 교회 내부는 초기 그리스도교 장식이나 동식물을 테마로 한 모자이크로 구성되어 있으며, 벽화로 장식된 교회 지하에는 불가리아의 가장 사랑받는 국민 작가 이반 바조프(1850~1921)가 잠들어 있다.

한편, 알렉산드르 네프스키 대성당 가까운 곳에 불가리아 최초의 고등교육기관인 소피아 대학교가 있으며, 그 옆에는 인민 도서관이 자리하고 있다.

소피아 대학교

인민 도서관

인민 도서관 앞 정원에는 슬라브 민족 최초의 문자인 키릴문자를 발명한 키릴과 메포지 형제의 동상이 건립되어 있음을 볼 수 있다.

알렉산드르 네프스키 대성당이 러·터 전쟁(1877~78)에서 희생된 러시아군 병사들의 영혼을 기리기 위하여 지어졌듯이, 당시 러·터 전쟁을 일으켜 불가리아를 오스만 터키로부터 해방시켜 준 러시아 황제 알렉산드르 2세(1818~1881)는 불가리아로서는 잊지 못할 은인(恩人)이라 할 수 있다. 그러므로 소피아 시내 중심의 인민 광장에는 '해방자', 알렉산드르 2세를 기념하는 동상이 건립되어 있다.

알렉산드르 2세 동상

말을 타고 있는 알렉산드르 2세는 오른손에 터키에 대한 선전포고문을 들고 있으며, 아래 비문에는 "우리 형제, 해방자를 위하여"라는 글

바냐 바시 모스크

귀가 새겨져 있다.

앞서 살펴본 성 페트카 지하 교회에서 가까운 곳에 유럽에서 가장 오래된 모스크 중의 하나인 바냐 바시 모스크가 있다. 오스만 투르크 제국 최고의 건축가에 의해 1678년 완공된 바냐 바시 모스크는 현재 소피아 시내의 유일한 모스크로서 붉은 외벽과 지름 16미터의 돔, 그리고 뾰족한 첨탑이 인상적이다.

바냐 바시 모스크 맞은 편에는 예전에 유명한 소피아 온천으로서 바냐(목욕탕)로 사용되었으나, 지금은 소피아 도시 박물관으로 사용되는 멋진 건물을 만날 수 있다. 건물 앞 바닥이 온통 물결 모양의 대리석으로 깔려져 있는 것이 인상적이며, 건물 옆 식수대에서는 아직도 언제는 마실 수 있는 온천수가 항상 나온다.

소피아 온천수

또한 성 페트카 지하교회에서 가까운 곳에 성 네델리아 교회(건립: 1856~1863년)가 위치해 있다. 원형 모양의 성 네델리아 교회는 처음 건설 당시에는 목조로 만들어진 작은 교회였으나, 중세 시대 동안 수차례 파괴와 재건의 역사를 거듭하다가, 오스만 터키로부터의 독립 이후 최종적으로 재건되어 현재의 모습이 되었다.

성 네델리야 교회

성 네델리야 교회는 네오 비잔틴 건축의 대표적인 양식인 거대한 돔을 가지고 있으며 화려한 벽화로 꾸며진 인테리어가 특징적이다. 특히, 1925년 4월 좌파 세력에 의한 폭탄 테러로 보리스 3세의 암살 미수 사건이 발생한 곳(당시 123명 사망)으로도 유명하다.

한편, 성 네델리야 교회에서 가까운 곳에 소피아에서 가장 오래된 건축물 중의 하나로 4세기 로마 시대 때 건설된 성 게오르기 교회가 있다. 성 게오르기 교회는 쉐라톤 호텔 안의 정원에 발굴된 형태로 남아 있다. 연대기에 의하면 로마 황제 콘스탄티누스 1세는 트라키아 부족 세르디족의 정착지였던 이곳 소피아에 매료되어, 이곳을 로마 제국의 수도로 지정하려고까지 했으나, 그러지 못하고 도시를 방문할 때마다 장대한 의식을 행하였으며, 이를 위해 훌륭한 건축물들을 여러 개 건립하였는데, 그 때 건설된 다양한 건축물 중 유일하게 남아있는 것이 바로 성 게오르기 교회이다.

성 게오르기 교회

성 게오르기 교회는 오스만 터키의 지배 당시에 이슬람 사원으로 사용되기도 했던 아픈 역사를 지니고 있는 곳이며, 교회 안 중앙 돔에 그려진 프레스코 벽화(12~13세기)는 이슬람 모스크로 사용될 당시 감추어져 있다가 20세기 들어와서야 벽화의 흔적들이 발견되어 그 의미를 더하고 있다.

성 게오르기 교회를 둘러싸고 있는 건물은 구 공산당 영빈관으로 사용되던 건물이였는데, 건물 절반은 쉐라톤 호텔로, 그리고 절반은 대통령 집무실로 사용된다. 그러므로 건물 앞에는 대통령 궁을 지키는 불가리아의 소박한 근위병의 모습을 볼 수 있다.

대통령 궁 --- 근위병

불가리아의 수도 소피아에는 불가리아의 유명한 시인이며 소설가, 극작가로 널리 알려진 이반 바조프(1850~1921)의 이름을 딴 이반 바조프 국립 극장이 있다.

이반 바조프 국립 극장

이반 바조프(Иван Вазов)는 오스만 터키 시절 부유한 상인의 아들로 태어나 문학에 열중하여 러시아, 프랑스 등의 문학서를 탐독했으며, 특히, 1876년의 민중 봉기가 실패로 돌아간 후 루마니아로 망명하여, 조국 국민들의 영웅적인 투쟁을 노래한 3부작 시집 <기(旗)와 구스라>, <불가리아의 슬픔>, <행방> 등을 발표함으로써 민족 시인의 반열에 올랐다. 이반 바조프 국립 극장에서는 매일 밤 다양한 공연이 열림으로써 불가리아의 수준 높은 오페라와 발레 등을 볼 수 있으며, 극장 맞은 편에는 분수대와 아름다운 정원이 잘 가꾸워진 시민 공원으로 꾸며져 있어 소피아 시민들의 사랑을 받고 있다.

한편, 소피아에는 앞서 살펴본 바와 같이 러·터 전쟁에서 전사한 러시아 병사들의 영혼을 기리기 위한 알렉산드르 네프스키 대성당이 있듯이, 소피아에 사는 러시아인들을 위한, 일명 '러시아 교회'라 불리는 성 니콜라이 교회가 있다. 성 니콜라이 교회는 소피아에서 가장 귀엽고 아름다운 교회로서, 황금 도금탑과 에머럴드 첨탑의 아름다운 조화로 규모는 작지만 가장 색감이 뛰어난 교회이다.

성 니콜라이 교회는 러시아의 도움을 받아 오스만 터키로부터 완전 독립을 이룬 불가리아인들이 1913년 그 자리에 있던 이슬람 모스크를 파괴하고 새로 건립한 교회이다. 러시아 정교회의 복고풍 스타일로 지어진 이 교회는 건립 당시 러시아인들과 러시아 외교관들을 위한 공식적인 교회로 수립되었으며, 당시 러시아 황제인 니콜라이 2세(재위: 1894~1917)를 위한 수호 성인을 모시는 자리로 사용되었다.

성 니콜라이 교회

(3) 릴라 수도원

불가리아의 수도 소피아 근교에 위치한 릴라 수도원은 불가리아인들의 최고 성지이며, 발칸 반도에 남하한 남슬라브인들의 대다수가 믿는 정교의 총본산 가운데 하나이다. 소피아에서 약 120km 정도 떨어진 릴스카 강 계곡 깊은 곳에 위치한 릴라 수도원은 불가리아 정교 사원 가운데 가장 큰 사원으로서, 오스만 터키 지배 하에서도 유일하게 그 활동을 인정받았을 정도로, 불가리아 민족 부흥의 정신적 지주 역할을 하였던 유명한 사원이다. 대중교통을 이용하여 릴라 수도원을 가기 위해서는 우선 소피아 시내 중심에서 좀 떨어진 외곽에 위치한 서부 버스 정류장을 가야한다.

서부 버스 정류장은 소피아 법원 앞에서 5번 트램을 이용하면 20분 내외로 갈 수 있는 거리에 위치해 있다. 서부 버스 정류장에서 릴라 수도원을 오가는 시외버스는 하루 한 번 있으며, 오전 10:20분에 출발하여 릴라 마을에 12:00시에 도착한 후 30분 쉬었다가 다시 출발하여 1:00시 경에 수도원에 도착한다. 그리고 사전 예약으로 수도원에서 숙박을 할 수도 있지만, 당일 소피아로 돌아오려면 반드시 3:00시에 출발하는 버스를 타야 한다.

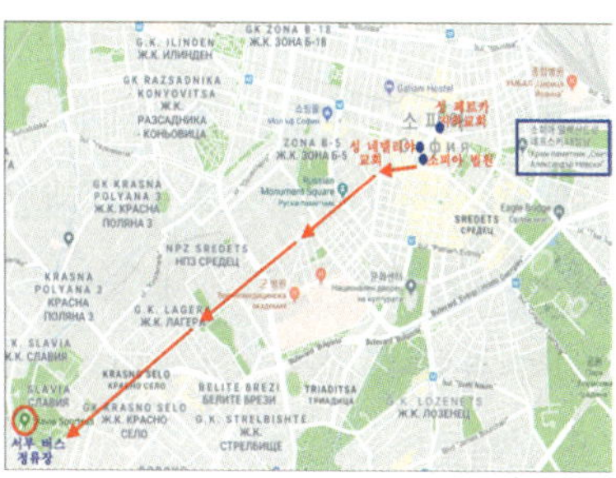

서부 버스 정류장의 위치

소피아 ⟶>>> 릴라 수도원

릴라 수도원은 10세기 초기 성인 이반 릴스키(876~946)-성 요한(St John)이 릴라 산에서 수도 생활을 할 때, 그를 따르는 신자와 순례자들이 그의 은신처 주변에 촌락을 이루며 형성되었다. 수도원을 비롯하여 성 요한의 금욕적인 삶의 은둔처와 그의 무덤은 신성한 장소로 여겨졌으며, 중세 불가리아의 정신적, 사회적 지주로서 불가리아 제국 지배자들의 존경과 지원을 받아왔다. 성 요한 릴스키의 유골은 치유의 능력이 있다고 알려져 유골을 갖고 싶어하는 통치자들 때문에 여기저기 옮겨다녀야 했으며, 그가 죽은 지 400여년이 훨씬 지난 1465년에서야 릴라 수도원으로 다시 돌아왔다. 14세기 초 큰 지진이 일어나 건물이 파괴되자, 이 지방의 귀족이자 당시 세르비아 왕국을 섬겼던 흐렐리아 영주는 1334년부터 1335년에 걸쳐 외적의 공격이나 자연재해에 견딜 수 있도록 견고한 요새로 수도원을 재건하였다. 당시 지워진 건물 가운데 높이 25m의 '흐렐리아 돌탑'은 아직까지 남아 당시의 웅장함을 전해준다.

흐렐리아 돌탑

릴라 수도원

릴라 수도원은 13세기 화재와 14세기 중반 이후로 계속된 오스만 터키의 공격으로 건물의 상당 부분이 파괴되는 아픔을 겪어야 했다. 하지만, 당시 오스만 터키 지배 하에서 이 지역 지배자의 딸로서 술탄 무라드 2세의 첩으로 들어간 마라 브란코비치의 도움으로 15세기 말, 수도원은 다시 재건될 수 있었다. 이후 19세기 초 큰 화재로 인해 대부분의 건물이 타면서 다시 한 번 큰 피해를 입었으나, 불가리아인들의 아낌없는 성금과 지원으로 1834년부터 다시 건축되기 시작하여 1862년 현재의 모습으로 완공되게 된다. 1834년 수도원 재건사업이 시작된 이래로 릴라 수도원은 면적 32,000m^{2}에 크기에 '거주관'과 '박물관' 그리고 성모 승천 교회 등 3개의 건축물로 구성되어 있다.

릴라 수도원은 재건 당시 불가리아 전역의 공예가들이 보수 받는 것을 거부한 채 자원하여 참여할 정도로 불가리아 국민들의 기대와 사랑을 듬뿍받은 곳이기도 하다. 수도원에는 수사들의 독방이 300개, 예배실 4개, 도서관, 프레스코화로 장식한 손님용 방, 그리고 높이가 22m에 달하는 굴뚝이 있는 수도원 관리실 등이 건설되어 있다.

성모 승천 교회

수도원 중앙에 있는 성모 승천 교회는 그리스도교 십자 모양의 평면에 둥근 지붕 24개를 얹은 3랑식(三廊式)으로 되어 있다. 회랑(回廊)의 벽면과 천장은 19세기에 그린 선명한 빛깔의 프레스코화 1,200여 점으로 장식되어 있다.

성모 승천 교회 회랑

천정의 프레스코화

1200여 점의 프레스코화에는 성서의 36개 장면과 각 시대의 생활양식이 선명한 빛깔로 그려져 있다. 또한 수도원 내 박물관에는 승려 라파일이 12년 동안의 작업을 끝낸 후(1802년) 실명했을 정도로 믿기 힘든 섬세한 나무 조각과 문양으로 이루어진 '릴라 십자가'가 전시되어 있다. 이 밖에 많은 예술적 작품들의 아름다움과 함께 불가리아의 민족정신을 기리고 있는 릴라 수도원은 1983년 유네스코 세계문화유산으로 지정되었으며, 매년 100만명에 가까운 관광객들이 이곳을 방문하고 있다.

앞서 살펴본 바와 같이, 불가리아 역사상 가장 많은 영토를 이루었던 때는 제2불가리아 제국(1185~1396) 시대였다. 제2불가리아 제국의 이반 아센 2세(재위: 1218~1241) 통치시기에 불가리아의 영토는 동쪽으로는 흑해, 서쪽으로는 아드리아해, 남쪽으로는 에게해, 그리고 북쪽으로는 드네프르 강에까지 이르렀었다. 당시 제2불가리아 제국의 수도는 불가리아인들의 종교적 중심지였던 터르노보(Търново) 였다. 불가리아인들은 1965년 이 도시의 역사적 가치를 기념하기 위해 불가리아어로 '큰', '위대한'이라는 뜻을 가진 형용사 '벨리코'(Велико)를 도시 이름 앞에 붙여주면서 '벨리코 터르노보' 또는 '벨리코 투르노보'라 부르기 시작했다. 소피아에서 동쪽으로 240km 떨어진 얀트라강(江) 상류에 위치한 벨리코 투르노보는 소피아에서 버스로 약 3시간 가량 걸린다.

소피아 ——>>> 벨리코 투르노보

벨리코 투르노보는 우리나라의 경주와 같은 소규모의 고(古)도시로서, 발칸 반도 슬라브인들의 문화적 중심지가 되어 '**불가리아의 아테네**'라고 불리운다. 1393년 오스만 제국의 침략으로 불가리아 왕국은 멸망하였으나, 이후 5세기에 걸쳐 불가리아인들의 문화와 교육의 중심지 역할을 계속하였다. 1867년에는 오스만 터키에 저항하는 무장봉기의 중심지가 되었고, 제2차 세계대전 중에는 반(反)파시즘 운동의 거점지가 되었다.

벨리코 투르노보

얀트라강(江) 상류에 위치한 **벨리코 투르노보**는 굽이쳐 흐르는 강과 절벽으로 둘러싸인 천연의 요새를 이루고 있다. 그러므로 중세의 성채로 유명한 옛 고성터와 **차르베츠** 언덕 위의 요새가 그대로 남아있다.

차르베츠 요새

12장
루마니아와 몰도바

'루마니아(Romania)'라는 나라 이름은 라틴어인 '로마누스(Romanus, 로마시민)'에서 유래되었다고 알려진다. 즉, 루마니아 주변의 나라들이 주로 슬라브족(남슬라브족)으로 구성되어 있는 반면에, 루마니아는 발칸유럽에서 유일하게 라틴민족으로서 '로마화' 된 사람(루마니아인)들이 주류를 이룬다. 즉, 고대 루마니아의 다치아 왕국이 로마 제국에 의해 멸망한 후, 로마 제국의 지배 기간 동안에 상당수의 다치아인들이 로마화되게 되었다. 그러므로 로마화 된 로마누스로서 로마인의 언어를 사용하는 사람들이 사는 땅이 바로 '로우무니아(Roumania)' 혹은 '루마니아(Rumania)'라고 불리우게 된 것이다.

루마니아

현재 루마니아는 북동쪽으로 우크라이나와 몰도바, 서쪽으로 헝가리, 남서쪽으로 세르비아, 그리고 남쪽으로는 불가리아와 접경을 이루며 동쪽으로는 흑해와 접해 있다.

(1) 왈라키아와 몰다비아

로마 제국이 지배하기 이전 루마니아 지역에는 BC 82년 부레비스타(재위: BC 82~44) 왕에 의해 수립된 다치아 왕국이 남으로는 다뉴브강을 경계로, 서쪽으로는 트란실바니아의 파노니안 평원 지대까지, 동으로는 흑해 연안 그리고 북으로는 보헤미아, 우크라이나 접경까지 이르는 거대한 영토를 이루고 있었다. 즉, 카르파티아 산맥 남부에서 도나우 강에 이르는 지역으로서 트란실바니아, 왈라키아, 몰다비아 지역 전체를 아우르는 강대한 다치아 왕국을 건설하였던 것이다.

고대 다치아 왕국의 영토

다치아 왕국은 로마의 계속된 위협 속에서도 데체발(재위: 87~106)을 중심으로 놀라운 승전을 거두며 잘 버티어 나갔으나, 로마 제국의 최대 전성기를 이룬 트라이누스의 원정에 의해 정복당하여, 271년 로마가 고트족 등 이민족들의 침략으로 퇴각하기 전까지 로마제국의 속국이 되어야 했다. 이 때 상당수의 다치아인들이 '로마화' 되었으며, 이 로마누스(로마시민)들이 수세기의 외침을 겪으며 오늘날의 루마니아를 이루게 된 것이다. 즉, 272년 로마군이 철수한 후에도 로마인들은 대부분 잔류하였으며 다치아 민족과 혼합되어 오늘날 루마니아 민족의 원조가 되었다.

6세기 말부터 루마니아는 발칸반도로 이주해 내려온 남슬라브족의 영향력 하에 놓이게 되며, 특히 9세기 이후로 제1 불가리아 제국의 지배 하에 들어가게 된 왈라키아와 흑해 연안의 도부르쟈 지방은 불가리아의 보리스 1세에 의해 정교를 받아들이게 된다. 한편 북부 몰다비

왈라키아 공국

아 지방은 10세기말 이후로 러시아의 지배 아래 놓이게 되며, 서부의 트란실바니아 지역은 11세기 이후로 헝가리의 지배 아래 놓이게 된다. 이후 13세기에는 몽골의 침략으로 인해 약 100여 년간 몽골의 영향력 하에 놓이기도 했다.

이러한 외세의 지배 하에서 어려운 시기를 겪어야 했던 루마니아 민족들은 마침내 14세기 왈라키아 공국과 몰다비아 공국을 건설하여 중세 봉건국가로서의 독립국가적인 틀을 갖추어 나아가기 시작하였다.

그러나, 거듭된 오스만 터키의 침공으로 왈라키아(1301년 이후)와 몰다비아(1352년 이후)는 혼란의 시기를 맞이하였으며, 1453년 콘스탄티노플이 점령된 이후, 1541년 무렵에 들어와선 발칸반도의 대부분이 오스만 터키의 지배 하로 편입되면서, 루마니아의 영토들 또한 오스만 터키의 지배 아래 놓이게 된다.

하지만, 발칸유럽의 대부분 국가들이 오스만 터키의 직접적인 지배 하에 놓였던 것과는 달리 루마니아 내 공국들(왈라키아 공국, 몰다비아 공국)은 오스만 터키의 직접 통치를 벗어나 터키의 종주권을 인정하는

왈라키아-몰다비아 ~ 오스만 터키

가운데 어느 정도는 자치권을 유지할 수 있었다. 1683년 오스만 터키의 제2차 비엔나 포위가 실패로 돌아간 이후, 오스만 터키와 합스부르크 제국 간에 맺어진 카를로브찌 조약(1699)에 따라, 트란실바니아 지역은 합스부르크 제국의 지배 하로 편입되면서, 이 지역에는 오스트리아-헝가리 이중제국의 일원인 헝가리의 영향력이 확대되게 된다. 이후 오스만 터키 국력의 쇠락 속에, 18세기 동안 합스부르크 제국(오스트리아-헝가리 이중제국)의 영토 확장이 거듭되면서, 루마니아의 상당 지역들은 합스부르크 제국 하로 점차 편입되어 갔다.

하지만, 19세기 들어와 부동항 획득을 노리던 러시아의 남진정책이 발칸유럽으로 본격화되면서 러 · 터 전쟁(1806~1812)이 발생하고 전쟁에서 러시아가 승리하면서, 베사라비아로 불리는 몰다비아 지역 영토의 절반 정도가 러시아의 지배 하에 들어가게 된다.

몰다비아 ⇒ '베사라비아' ⇒ 몰도바

이후 이 베사라비아 지역은 한때 루마니아 근대 국가의 영토에 편입되기도 하였으나, 1878년 러·터 전쟁에서 승리한 러시아에게 독립 국가 수립 지원에 대한 대가로 다시 이양시켜 주어야만 했으며, 제2차 세계대전 이후에는 소련군의 진주 속에 소비에트 사회주의 연방 공화국(소련)의 일원이 되었다가 1991년 소련으로부터 독립한 후 몰도바 공화국이 수립되어 오늘날에 이르고 있다.

한편, 서부 트란실바니아 지역은 계속하여 합스부르크 제국의 일원인 헝가리의 지배가 확대되어 갔으며, 남쪽의 왈라키아 지역 역시 오스만 터키의 영향력 하에 있었다. 즉, 현재의 루마니아 지역은 당시의 주변 강대국인 러시아, 오스트리아-헝가리, 오스만 터키에 의하여 3등분 되어 분할 통치가 이루어진 것이다.

19세기에 들어와 서유럽, 특히 프랑스 계몽주의 사상이 지식인들 사이에 보급되면서, 1848년 몰다비아, 왈라키아 공국 내의 선진적 시민층과 지식인이 주동이 되어 투르크로부터의 독립과 해방을 요구하는 대규모 무장 봉기가 일어났으나, 러시아의 무력 간섭으로 독립혁명 전쟁은 실패하고 만다. 그러나, 루마니아 지역에 대한 러시아의 영향력 확대를 염려하고 있던 서구 열강들(영국, 프랑스, 이탈리아 등)은 러시아의 남진 정책을 견제하기 위하여, 러시아와 터키 사이에 벌어진 크림전쟁(1853~56)에서 터키 편에 가담함으로써, 러시아는 패전하게 되고, 이후 맺어진 파리 조약에 힘입어, 마침내 1859년 루마니아인들은 쿠자(재위: 1859~1866)를 중심으로 왈라키아-몰다비아 연합 근대 자치공국을 수립한다. 그리고 뒤이어 1862년 왈라키아-몰다비아 자치공국은 국호를 정식으로 '루마니아'로 정하였으며, 1866년에는 수도를 현재의 부쿠레쉬티로 정하여 루마니아 군주 국가를 수립하였다.

1877년 러·터 전쟁에서 루마니아는 자신들의 독립국가 지원을 약속해 준 러시아를 위하여 싸웠고, 그 결과 1878년 산 스테파노 조약(3월)과 베를린 조약(6월)을 거치며, 도브루자 상당 지역을 획득함과 동시에 터키의 지배로부터 완전히 벗어나 명실공히 독립국가로서의 루마니아 왕국을 건설할 수 있게 되었다. 즉, 러·터 전쟁(1877~1878)에서 승리한 러시아는 처음에 산 스테파노 조약(1878년 3월)을 통하여 도브루자 지역을 차지함으로써 발칸반도로 진출하는 교두보를 마련하였으나, 이러한 러시아의 남진정책과 발칸반도에서의 세력확대를 경계하였던 영국, 프랑스, 오스트리아 등은 베를린 조약(1878년 6월)을 통하여 도브루자 지역을 루마니아 왕국에 다시 돌려주게 만들었다.

루마니아 -- '도브루자' 지역

즉, 베를린 조약으로 영국은 동지중해에서 확고한 지위를 갖게 되었고 오스트리아는 보스니아-헤르체고비나를 획득하게 되었지만, 러시아는 도브루자를 다시 루마니아에게 돌려주는 등의 발칸에서의 세력과 영향력이 크게 축소됨으로써, 러시아의 범슬라브주의 운동의 입장에서 볼 때 돌이킬 수 없는 패배가 아닐 수 없었다. 불가리아 또한 영토 상실로 인한 불만이 팽배하였으며 이웃 세르비아에 대한 적대관계는 더욱 심화되었다.

발칸동맹

이와같이, 발칸반도에서의 세력 주도권을 놓고 러시아와 오스트리아가 경쟁하는 가운데, 1908년 오스트리아가 보스니아-헤르체고비나를 병합하여 발칸반도로의 세력을 확대하려고 하자, 러시아는 강대해진 오스트리아의 발칸반도 진출을 막기 위하여 범슬라브권 발칸 제국의 상호유대 강화와 결속을 꾀하게 되며, 그 결과 1912년 불가리아, 세르비아, 그리스, 몬테네그로 사이에 발칸동맹이 성립된다.

원래 러시아는 발칸동맹을 반(反)오스트리아 동맹으로 활용할 의도였으나, 발칸 제국은 그보다도 투르크 제국에 대항하여 발칸반도에 있는 투르크의 영토를 획득하려는 데에 더 큰 목적이 있었다. 그러므로 제1차 발칸전쟁(1912)은 발칸의 4개 나라가 발칸동맹을 맺어 그동안 발칸을 지배해 왔던 오스만 터키 세력을 물리치는 전쟁이였다. 즉, 같은 슬라브족인 러시아 제국의 지원 하에 서로 '발칸동맹'을 맺은 발칸제국은 오스만 투르크 제국에 대항함으로써 제1차 발칸전쟁(1912)이 발발한다. 그러나 같은 슬라브족이 아니였던 루마니아는 발칸동맹에서 제외되어 있었으며, 따라서 제1차 발칸전쟁에 참전하지 않고 있었다.

하지만, 제1차 발칸전쟁(1912)이 끝난 후, 투르크로부터 획득한 영토 배분을 놓고 발칸동맹 4개국들 사이에 첨예하게 이견이 대립되었으며, 특히 마케도니아 지방에 대한 영토 배분을 둘러싸고는 불가리아 왕국과 세르비아 왕국, 그리스 왕국 사이의 대립이 격화되어 결국 제2차 발칸전쟁(1913)이 일어난다. 즉, 제2차 발칸전쟁은 제1차 발칸전쟁으로 획득한 마케도니아 지방에 대한 영토 배분을 두고 불가리아 왕국과 다른 발칸 동맹국 사이에 벌어진 발칸 반도에서의 연이은 두 번째 전쟁인 것이다. 제2차 발칸전쟁(1913)에서 루마니아는 불가리아의 반대편에 서서 세르비아, 그리스 연합군과 함께 싸웠다. 그 결과 불가리아는 연전연패하였고 연합군이 승리함으로써, 루마니아는 남부 도브루자 지역까지 완전히 회복할 수 있게 되었다.

루마니아 -- '도브루자' 지역

제1차 세계대전(1914~1918)이 발발했을 때, 루마니아는 초기에 중립을 선언하며 전쟁에 참전하지 않았다. 하지만 1916년 8월 루마니아는 오스트리아-헝가리 이중제국에 대한 선전포고를 통해 연합국(러시아-영국-프랑스) 편에 가담함으로써 제1차 세계대전에 참전하게 된다. 제1차 세계대전은 보스니아의 사라예보를 방문 중이던 오스트리아 황태자 부부가 세르비아계 청년에 의해 암살당함으로써, 오스트리아가 세르비아에 선전포고를 하였고, 이어 세르비아와 같은 슬라브 민족인 러시아가 세르비아 편을 들고 나섰으며, 이에 질세라 오스트리아와 같은 게르만 민족이며 3국 동맹(독일-오스트리아-이탈리아)을 맺고 있던 독일이 전쟁에 참전하면서 제1차 세계대전은 점점 확대되기 시작한다. 즉, 오스트리아-독일의 게르만족과 세르비아-러시아의 슬라브족과의 싸움 판에, 독일과 사이가 안 좋았던 영국, 프랑스가 러시아와 3국 협상(영국-프랑스-러시아)을 맺으면서 전쟁은 더욱 더 확대되어 나아간다. 전쟁이 발발하자 러시아와 사이가 안 좋았던 불가리아는 3국 동맹(독일-오스트리아-이탈리아) 편에 가담하였으나, 불가리아와 사이가 안 좋았으며 오랜 기간 동안 오스트리아-헝가리의 침략에 시달려 왔던 루마니아는 3국 협상(영국-프랑스-러시아) 편에 가담한다.

제1차 세계대전 중의 루마니아

제1차 세계대전(1914~1918)의 결과 영국-프랑스-러시아의 연합군 측이 승리함에 따라, 연합군 측에 가담하였던 루마니아는 전후(戰後) 부코비나 지방과 트란실바니아 지방, 그리고 베사라비아 지역까지 흡수함으로써 대(大)루마니아 왕국을 실현할 수 있게 된다. 1920년에는 헝가리와 트리아농 조약을 체결하여 트란실바니아 지역 및 바나트 지방까지 환수함으로써 명실공히 대(大)루마니아 왕국의 면모를 완전히 갖출 수 있게 되었다.

그러나, 이러한 대(大)루마니아는 오래 가지 못하였다. 제2차 세계대전(1939~1945)이 발발하자, 이번에도 루마니아는 전쟁 초기에 중립을 선언하였으나, 독-소 불가침 조약에 따라 1940년 6월 소련군이 동부 베사라비아 지역으로 진주하였고, 동년 8월에는 헝가리에 의해 서부 트란실바니아 지역을 빼앗겼으며, 9월에는 불가리아에 의해 남부 도브루자 지역마저 상실되는 아픔을 겪어야 했다. 이러한 배경은 제2차 세계대전에서 루마니아가 독일편에 가담해 전쟁을 치르게 하는 요인이 되었다. 이로써 지정학적, 전략적 요충지이며 원유가 생산되던 루

대 루마니아의 영역 — 1930년대

마니아는 제2차 세계대전 동안 독일의 주요한 원유 보급 기지로 활용되게 된다. 하지만 제2차 세계대전에서 독일은 패망하였고, 승리한 소련군이 진주하면서 루마니아는 급격히 공산화의 길로 접어들게 된다.

공산화된 루마니아는 소련의 위성국으로 전락하였으며, 러시아와 역사적으로 원만하지 못했던 루마니아는 소련의 통제와 감시를 계속 받아야 했다. 1950년대 말 평화공존을 내세우는 소련의 후르시쵸프 정권이 들어서면서 잠시 해빙 무드를 맞아 소련의 감시와 경제 예속이 어느 정도 해소되었지만, 루마니아 공산정권은 비밀경찰을 내세워 토지 국유화와 집단 농장화를 급속히 진행하며 통제와 탄압을 계속 확대해 나아갔다. 1965년 권력을 잡은 차우세스쿠(재직: 1965~1989)는 소련에 대한 외교적 자주 노선을 표방해 가며 20여년을 철권 통치해 나아간다. 하지만 80년대 후반부터 강압정치로 인한 국내적 반발과 국제적 고립을 자초해 갔으며, 소련 고르바쵸프의 페레스트로이카로 시작된 동유럽 국가들의 민주화 열풍 속에서 1989년 촉발된 티미소아라에서의 소규모 시위가 대규모 민중 폭동으로 번지며 차우세스쿠와 그의 부인 일리나는 국외탈출 도중 체포되어 총살형에 처해졌다.

이후, 루마니아는 여러 차례의 시행착오를 겪으며 민주화로의 길을 향해 나아가고 있으며, 2007년 EU에 가입하는 등, 유럽 사회의 일원이 되고자 노력하며 오늘날에 이르고 있다.

루마니아의 독재자-차우세스쿠 대통령의 최후

(2) 루마니아의 부쿠레슈티

불가리아의 벨리코 투르노보에서 루마니아의 부쿠레슈티까지 가기 위해서는 루마니아와 불가리아의 국경도시 루세 (Pyce)를 거쳐서 간다. 대중교통을 이용하여 가는 방법은 기차와 버스가 있는데, 기차보다 버스가 더 용이하며 빠르다. 벨리코 투르노보에서 루세까지 버스로 약 2시간 가량 걸리며, 다시 루세에서 부쿠레슈티까지 약 1시간 30분 가량 걸리므로, 벨리코 투르노보에서 부쿠레슈티까지는 약 3시간 30분 정도 걸리는 셈이다.

루마니아의 수도 부쿠레슈티(Bucuresti)는 영어로 '부카레스트(Bucharest)'라고도 부르며, '부쿠레슈티'의 '부쿠르'라는 이름의 기원은 루마니아의 고대 조상인 다치아인에서 유래된 것으로 알려진다. 즉, 다치아인들은 루빈 후드와 같은 의석을 '부쿠르'라고 부르기도 하고, '부쿠르'라고 불리는 어느 평범한 낚시꾼 또는 어느 양치기의 이름, 어느 영주의 이름 등에서 '부쿠레슈티'가 유래되었다. 또한 '기쁨'이라는 의미의 루마니아 단어 '부쿠리에(Bucurie)'에서 유래되었다는 주장도 있다.

벨리코 투르노보 ——>>> 루세 ——>>> 부쿠레슈티

부쿠레슈티가 루마니아의 주요도시로 성장한 것은 오늘날 드라큘라 전설의 주인공으로 널리 알려진 왈라키아 공국의 영주 '블라드 쩨페쉬' 통치 시기인 15세기 이후이며, 카롤1세(재위: 1866~1914)에 의해 1866년 통일 루마니아 왕국의 수도가 되면서 도약적으로 발전하였다.

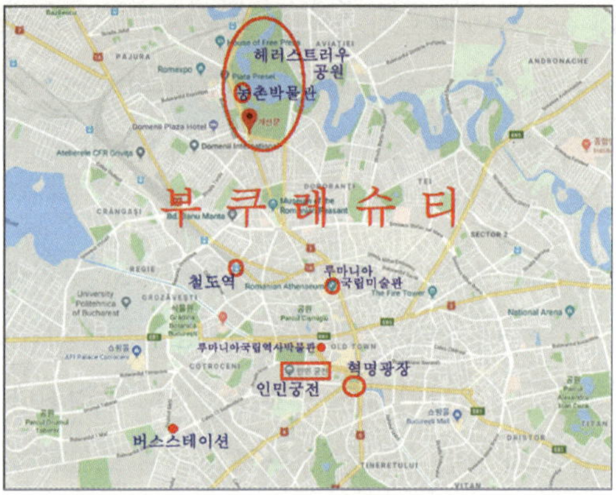

부쿠레슈티 시내 지도

부쿠레슈티는 도심 중앙에 위치한 혁명광장에서 인민궁전까지 곧게 뻗은 '승리의 길'이 중심을 이룬다. 도나우 강의 지류인 딤보비차 강이 시내를 관통하며 흐르는 가운데, 부쿠레슈티의 랜드마크로 불리우는 인민궁전이 멀리서도 보인다. 인민궁전은 루마니아를 철권통치하던 독재자 차우세스쿠(재직: 1965~1989)가 북한의 금수산태양궁전을 보고 모방하여 만든 것으로도 유명하며, 혁명광장에는 1989년 루마니아 혁명을 기념하는 높이 25m의 기념비가 우뚝 솟아 있는 가운데, 그 주위에는 당시 희생되었던 사람들의 이름이 아로 새겨져 있다.

부쿠레슈티의 랜드마크인 인민궁전은 지구상에서 단일건물로는 미국의 국방부 건물(펜타곤) 다음으로 큰 건물로서, 펜타곤은 일반인들의 접근이 통제되어 있으므로 실제로 구경할 수 있는 건물 중에서는 가장 큰 건물인 셈이다.

부쿠레슈티 전경

인민궁전

인민궁전은 현재 루마니아 국회 건물로 쓰이고 있어 '국회궁전'이라고도 불리며, 예전에는 '차우세스쿠 궁전'이라고도 불리웠었다. 공산 독재자 차우셰스쿠 시절에 건설되기 시작해서 그 끝을 못보고 미완성인 채 남았으나, 지상 9층에 지하 4층으로 워낙 그 규모가 커서 국회건물 이외에 콘서트 홀 등으로도 쓰인다.

인민궁전

콘서트 홀

차우세스쿠는 인민궁전이 완성되기 전, 1989년의 시민혁명에 의하여 권좌에서 쫓겨나 비극적인 최후를 맞이하게 되는데, 이 때 독재자를 몰아낸 민주 시민 혁명의 무대가 된 장소가 바로 혁명광장이다.

혁명광장

기념비

당시 혁명광장에서는 차우세스쿠 비밀경찰 부대와 시민 혁명군 사이에 격렬한 총격전이 벌어졌으며, 이 때 희생된 희생자들을 기리기 위해 2005년에 기념관이 건립되고, 그 앞에 높이 25m의 기념비가 우뚝 세워져 있다. 기념비 앞의 건물은 구 루마니아 공산당 본부 건물로서 당시(1989년 12월 25일, 크리스마스) 차우세스쿠가 마지막으로 연설하였던 발코니가 있으며, 성난 군중들에 못이겨 급히 헬기를 타고 도주하는 독재자의 최후 모습이 전세계로 생중계되었던 것으로도 또한 유명하다.

구 공산당 본부 건물

혁명 당시 상황

혁명광장에서 인민궁전까지 곧게 뻗은 '승리의 길'이 파리의 샹드리제 거리를 모방하려 하였듯이, 부쿠레슈티에는 파리의 개선문을 그대로 본 딴 부쿠레슈티 개선문이 있다.

부쿠레슈티 개선문

제1차세계대전 승리를 기념하기 위해 1922년 나무와 회반죽을 써서 처음 세웠으며, 1935년에 콘크리트 건축물로 교체한 부쿠레슈티 개선문은 높이 27m로서 파리 개선문과 모양은 비슷하지만 규모가 조금 작은 편이다.

부쿠레슈티 개선문 근처에는 부쿠레슈티에서 가장 큰 공원으로 헤러스트러우 공원이 있으며, 그 안에 부쿠레슈티 농촌박물관이 있다.

부쿠레슈티 농촌 박물관

부쿠레슈티 농촌박물관은 1936년에 조성되었으며, 약 1만㎡ 면적의 부지에 루마니아 전통 건축물 272채가 보존되어 있다. 농가와 농장, 헛간, 풍차, 물레방아, 교회 건물 등으로 루마니아 전통 촌락을 재구성해놓았으며, 안에 있는 생활용품과 장식품들도 모두 과거 모습 그대로 재현되어 있다. 트란실바니아 지역 특유의 지붕이 높은 가옥, 화려한 채색이 돋보이는 다뉴브 델타 지역의 건축물, 땅을 파서 지하에 집을 만들고 짚으로 지붕을 올린 독특한 초가집 등 지역마다 다른 특성을 보여주는 다양한 건축물들이 있다.

부쿠레슈티 혁명광장 근처에는 18세기 대법관이었던 크레출레스쿠(Kretzulescu)와 그의 아내가 세운 크레출레스쿠 정교회가 있다. 1722년에 지워지고 루마니아에서 가장 오래된 정교회인 크레출레스쿠 정교회는 루마니아 공산주의 시절 철거하려 했으나 시민들의 반대로 남게 됐다. 성당 내부에는 루마니아의 유명한 화가 타타레스쿠(Tattarescu)가 그린 내부 벽화가 있다. 이 벽화는 교회가 세워진지 100여 년 뒤인 1859년부터 1860 사이에 그려진 것이다.

부쿠레슈티 인민궁전 근처에는 선사시대부터 현대까지 루마니아 역사를 한 눈에 볼 수 있는 루마니아 국립 역사 박물관이 있다. 60만 년 전 루마니아에 사람이 살기 시작한 때부터 현재까지의 루마니아 역사를 말해주는 수많은 소장품들이 전시되어 있으며, 과거 중앙우체국으로 사용되었던 건물로서 우표 박물관도 있다.

크레출레스쿠 정교회

루마니아 국립 역사 박물관

트라야누스 와 늑대

루마니아 국립 역사 박물관 앞 계단에는 로마황제 트라야누스가 늑대를 안고 있는 동상이 세워져 있다. 루마니아가 발칸유럽에서 유일하게 로마의 정벌에 의하여 로마화된 사람들이 주류를 이루어 세워진 국가임을 말하며, 늑대는 로마를 세운 건국 신화에 로무스와 레물루스가 늑대의 젖을 먹고 컸다는 것을 상징한다. 또한 늑대의 모습을 옆에서 자세히 보면 용의 머리를 나타내고 있는데, 이는 로마가 정벌하기 전의 다치아 왕국을 상징한다.

한편, 혁명광장 서북쪽 모퉁이에는 한때 왕궁으로 쓰였던 루마니아 국립 미술관이 있다. 루마니아 국립 미술관은 루마니아에서 가장 큰 미술관으로서 부쿠레슈티에 있던 옛 왕궁을 개조한 것이다. 원래는 1812년 부유한 상인의 사택으로 지워진 건물이었는데, 그 아들이 경제적인 어려움 때문에 건물을 팔았고, 1859년 대대적인 확장공사를 거쳐 왕궁으로 쓰이게 되었다. 왕궁으로 쓰였던 만큼 외관도 웅장하고 화려하지만, 1989년 혁명 때 심각한 손상을 입었으며, 이후 보수하는 데만 꼬박 7년이 걸려 일부 전시실은 2002년에야 일반에게 공개되었다.

루마니아 국립 박물관

카롤 1세

루마니아 국립 미술관 앞에는 옛 왕궁에 기거하였던 카롤 1세(재위: 1866~1914)의 동상이 서 있다. 카롤 1세는 루마니아 독립전쟁(1887~88) 당시, 루마니아가 승리할 수 있도록 도와준 독일 프로이센 출신의 평범한 왕자였으나, 그 공을 높이 사 외국인임에도 불구하고 후에 루마니아 왕으로 추대되었다. 1859년 왈라키아-몰다비아 연합 근대 자치공국(루마니아)을 수립하였던 몰다비아 공국 출신 쿠자(재위: 1859~1866)가 귀족들의 쿠데타로 1866년 물러나고, 프로이센 호헨촐레른(Hohenzollen)가의 둘째 아들이며 당시 프로이센 장교로 있던 카롤 1세가 루마니아 공(公)으로 추대되었었는데, 후에 1881년 통일 루마니아의 정식 국왕으로 추대된 것이다. 카롤 1세는 외국인 출신임에도 불구하고 왕으로 재임하였던 35년 동안 통일 루마니아의 산업화와 문화발전에 크게 이바지 하였으며, 그가 재임 중 심혈을 기울인 여름 별궁 펠레쉬 성은 현재 루마니아의 국보 제1호로 자리매김되어 있다. 하지만 자신의 외동딸이 어린 나이에 죽음으로써 후계자가 없었던 카롤 1세는 자신의 조카 페르디난트에게 왕위를 물려주고 1914년 펠레쉬 성에서 생을 마감한다.

이처럼 루마니아의 국보 제1호인 펠레쉬 성과 더불어 루마니아를 가리켜 '드라큘라의 전설이 숨쉬는 나라'라고 할 정도로 '드라큘라'로

부쿠레슈티 ──>>> 펠레쉬 성 ──>>> 브란성

유명한 '브란 성'(드라큘라의 성)이 있다.

부쿠레슈티에서 북쪽으로 약 200km 떨어진 곳에 위치한 펠레쉬 성이 있는 시나이아까지는 버스로 약 2시간 가량 걸린다. 시나이아(Sinaia)는 슬라브 민족의 발원지로 알려진 카르파티아 산맥의 진주로 불리우며, 본래 '시나이아'라는 명칭이 유래된 것은, 17세기말 성경에 등장하는 시나이아 반도의 시내산처럼 이 지역을 루마니아의 성스러운 영지로 여겨, 1695년에 '시나이아'라는 명칭의 수도원이 건립되면서 지역의 이름이 되었다. 펠레쉬 성은 이곳을 방문해 아름다운 카르파티아 산세와 그 경치에 반한 카롤1세의 지시에 따라 1873년부터 1914년 사이 건축된 네오 르네상스 스타일의 건축물로서, 카롤1세의 여름 별궁으로 쓰였다.

펠레쉬 성

펠레쉬 성은 독립전쟁(1877~1878) 등 여러 전쟁을 겪으면서 때때로 공사가 중단되기 했지만, 당대 유명한 루마니아 건축가들 외에도 독일, 이탈리아, 체코 등지에서 온 세계적으로 이름난 건축가들이 참여하여 오늘날과 같은 아름답고도 독특한 궁전을 만들어 내었다. 펠레쉬 성의 내부는 그때 당시의 최신식 엘리베이터와 비밀의 방 및 난방시설을 설치한 것으로도 유명하며, 당시 유럽에서 전력을 사용하여 불을 밝힌 최초의 성이였다. 초기엔 왕실 사냥을 위한 장소 및 여름 휴양지로 그리고 왕실 재산을 보존하는 곳으로 활용되었으나, 점차 왕실의 권위와 행사를 진행하는 중요하고도 상징적인 장소로 활용되었다. 특히, 1881년 루마니아 독립 왕국 선포 후 1883년 10월에 치러진 카롤1세의 취임식이 열렸던 장소로도 유명하다.

시나이아에서 '드라큘라 성'으로 널리 알려진 브란 성까지는 버스로 약 1시간 가량 걸린다. 브라쇼브에서 약 30km정도 떨어져 있는 브란(Bran) 성은 13세기 초 튜튼 기사단에 의해 목책으로 지어졌으며, 몽고-타타르족의 공격으로 폐허가 되기도 하였으나, 1377년 이후로 헝가리에 의해 오늘날과 같은 성으로 지어지게 된다.

브란 성 === '드라큘라'의 성

브란 성은 트란실바니아와 왈라키아 사이의 중요한 교통로이자 상업 교역로에 자리하고 있어, 당시에는 이를 감시하는 세관업무 수행을 위하여 경비부대가 상주하기도 하였다. 오늘날 드라큘라의 실제 모델이 된 블라드 3세에 의해 성이 포위되고 그가 잠시 거쳐 갔던 브란 성은 훗날 '드라큘라 성'으로 홍보되면서, 드라큘라의 전설을 느끼고 싶어하는 수많은 관광객들의 발길이 끊이지 않는 세계적인 명소가 되었다.

본래, 드라큘라는 루마니아 역사 속의 실존 인물로서 15세기 오스만 터키의 침략을 막아내며 루마니아를 지켜낸 민족영웅이며 일부 지역에선 성인으로 추앙받는 블라드 드라큘라이다. 즉, 이름이 블라드이며 드라큘라는 드라큘의 아들이란 뜻이다. 그러므로 그의 아버지(블라드 2세)는 '블라드 드라큘'이라 불리웠는데, 이는 그가 당시 헝가리와 신성로마제국의 황제였던 지기스문트로부터, 기독교를 수호하고 오스만 투르크 제국에 맞서 싸우기 위해 구성된 '용의 기사단'의 기사로 임명되면서 받은 '별칭'이다. 당시 블라드 2세는 '용의 기사단'의 기사를 자신의 큰 영예로 생각해 스스로를 자랑스럽게 블라드 드라큘이라 불렀던 것이다.

드라큘라, 즉 블라드 드라큘라(블라드 3세, 재위: 1456~1476)는 어린 시절을 오스만 터키와 헝가리의 볼모로 지내야만 했으며, 1456년 왈라키아 공국의 영주로 등극한 후에는, 약소국 왈라키아 공국을 터키와 헝가리 등의 외세로부터 지켜내기 위하여 전쟁에서 잡은 포로들과 정적들에 대해 잔인한 보복을 실행하였다. 그는 전쟁에서 잡힌 포로들이나 자신의 권력에 위협을 가했던 정적들을 가시가 박힌 둥근 나무통으로 고문한 후, 모두 꼬챙이에 꿰어서 고통 속

드라큘라

꼬챙이 — 쩨뻬쉬, 체페슈

에 서서히 죽어 가도록 하는 아주 잔인한 처형 방법을 택하였다. 투르크 족과의 전쟁에서 꼬챙이에 꿰어 죽은 수많은 시체들을 본 투르크 군 병사들이 전의(戰意)를 상실하고 부리나케 도망갔다는 일화가 전해질 정도이다. 그러므로 블라드 드라큘라는 블라드 쩨뻬쉬라 불리웠는데, 여기서 '쩨뻬쉬(체페슈)'는 루마니아어로 '꼬챙이'라는 뜻이다.

블라드 3세는 자신이 블라드 쩨뻬쉬(꼬챙이)로 불리우는 것보다 블라드 드라큘라(드라큘의 아들)로 불리는 것을 더 좋아했다. 즉, 그도 자신의 아버지처럼 용감한 '드라큘'이 되고자 하였으며, 비록 그가 투르크 족은 물론 자신의 동포들까지 잔인하게 살해하는 공포정치를 감행하였지만, 잔인함으로 내정을 강하게 하고 강대국의 침략을 애초에 차단하기 위함이였던 것으로 재평가 되었다. 그러므로 오늘날 루마니아에서 드라큘라(블라드 3세)는 강대국의 틈바구니에서 조국을 지킨 영웅으로 추앙받고 있다.

그런데 이런 민족영웅 드라큘라가 어느날 갑자기 흡혈귀로서 악마의 화신처럼 소개되며, 루마니아가 전세계적으로 '드라큘라의 나라'로 유명하게 된 것은, 19세기 영국 소설가 브람 스토커(Bram Stoker)가 쓴 공포소설 <드라큘라>(1897)에서 비롯되었다. 그는 당시 트란실바니아 지방을 여행하면서, 이 지역에 퍼져 있던 흡혈 박쥐에 대한 전설과 중세 루마니아의 드라큘라의 잔인한 처형 방법을 듣고, 이것을 연결해 유명한 공포소설 <드라큘라>(1897)를 썼으며, 이후 소설 드라큘라가 여러 차례 영화화 되면서 루마니아 민족영웅 드라큘라는 오늘날 현대

브라쇼브

공포 영화의 대표적 인물인 흡혈귀로 알려지게 되었다.

드라큘라의 성(브란 성) 주위에는 한때 '스탈린 도시'로 불리기도 했던 브라쇼브가 있다. 브라쇼브는 13세기 튜튼 기사단인 독일계 상공인들이 오스만 터키와의 주요 교역 장소로 활용하면서 본격적인 도시의 형태를 갖추기 시작하였다. 18세기 이전까지 루마니아인들의 도시 출입이 금지되었을 만큼 독일인들만의 사회, 문화권이 유지되었으며, 이런 역사적 이유로 전체적인 건물 형태가 루마니아에서는 흔히 접하기 어려울 정도로 마치 독일의 한 마을을 방문하는 듯한 착각이 들게 한다.

브라쇼브 시의 가장 유명한 건축물로는 80년에 걸쳐 세워진 트란실

검은 교회

바니아 최대의 고딕 건축물로서 4천개의 파이프 오르간과 4개의 건반으로 유명한 '검은 교회(Black Church)'가 있다. '검은 교회'라는 명칭을 얻게 된 배경은 1689년 오스트리아 합스부르크 제국의 침공 당시 화재로 인해 교회의 벽면이 검게 그을리게 된 후부터라고 알려진다.

한편, 브라쇼브 근교 도시로서 버스로 약 2시간 정도 걸리는 곳에, 드라큘라의 생가가 있다고 알려지면서 관광객의 흥미를 끌고 있는 도시 시기쇼아라가 있다. 시기쇼아라 역시 12세기 독일계 상공인들이 정착하기 시작하면서 지어진 도시로서 16~17세기 동안에는 활발한 교역과 상공업 지역으로 유럽 내에서 큰 유명세를 지녔었다. 시기쇼아라를 상징하는 건축물로서 13세기에 지어진 64m의 시계탑과 시기쇼아라 성을 들 수 있다.

시기쇼아라 성

(3) 몰도바의 키시나우

루마니아의 몰다비아 지방에서는 예로부터 프루트 강과 드네스트르 강 사이의 지역을 '베사라비아'라고 불렀다. 이 베사라비아 지역이 오늘날의 '몰도바'가 되었다.

베사라비아 ⇒ 몰도바

루마니아는 크게 3지역으로 나눠어 서쪽의 트란실바니아, 남쪽의 왈라키아, 동쪽의 몰다비아로 나눠는데, 서쪽의 트란실바니아는 오스트리아-헝가리 이중제국의 침입에 계속 시달렸고, 남쪽의 왈라키아는 오스만 터키에 시달렸으며, 동쪽의 몰다비아는 후에 러시아의 침략과 간섭에 시달려야 했다. 이러한 외세의 시달림 속에서 마침내 1859년 몰다비아 공국의 공작 쿠자(재위: 1859~1866)를 중심으로 왈라키아-몰다비아 연합 자치공국(1862년 국호를 '루마니아'로 개명)이 수립되었다. 하지만, 1878년 루마니아는 러·터 전쟁에서 승리한 러시아에게 독립 국가 수립 지원에 대한 대가로 베사라비아 지역을 러시아한테 이양시켜 주었다. 그러나 제1차 세계대전이 끝난 후인 1918년 루마니아는 베사라비아 지역을 되찾아 대(大)루마니아의 영토 안에 편입시켰다. 하지만, 제2차 세계대전에서 독일편에 가담하였던 루마니아는 대(大)루마니아의 영토 대부분을 잃었으며, 1940년 베사라비아 지역에 소련군이 진주하면서 몰도바 소비에트 사회주의 공화국이 수립되었다. 그 후 1991년 소련이 붕괴되면서 소비에트 연방에 속해 있던 몰도바 공화국은 소련으로부터 독립하여 정식 국가 몰도바가 되었으며, 1992년 3월에 UN의 인정을 받았다.

몰도바

몰도바에는 예로부터 러시아인들이 많이 들어와 살았다. 루마니아가 베사라비아 지역(몰도바)을 러시아에게 할양하기 이전에 이미 수많은 러시아인, 우크라이나인들이 들어와 살았으며, 러시아의 입장에서 보면 베사라비아는 자신의 영토와 마찬가지였던 것이다. 그러므로 몰도바에 현재 살고 있는 러시아인들은 몰도바의 독립을 반대하며 자신들이 러시아에 속하게 될 것을 주장한다. 이들은 주로 드네스트르 강을 경계로 동편에 모여 산다. 드네스트르(드니스트르) 강 동쪽 둑 너머의 좁고 긴 땅을 트란스니스트리아라고 부르는데, 러시아어로 '드니스트르 강 건너의 땅'이라는 뜻이다. 현재, 트란스니스트리아는 몰도바와 러시아 사이의 암묵적 승인 하에 러시아의 땅으로 여겨지고 있다. 몰도바의 인구가 430만명 정도(2008년 통계) 되며, 이 중 루마니아계 몰도바인이 약 65%, 러시아인이 13%, 우크라이나인이 12% 가량 되는 것으로 나타나고 있는데, 드네스트르 강을 경계로 서편에는 수도 키시나우를 중심으로 라틴계 루마니아인(몰도바인)들이 주로 살고, 강 동편에는 슬라브계 러시아인, 우크라이나인들이 주로 사는 모양새이다. 러시아와 몰도바 사이에 어느 정도 암묵적인 승인이 이루어졌으나 몰도바 내 슬라브인들은 트란스니스트리아(Transnistria)를 만들어 몰도바로부터의 완전 독립과 러시아로의 귀속을 주장하고 있으며, 이들은 러시아에 정서적으로 가까운 상태로서 반대로 루마니아와의 통일을 원하는 몰도바인들과 끊임없이 갈등하고 있다.

부쿠레슈티 ⇒ 키시나우 ⇒ 오데사

부쿠레슈티에서 몰도바의 수도 키시나우까지는 버스로 약 8시간 30분 가량 걸리는 거리이지만, 중간에 국경을 통과하는 출입국 심사까지 포함하면 10시간 30분 이상의 시간이 걸린다. '양이 모이는 평화로운 곳'이라는 뜻을 지닌 키시나우는 소박하고 조용한 도시로 알려지고 있다. 몰도바 공화국 자체가 옛 소련(소비에트 연방)을 이루었던

키시나우 — 몰도바 정부종합청사

15개 공화국 중에 가장 작은 공화국이였으며, 독립한 현재도 몰도바는 유럽에서 가장 작고 못사는 나라에 속한다.

키시나우에 있는 평범한 건물의 정부종합청사가 말해주듯이, 키시나우는 한 나라의 수도라기 보다는 평범한 한 도시에 불과하다는 인상을 지울 수 없다. 도시에서 가장 번화한 중앙대로와 그 주변 야시장의 모습이 그것을 대변한다.

키시나우의 중앙대로

길거리 야시장

키시나우 정부종합청사 앞의 소규모 공원에는 키시나우의 랜드마크라고 할 수 있는 개선문이 서 있다.

키시나우 개선문

또한 개선문 근처에는 몰다비아 공국 시절 스테판 국왕의 동상이 세워져 있으며, 그의 모습은 몰다비아 지폐에서도 볼 수 있다.

스테판 국왕

정연호

1960년 경기도 가평-설악에서 태어나 용산고등학교, 한국외대 노어과를 졸업하고 동(同)대학원에서 "불가코프 작품에 나타난 서술기법의 특징연구"로 문학박사 학위를 수여받았다.

현재 대구가톨릭대학교 러시아어과 교수로 재직 중이며, 러시아 돈스코이 국립대학교 러시아어교육과(1996년), 미국 인디애나 주립대학교 슬라브학과(2002년), 우크라이나 키예프 국립대학교 아시아학부(2013년)에서 각각 1년간 교환 및 객원교수로 재직하였다.

대표 논문으로 "도스토옙스키 문학에 있어서 '자유'의 주제", "불가코프적 그로테스크의 특성", "불가코프 작품에 나타난 '의사'의 형상", "불가코프 작품에 나타난 '동물'의 형상", "불가코프 작품에 나타난 '색'과 '빛'의 모티브" 등이 있으며, 저서와 역서로는 <체계적으로 배우는 생활 러시아어 문법>, <러시아 문학영화 감상법>, <슬라브 문화의 이해>와 <개의 심장>, <불가코프 중편선>, <불가코프 단편선>, <이반 바실리예비치> 등이 있다.

러시아문학서버 운영: http://rus.cu.ac.kr (러시아 문학영화 감상)
러시아어 카페 운영: http://cafe.naver.com/ruski (러시아 러시아어)
전원수택 홈페이지: http://rus.cu.ac.kr/wachon/ (와촌정스키)

슬라브 역사 문화 기행

초판 1쇄 발행 _ 2020년 1월 10일

저 자 · 정 연 호
발행인 · 정 현 걸
발 행 · 신 아 사
인 쇄 · 토탈프로세스
주 소 · 서울특별시 은평구 통일로 59길 4 (2층)
전 화 · (02) 382-6411 팩스 · (02) 382-6401
홈페이지 · www.shinasa.co.kr
E-mail · shinasa@daum.net
출판등록 · 1956년 1월 5일 (제 9-52호)

ISBN 978-89-8396-377-2 (03890)

정가 20,000 원